行南走北欲何为,逐利人生辛勤忙。
一世富贵曜日月,一曲离歌终情殇。

看透财富的巨贾

沈万三

刘屹松 著

华中科技大学出版社
http://www.hustp.com
中国·武汉

图书在版编目（CIP）数据

看透财富的巨贾：沈万三/刘屹松著 .—— 武汉：华中科技大学出版社，2022.8

ISBN 978-7-5680-8592-2

Ⅰ.①看… Ⅱ.①刘… Ⅲ.①沈万三（1306—1393）—传记 Ⅳ.① K825.3

中国版本图书馆 CIP 数据核字（2022）第 134369 号

看透财富的巨贾：沈万三
Kantou Caifu de Jugu: Shen Wansan

刘屹松　著

策划编辑：	亢博剑
责任编辑：	康　艳
责任校对：	李　弋
装帧设计：	今亮後聲 HOPESOUND · 任晓宇
版式设计：	赵艳霞
出版发行：	华中科技大学出版社（中国·武汉）　　电话：（027）81321913
	武汉市东湖新技术开发区华工科技园　　　邮编：430223
印　　刷：	天津中印联印务有限公司
开　　本：	710mm×1000mm　1/16
印　　张：	16.5
字　　数：	225千字
版　　次：	2022年8月第1版第1次印刷
定　　价：	45.00元

本书若有印装质量问题，请向出版社营销中心调换
全国免费服务热线：400-6679-118　竭诚为您服务
版权所有　侵权必究

前言

沈万三,字仲荣,元末明初巨富,其财富程度用"富可敌国"来形容一点也不为过。民间传说,他家前门在上海滩,后门在无锡惠泉山,昆山只是他家的大门槛;他家的真金白银不计其数,他还有一个神奇的聚宝盆,不管往盆里放何物,都能一变十,十变百,沈家因此金银珠宝取之不尽!自明中叶以来,江南百姓就把沈万三当成平民财神,并把他手持金算盘的画像贴到大门上或供奉于正堂,顶礼膜拜。

然而,对于这样一位广受民间大众尊崇的人物,正史虽偶尔提到他,但都语焉不详。因此,人们便有了对这位"财神"进行各种精彩演绎的空间,学者们才认为有研讨考证的必要。对沈万三事迹进行演绎传播的人,把一桩桩、一件件事写得那样生动形象,让人们深信不疑;而学者们则提出种种质疑,论证大多条分缕析,让人难以反驳。但这段历史已经逝去,留下的有关沈万三的文字极少,因此,无论演绎也好,论证也罢,要达成共识恐怕已非易事。

本书既不揭秘,也不解疑,更不猎奇、编造神话,只是把沈万三作为人世间普普通通的一员,放在当时改朝换代、动荡纷乱的社会背景下,尽力去追寻他从生到死的人生轨迹,描述他从发家致富到家族"三遭劫难"的辛酸历程。

回望历史，古往今来，无数超级富豪无不是抓住了社会大变革带来的重大机遇致富。沈万三正是如此，他怀着强烈的致富欲望和梦想，在周庄广辟田宅，以农业、渔业和手工业积累资本，获得第一桶金。随后在"月累千金"的欲望支配下，弃农学商，追随陆姓东家做生意，凭着察言观色的本事，逐渐学会了在商场、官场和交际场上周旋的各种本领，还为东家化解了一次次危机。元末农民起义不断爆发，沈万三以敏锐的洞察力发现了新商机，依凭三江之利，修建码头，广集货资，成为当地输粮、货运的大户。他还与张士诚等地方势力结盟，贩售私盐、倒卖粮食、经营钱庄、炒作地产、采办军资，从中谋取暴利。在元朝灭亡前夕，他又凭借雄厚的货运实力，突破海禁，进行通番贸易，将国内的瓷器、丝绸、茶叶、手工制品等运往海外，然后进口犀角、象牙、珠宝、香料、药材，他的足迹北至大都，南涉南洋，为他的财富帝国开辟了广阔财源。在经商过程中，沈万三不仅勤劳、不怕吃苦，而且思维敏捷，目光高远，具有精准的判断力和冒险精神，在元朝廷、朱元璋、张士诚等几大政治势力中间斡旋，处处有生意，时时有算盘，将生意经驾驭得炉火纯青。

但是，沈万三一向仗义轻财，狂放自傲，时常不知收敛。为了改变商末身份、提升社会地位，他高调炫富，建豪宅，设豪宴，锦衣玉食，妻妾成群。更要命的是他被无端地卷进政治斗争和权力斗争的旋涡，而他对政治一窍不通。他以为一国新立离不开钱，只顾拼命往皇帝手里送钱，朱元璋"夸赞"他是"白衣天子"，他竟然洋洋自得而嗅不出危险气味。

其实，自登基始，朱元璋就着眼于千秋万代，开始了政治布局。那些帮他打天下的功臣们被一个个"拔掉"，沈万三原本不在被拔之列，但他的种种言行使仇富心理极强的朱元璋把他也列入其中。沈万三最终不仅被流放，沈氏家族也"三遭劫难"。

第一章　淹不死的鱼　　　　　　　　001

　　第一节　福禄富贵的祈盼　　　　001
　　第二节　沈家漾的一尾鱼　　　　004
　　第三节　做生意？野孩子人小心大　009
　　第四节　周庄新来的逃荒户　　　015
　　第五节　未立业，先成家　　　　021

第二章　商海苦磨砺　　　　　　　　027

　　第一节　初涉商海步维艰　　　　027
　　第二节　命中注定的偶遇　　　　037
　　第三节　从学徒做起　　　　　　041

第三章　江湖多险途　　　　　　　　047

　　第一节　暴风雨的洗礼　　　047
　　第二节　结交盐帮　　　　　054
　　第三节　解救丫鬟绿荷　　　061

第四章　大掌柜之路　　　　　　　　072

　　第一节　荣升掌柜　　　　　072
　　第二节　拓展南北商路　　　079
　　第三节　"你来当大掌柜"　088

第五章　兴业"聚宝盆"　　　　　　095

　　第一节　神秘的客人　　　　095
　　第二节　进退两难　　　　　100
　　第三节　子承父业　　　　　106
　　第四节　一诺三千石　　　　111

第六章　富贵险中求　　　　　　　　118

　　第一节　入伙纯属意外　　　118
　　第二节　再操运输业　　　　124
　　第三节　越线展业，初探海路　129
　　第四节　南进北上，双管齐下　135

第七章　平地起高楼　　140

第一节　观前修大街　　140
第二节　周庄建华堂——大业堂　　145
第三节　九娘楼　　149
第四节　南胜坊、北胜坊　　155

第八章　设馆延名士　　159

第一节　高酬延请王行　　159
第二节　名流盛宴之雅奢　　164
第三节　靠山倒了之后　　168

第九章　南京筑皇城　　175

第一节　朱元璋的生财之道　　175
第二节　筑城墙风波　　184
第三节　"白衣天子"之誉　　190
第四节　犒军惹大祸　　195

第十章　云贵见巨富　　199

第一节　开矿筑路　　199
第二节　重开茶马古道　　205
第三节　沐余联姻　　215

第十一章　三次遭打击　　222

　　第一节　贪腐案中的小角色　　222
　　第二节　受党祸牵连　　228
　　第三节　政治布局的牺牲品　　231

第十二章　入仙的传说　　243

　　第一节　体悟大道　　243
　　第二节　归葬故里　　247

沈万三年谱　　248

淹不死的鱼

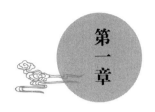

第一章

第一节 福禄富贵的祈盼

南浔小镇位于烟波浩渺的太湖南岸,像一位安静朴素的姑娘,秀丽温婉,清幽宁静。沈祐打记事起就在南浔生活,整日坐渔船穿行于纵横交错的湖荡河汊中,却从没感受到这里别致的美。

太湖周边湖荡河汊众多,不少地名都与水有关,多以"荡""浜"或"漾"命名。沈家漾小渔村就是其中之一,沈祐的家就在这沈家漾渔村。这里说是一个渔村,其实只有稀稀落落的十来户人家。他们的屋舍多以楠竹、杉木、芦苇、茅草混合搭建,非常简陋。一是渔民在家居住的时间少,使用较少;二是这一带常发大水,再好的房屋也会被洪水冲毁淹没,好房子反而会给迁家带来更多麻烦。所以,渔民已经习惯了因陋就简,有个风吹不着、雨淋不着的窝棚住就心满意足了。

江南水乡皆"以舟为车,以楫为马",各种船只打造得很精良,样式也不少,有扬帆的(单帆、多帆)、划桨的、摇橹的、脚踏轮的(车船);有代步的窄长的快船,有船舱较宽敞的客船,更多的是捕鱼的渔船。一些船上还有用竹篾或木板做的遮阳避雨的小棚子,人们称之为"篷船"。篷船行则轻快，泊则闲雅，或独或群，独则各具风韵，群则浩浩荡荡，构成江南水乡一道独特的风景线。

沈祐家不仅有两只小渔船，还在村头有十余亩薄田，只因是在湖滩地带，经常被水淹，收成不怎么好，所以沈祐一家的生计以捕鱼为主，农耕为辅。除了捕鱼耕种，沈祐还有一门木工手艺，可在冬季空闲时，帮人修补船只、制作农具、箍桶箍盆，因此，他家的收入比附近的渔民稍多，生活也相对富裕安逸。

渔民的生活节奏很慢，他们很少为了做某件事情赶时间，出门回家都坐船，咿咿呀呀、不紧不慢地摇着橹。他们出门常结队而行，有时附近村子的渔民也会相约结伴。平时，渔民早出晚归，清晨早起的鸟儿欢送他们出发，傍晚时分的袅袅炊烟迎接他们归来；忙时，渔民一出门就是十天半个月不回家。

这一年，秋鱼正肥。沈祐从九月下旬就驾船出门，到十月下旬还不见归。在太湖捕鱼的黄金季节，渔民都会有不小的收获。沈祐不舍得回，直到沈母让同村的一个渔民捎去口信说，他媳妇儿王氏要生孩子了，他这才把近两天捕获的鱼送到湖边的一个档口，然后摇着橹回家。他摇船经过二十几里的河路，再穿过几里从茂密的芦苇中开辟出来的窄道，才到了湖荡边的小渔村。

沈祐还未进家门，就听见一阵婴儿的啼哭声传来。沈母见儿子归来，对他说："你媳妇儿又给我添了一个胖孙子。"这一天是元天历戊辰元年，秋九月十八（1328年10月21日）。

沈祐听说又是一个儿子，既不特别高兴，也不觉得失望。他已经有两个儿子了，假如这次生的是女儿当然更圆满一些。他的长子名叫沈福，次子名叫沈禄，若是按"福禄富贵"的顺序，三子应该叫沈富。富与贵，是常人之所欲，除此之外，这个名字也没有什么特别的寓意。

然而，世上很多人或事，看似八竿子打不着，却往往因机缘巧合，

第一章 淹不死的鱼

在某时某刻就联系在一起了。就在沈富出生的同一天，远在千里之外的安徽濠州钟离东乡（今凤阳临淮东板桥境内）的一个贫困村庄里，身怀六甲的陈二娘正在稻场干活，她突然感到腹中一阵剧痛，知道腹中的婴儿就要降生了，忍着疼痛往家里赶，还没来得及到家就发作了，只好到村西的二郎庙里去，躺在一堆稻草上生产。这时外面下起了大雨，电闪雷鸣。当庙里传出婴儿的啼哭声时，西边天空挂上了一道彩虹，亮丽夺目。因为这个孩子后来成为大明天子，所以后世把当时的情景演绎成"真龙降世，虹光满室"。这个新生儿名叫"朱重八"，也就是明太祖朱元璋。

沈富与朱元璋，是同年同月同日所生。几十年后，两人都大富大贵，并有过一场生死交集，因此人们便有了探究他们生辰八字的兴趣，归结为他们的命格好，生肖都属龙。只是两人的出生的时辰不一样，一个在晚上，一个在白天，命运因此有所不同。一些民间作品还穿凿附会、添油加醋，弄出个"一声鸡叫，命分三等"的故事。当代作家汪曾祺在其小说《异秉》中讲述的一个坊间故事更加玄奥，"说朱洪武、沈万三、范丹是同年同月同日同时，都是丑时建生，鸡鸣头遍。但是一声鸡叫，可就命分三等了：抬头朱洪武，低头沈万三，勾一勾就是穷范丹。朱洪武贵为天子，沈万三富甲天下，穷范丹冻饿而死"。他们的出生时辰实际上是后人推算出来，为了证明人的富贵贫贱乃命中注定。

一些史志书籍中也提到朱元璋和沈万三是同年同月同日所生，可是一国之内，在同日出生的孩子何止百千，但他们的命运为何千差万别？说到底，家庭出身并不重要，生辰八字也不重要，一个人富贵与否，关键是他在人生的每个关口做出的选择，以及他为主宰自己的命运而付出了怎样的努力。

沈富满周岁时，他就做出了人生的第一个选择。那天，沈祐为儿子举办了一个简单的抓周礼，这是预测孩子未来性情以及命运的仪式。沈母、王氏及几个亲友为幼童沈富准备了书本、钱币、笔砚、印章、小算盘、小木船、小木锹及烧饼八大样,散放在八方桌上,大人们都围过来饶有兴致地看。沈富还不会说话,他舞动着双手,直接将手伸向了那把小巧玲珑的翡翠算盘。他抓住后一直不肯撒手,直到沉沉睡去,还将算盘抱在怀里。

沈祐心里很高兴,因为桌上的每一样小物件都有特定的寓意,可预测孩子的兴趣以及日后可能从事的职业。沈富选择的算盘,是财富的象征。亲友们也纷纷议论说,沈家将来要出一个管钱的账房先生了。从那一刻起,沈祐暗下决心,要重点培养这个儿子。

沈家世代从事农耕和渔业,一直都没能脱贫。俗话说,人间有三苦,打铁捕鱼磨豆腐。沈祐的致富欲望很强烈,但辛劳了大半辈子,始终没能走出"三苦"。沈祐信命,每个孩子满周岁后,他都会请神算或术士给孩子算一算命数,他相信冥冥之中,自有定数。那些算命的术士自然知道父母给孩子算命都是受功利心驱使,希望孩子成为人上人,因此他们往往投其所好,用谎话蒙骗这些热心的父母。

沈祐从谎言中获得信心,他把全部希望都寄托在几个儿子身上。让他更高兴的是,一年后,他又得了一个儿子,取名为"沈贵",这样"福禄富贵"就圆满了。沈祐对未来满怀期盼,每次出远门捕鱼,都很虔诚地进行祭拜。他把猪、鱼、鸡摆在船头,点燃香烛、纸钱,磕头祭拜"路头神"。他这样做,不只是希望自己能得到神明的庇护,还希望孩子们能没病没灾、健健康康长大。

第二节 沈家漾的一尾鱼

相比那些没田没地、帮地主打长工的赤贫农民,渔民们的生活还是要强十倍百倍。为了让孩子们都有个好前程,沈祐想攒一点钱让几

第一章 淹不死的鱼

个孩子早点入学。

沈祐的祖父辈从没跨进过学堂。蒙古灭金以后，窝阔台推崇儒家思想，兴国学，开始崇儒重道。到元世祖忽必烈时期，朝廷又进一步倡导儒学，兴学育才。沈祐这才有机会上了一年半的学，粗识笔墨。不过，直到皇庆二年（1313年）元朝廷正式颁布科举之制，国学和地方乡学这才迅速发展。

沈家漾附近有一所新办的社学，沈富刚到五岁，就与两位兄长一起入学启蒙。据记载："县邑所属村疃，五十家立一社，择高年晓农事者一人为之长……以教督农桑为事。""每社设立学校一所，择通晓经书者为学师，于农隙时月各令子弟入学。"社学不是全日制学校，先生讲课也随心所欲。八岁以下者，"先读《三字经》，以习见闻；《百家姓》，以便日用；《千字文》亦有义理"。到了高级阶段，"继以经、史、历算之属"。

孩子入学时，一般会取个正式的学名，老大沈福字仲琪，世称沈万大；老二沈禄字仲琼，世称沈万二；老三沈富字仲荣，世称沈万三。沈万三对识字学习、背诵诗书都不怎么上心，专爱听故事。先生既讲孝经故事，也讲春秋五霸、战国七雄，甚至还有"关公战秦琼"之类的笑话。沈万三口齿伶俐，记忆力也十分出众。先生只讲过一遍的故事，他都能流利地复述出来，时间、地点、人物、事件几乎无差。离沈家漾东南不远，就是吴越槜李之战的古战场（今嘉兴西南的洪合乡、桐乡濮院、石门一线），当地流传的越王勾践卧薪尝胆、范蠡与西施泛舟五湖以及范蠡经商三掷千金的故事，对沈万三的影响非常深刻。

沈万大很勤奋，做每件事情都非常认真，但性格略显古板，不知变通。练习写字一笔一画都不能有偏差，如果哪一画有误，必会重新写一遍；读经史诗书也是死记硬背，若遗漏了一字一词，就会从头再来，花的工夫不少效果却不好。沈万二读书上看不出有与众不同的地方，他生性活泼好动，个儿也长得最快，人们常把他误当成沈家老大。他玩性很大，一有空就溜到船上去，不是用苇叶折成小船就是用苇秆做成哨笛，再不然就是在湖中摘菱角或采莲蓬吃，有时还抓一些鱼蟹来烤了吃。

沈祐本想按术士所言把三儿子重点培养一下，但他反复比较已上学的三个儿子后，认为还是万大可靠一点。所谓"三岁看小，七岁看老"，万大作为兄长沉稳大气，不说指望他光耀门楣，至少持家守业是妥当的。

可是就在沈祐为家庭的未来、孩子的前程事业作长远规划之时，一场无妄之灾突然降临。这年冬天，气候变化异常，北方晴空万里，南方却大雪纷飞。沈祐带着万大到鱼肆老板那里收账回来，正赶上一场罕见的暴风雪。江南水乡意外遭到暴雪肆虐，凛冽的寒风一阵阵吹过，树枝发出阵阵呻吟，枯黄的蒲草匍匐在地，河湖结冰，茫茫的雪地一片宁静。沈祐父子冒雪赶回家的第二天，万大开始头痛、发高烧。沈祐以为儿子只是受了风寒，喝碗姜汤，蒙头睡一觉就会好。过了两天，万大不仅没见好转，反而出现恶心、腹泻的症状，高烧不退，嘴唇和身上起了红色水泡。沈祐开始着急了，想到镇上请个郎中来。可是，河面已结了厚厚一层冰，船行不通。他看着儿子的病一日重似一日，束手无策，甚至不知道儿子得的是什么病，只能跪在雪地里一次次向神灵祈祷。后来才知万大患的是天花，这一冬仅南浔患天花的就有上百人。神灵没有怜悯他们，几天后的凌晨，万大就在寒风中停止了呼吸。

沈祐悲痛难抑，几近崩溃，在深深自责中和家人熬过了一个漫长的寒冬，好不容易才从伤痛中挣脱出来。好在他还有三个儿子，希望总会有。他强打精神，忙完春种后便像往常一样出船捕鱼，早出晚归。到了盛夏，沈万二和沈万三都不上学，整天无所事事，便想法子打发时间，不是划船到镇上去看热闹，就是整天泡在水里。沈万二像一只水鸭子，一天不在水中游两三回，就感觉浑身不舒坦。一天傍晚，沈

第一章　淹不死的鱼

祐回家发现三个儿子都不在，也不知道他们去了哪里，担心发生意外，于是叫上一个帮工四下寻找。

差不多掌灯时分，沈祐在一个河汊口找到了不满四岁的小儿子沈贵和同村一个七岁多的男孩二娃子，他俩正号啕大哭。原来他们五个人一起出去玩，在采完菱角、摘了莲蓬之后，二娃子的哥哥、十一岁的大娃子撺掇说比赛凫水，沈万二自然踊跃应允，沈万三虽然只有六岁多，但也不甘落后。于是三人"扑通""扑通"跳进水里，目标是前面几十丈外的芦苇丛，到达后再返回，先者为胜。站在岸上的二娃子和沈贵看见他们三人都游到了那一大丛芦苇处，却始终没见他们返回，只能在岸上一边哭喊着他们的名字，一边傻等。

一种不祥的预感袭上沈祐心头。前后已过了一个时辰，水中的这三个孩子哪还能活着？沈祐忙去近处的渔家借来一只船，与帮工一起飞快划向芦苇丛。他们惊奇地发现沈万三正抓着芦苇秆浮在水面，但另外两个孩子不见踪影。万三说，他最后游到这里的时候，就没见到他们，而他自己也没有力气游回去了。

沈祐如五雷轰顶，站立不稳，倒在船舱里。那个帮工先把万三拉进船舱，然后抓起渔网，一网撒下去捞上来一具尸体，再一网下去，又捞上来一具尸体。沈祐只感到湖面在颤动，芦苇在呜咽，水鸟在哀鸣。

一冬一夏，沈祐痛失二子，满腔悲愤不知该如何纾解。他想到了那个术士，想去找他算账，一定要撕烂他"神算"的幌子。葬了儿子后没多久，他就找到那个术士，假意说想再给万大、万二算"命"，看看他们何时能成家立业。术士一开口，就说万大、万二的命格很好，然后又逐一说他们的"命"好在哪里。沈祐听得心如刀绞，牙齿咬得咯咯响。术士察言观色，立马悟到自己犯了错，长叹一声说："两位公子的命好归好，只可惜大公子命里缺火，二公子命里缺土，恐怕一生中都有几大劫难啊。"

沈祐强压着心头的怒火，说道："你为什么当初只说命好而不说劫难？为什么不讲如何化解劫难？"

术士辩道："我们这一行是根据命格推算某个人一生的运势走向，财喜福寿等大事至少可讲个八九不离十，也能看清其中必遭的劫难。不多讲劫难的原因就在于讲出劫难，人们必求破解之法，而人的劫难都是注定的，这叫在劫难逃。我们如果说出破解之法，便是勘破天机，要受上天惩罚甚至折寿。我们每天都在给人算命，如果总教人破解之法，每天都得折寿，那我们自己能活几天？"

术士的诡辩让沈祐怒气渐消，他是那样虔诚，信神信命，术士知道两个儿子必遭劫难，只怪自己当初没有多问几句并讨得破解之法。这一次他只问万三命运如何，术士告诉他："此子乃大富之命，只可惜白璧微瑕，命里缺一样东西。"

沈祐忙问："是啥东西？"

"水！此子生于水，兴于水，百川入海，水生金运，一水通此生。"术士的语气异常坚定。

水，沈家漾四处有水，沈祐这下放心了。他再问，自己后半生还有什么劫难，如果有，能不能给个破解之法。术士掐动手指，算了好一会，才煞有介事地说："没有大的劫难，但小劫难不少，你命中多水，与儿子犯冲，要想以后万事顺利——"他顿了顿，接着说，"看在你心诚的分上，不妨告诉你解劫之法，要么你改换名字，要么你就搬家。"

沈祐心想，自己已经活了大半辈子，改名字恐怕不易，不如就搬家吧。他回家找妻子王氏商量，王氏也赞成搬家，并议好搬到王氏的娘家吴江周庄去。沈祐向沈母提出这件事时，却遭到母亲的责骂。"你一个大男人，连妻儿都养不活，还有何脸面搬到你堂客（妻子）的娘家去？"她骂完沈祐又对王氏说，"女人成亲以后就别再指望娘家了，这么多年过去，那儿已不是你的家。你可别让你丈夫把脸丢到岳丈家去！"

第一章 淹不死的鱼

沈祐唯母命是从，他很无奈，只得继续留在沈家漾。他对两个儿子的管教更加细心，生怕再有什么闪失。据说，他不久又得了女儿，取名沈蓉。

沈万三大难不死，让人们感到惊奇。年纪最大的大娃子和沈万二都莫名其妙地淹死在湖中，而年纪最小的沈万三竟奇迹般地活下来了，因此人们称他为"淹不死的鱼"。

第三节　做生意？野孩子人小心大

为了让沈万三得到更好的教育，沈祐把他送到镇上读书。沈家漾及邻村有七八户稍宽裕的渔家都把孩子送到镇上读书，他们相约用船轮流接送孩子们上下学。孩子们整天都在先生和家长的监护下，学习和安全都有了保障。沈万三仍对读书写字没有兴趣，时常逃课到街上闲逛，有时站在货栈边，看老板怎么做生意，为此先生没少用戒尺打他手心。

两年后，沈贵也上学了，学名为沈仲华，世称沈万四。万四上学后的表现让沈祐感到欣慰，他不仅勤奋肯学，悟性还很高，小小年纪不仅能流利背诵先生讲过的《三字经》，且理解也甚合原意。万四天生是读书的料，沈祐希望小儿子成为一个上进、有学问的人，将来考中举人，晋身仕途，也算光耀门楣了。至于万三，他虽然读书成绩平平，但也有不少长处。他思维敏捷，凡事爱动脑筋，富于幻想，记忆力好，尤其对数字很敏感。沈祐每天送到鱼肆的鱼几斤几两，万三全能记住。

沈万三十一岁的时候，有一次，他随父亲去鱼肆老板那里收账，他发现老板记的账与他记在心里的那本账有出入，便对父亲说，要与老板重新对账。核对结果是老板漏记了两天。他的记忆力不仅使鱼肆老板为之惊叹，还使他的父亲对他刮目相看。

那时，渔民捕到鱼后一般都不会自己拿去零卖，而是交给做水产生意的老板，他们谈好价钱和结账时间，到时直接找鱼肆老板结账即可。沈万三一有机会就溜到市场上去看人家做生意。十多个鱼肆一字排开，颇有气派。市场上鱼的品种很多，鲤鱼、青鱼、鳜鱼、鲢鱼、团头鲂、鳊鱼……鱼肆老板一阵一阵的叫卖声远远地传来："过来瞧一瞧，刚捞回来的新鲜鳜鱼。""大闸蟹，便宜。""活生生的鱼鲜，还有大虾公。"

沈万三觉得喧嚣的鱼市很好玩，哪里热闹他就往哪里凑，听着鱼肆老板与客人讨价还价，也觉得很有趣。光顾市场两三年，他发现民间的贩夫走卒中深藏许多商务谈判高手。平等互利、灵活机动、求同存异、守约诚信、重利益轻立场等规则他都学到不少，他觉得这比吟诵那些古人的诗文辞赋有趣得多。

有一次，他见一位鱼肆老板算账，手里划拉着一个他似曾相识的工具，嘴里念念有词，片刻就将钱款算得一清二楚。待客人走后，沈万三凑到老板跟前说："请问掌柜，您手里的这个工具就是算盘吗？"鱼肆老板看了他一眼，见他一本正经的样子，摇了摇手中算盘，笑道："你难道对这玩意感兴趣？"沈万三憨憨一笑，点了点头。他一岁时抓周，抓到的就是一把小算盘，怎么会对算盘不感兴趣呢？只不过他还没见过真的算盘，今日得见，自然希望有人能帮他解惑。

"你小小年纪怎么会对算盘感兴趣呢？"老板好奇地问。

沈万三回道："我想学打算盘，学算账，长大了也像掌柜一样做个生意人。"

老板笑着再问："你上过学吗？先生有没有告诉你'万般皆下品，唯有读书高'？"

"我不喜欢读书。我读了好几年书，可老夫子从来不教我们算术。现在先生也只教我们历算，推算要浪费很多笔墨，我就学心算。刚才

第一章　淹不死的鱼

看掌柜算盘用得这么好，若能教我打算盘那就太好了。"

老板说："听起来你真对算盘有兴趣。那我就给你讲讲这算盘是怎么一回事，看你的记性、悟性高不高，若你有这方面的天赋，我才能教你。"于是，老板给沈万三讲起了算盘的来历、应用原理和基本口诀。

这位老板一股脑给沈万三讲了一个半时辰，就是要看他能记住多少、有没有算术天分，并把珠算口诀抄本给了他，限他七天背熟。这位老板姓葛，不仅是一个筹算高手，据说还做过一个上等县的县丞，曾致力于推进全县农商经济的发展，但不知何故后来辞官做起了生意。他有意物色具有经商天赋的人才，帮他实现未了的心愿。他看得出，沈万三有浓烈的经商兴趣，只要还有一点天分，那他就是一个好苗子。

三天后，沈万三又来见葛老板，说他已经将珠算口诀全部背熟，请葛老板传授拨打算盘的手法技巧。沈万三背诵四则珠算口诀，一字不差。葛老板认为他是奇才，当即教授他打算盘的指法，但万三的手指常不听使唤，显得有些笨拙，只怕这功夫不是一朝一夕就能练熟的。

过了些时日，葛老板以前的一个同僚好友举荐他为江浙等处行中书省（简称江浙行省）嘉兴路的同知（正六品），负责盐、粮、捕盗、江防、海疆、河工、水利以及清理军籍、抚绥民夷等事务。走马上任前，他请来一个伙计照管鱼肆生意，并嘱咐沈万三一旁辅助和学习。此后，读书成了沈万三的"副业"，而做生意则花去他不少精力和时间。其间，他除了学到一些做生意的窍门外，还慢慢养成了商人的一些基本素质：诚信、与人为善、精于捕捉信息、巧思应变、圆融处事等。

至正元年（1341年），十三岁的沈万三弃学当起了鱼肆老板，葛老板的鱼肆旁边又加了一个摊位。这两个摊位相互照应，但收支账上各自独立。父亲沈祐尽管坚决反对，并对沈万三鞭挞责骂，但仍没能动摇他从商的决心。最终沈祐妥协了，甚至把自家捕的鱼也全都放到沈万三的档口去卖。

这一年，适逢元朝新帝惠宗即位，朝廷照例做了些表面文章：诏天寿节禁屠宰六日、儒冠儒服、免天下税粮五分等。然而，全国的形势不仅没有好转反而恶化。山东大饥，燕南干旱，饥民反抗朝廷达三百多次。国内矛盾激化，官民内讧不断。只有江南还算平静，这里本是富庶之地，少有流民。重阳节这天，太湖边上的镇子节日气氛很浓，人们遍插茱萸，有钱人家早准备好重阳糕、菊花酒。达官贵人府邸上的管事、酒楼饭庄的采办大声呼喝着，纷纷竞价采购各色新鲜的江鲜水产。

沈万三和往常一样，早早来到鱼肆，与葛老板的伙计一起照管生意。正忙着，忽然听人喊："吴江的陆老爷来了！"他觉得奇怪，每天来鱼市做生意的商人中也有不少名士商绅，为什么从不见有人这样喊一声呢。他忙向葛老板的伙计打听，这才知道这位陆老爷叫陆道源，是平江路（苏州府）吴江人，号称吴江第一富商，在苏州古城内有不少商铺。他的名声大不只是因为他有钱，更因为他乐善好施，以义处事。在吴江及周边地区包括这里的鱼市，受其恩惠的人不计其数。他有一副菩萨心肠，富而不骄，常替人分忧解难，因此人们都非常敬重他。葛老板与陆老爷是故交，且渊源还不浅。

沈万三还没听完介绍，陆道源一行四人就已朝他这边走来。沈万三立刻迎上前去，向陆老爷请安并推荐江鲜。陆道源有些诧异，怎么是一个半大孩子在照管生意？他走近摊位，问道："这两个档口，谁是档主？"沈万三迎上前一步，回答："回陆老爷，右边这个，他是档主，我是伙计；左边这个，我是档主，他是伙计。"陆道源更觉奇怪了，又问道："既然这样，那为何不合二为一呢？"

"我们相互帮忙，但账目分开，各算各的。"葛老板的伙计解释说。

陆道源再问："鱼市那么多档口，竞争定然激烈，而你们的档口又没别人的大，有什么优势能吸引客商？"

第一章 淹不死的鱼

"那些档口只是批量大,我们这儿则是鱼类多,且是一手货源。客人如果对某一种鱼的要量不是很多的话,一般会优先考虑来我们这儿。"

"那都有些什么鱼?"陆道源又问。

"刀鲚、银鱼、白鱼、鲤鱼、鲫鱼、草鱼、青鱼、鳡鱼、乌鳢、团头鲂、花鱼骨鲢、似刺鳊鲌以及鳜、鳙、鳗、鲶等,应有尽有。"

"还有稻蟹、大白虾。"待伙计说完,沈万三补充道。

"呵呵,"陆道源笑道,"这蟹、虾可不是鱼类哦。"

"这稻蟹可比好多鱼的味道鲜美。"沈万三指着旁边一篓子稻蟹说。

"这么说,你吃过稻蟹喽?"陆道源听得有趣,又问。要知道,那时吃稻蟹的人还不多。

"当然。"这稻蟹是他与小伙伴们"野炊"的常菜,烤出来的味道真不错,且他母亲有时也把稻蟹蒸来吃,香嫩可口。"陆老爷若不信,不妨买一些回去蒸了吃,保证您不会后悔。"

"原来你是在跟我谈生意呀?那好,我先考考你会不会算账。看你摊位上摆着七八桶不同的鱼、一篓白虾、一篓稻蟹,想必它们的斤两、价钱都不一样,请你旁边的档主掌秤,称出斤两、报上价格,由你算账,如果这十单分厘不差,我就全买了,可好?"

沈万三一听,高兴坏了:"好。陆老爷可要说话算数。"

于是,陆道源要身边的管家把算盘给沈万三。管家从怀里掏出一把小巧的银质算盘来。沈万三忙说:"这点账不用算盘,心算就行。"

"心算?"陆道源再次感到惊讶,他吩咐管家用算盘在一旁核算,看这小档主算得准不准。然后,从那一盆鲤鱼开始,过秤论价算账。需要说明的是当时流通的钱币主要有三大类,分别是纸钞(一贯、贰贯、十文钱、五十文钱)、通元宝(铜文钱)和银两。一贯为七百七十文(宋制),约等于白银一两。鱼价每斤从十几文到二十几文不等。也就是说沈万三要做的是两位数乘两位数或三位数的心算。

伙计把大盆里的鲤鱼捞起来装进网兜,过秤后报出二十三斤七两,每斤单价二十六文。约十秒后,沈万三就报出心算结果,抹掉尾数,为六百一十六文。陆道源的管家用银算盘核算,说结果正确。接下来是鲫鱼,十五斤,每斤单价十八文,下一秒沈万三就报出结果为二百七十文。这是两位数乘两位数的计算,比较简单,他算得特别快。管家核算结果一样。接着他们按同样的方式,把其余几种一一算过,最后加起来,沈万三得出总和为三千六百二十文(合四贯七百文)。但这与管家得出的结果有十文之差。

管家是筹算高手,算盘计算也十分精准,当然不会有错。可沈万三坚持说他算得也准确无误。陆道源让他们再演算一遍,结果发现沈万三抹去的几个零头加起来正好是十文。陆道源认为沈万三是对的,按四舍五入原则,后面的零头都可直接去掉。随后他问了沈万三的姓名、是否读过书,以及是如何学的心算。沈万三一一作了回答。

陆道源对沈万三十分欣赏,当然不只是因为沈万三心算能力出众,更是因为陆道源看中了他作为商人的潜质。他对沈万三说:"小档主,有没有兴趣到吴江甫里镇,到我店铺里当伙计呀?"

沈万三想了想,很自信地说:"我不想当伙计,要当就当掌柜。"

陆道源听了哈哈大笑,说道:"你这小鬼头野心还挺大。我相信你将来肯定能当掌柜,不过以你现在的年龄去当掌柜,别人会笑话我陆某的。"说完,他吩咐家仆把买到的鱼蟹全部装好,又对管家说:"给小档主付白银五两。"

沈万三只肯收四两白银加七百文纸钞。陆道源要管家照做,一行人这才打道回府。走出几步,陆道源回过身来对沈万三说:"小档主,等你长大了,记得去吴江甫里镇。"

望着陆道源离去的背影,沈万三在心里暗暗发誓:我将来一定要比陆老爷更有钱。

第一章 淹不死的鱼

第四节 周庄新来的逃荒户

至正二年（1342年），时值江南的梅雨季节，雨水淅淅沥沥，空气湿漉漉的，似乎把人的心也浇透了。野外那一丛丛栀子花开得正艳，在雨水中散发出更加馥郁的芬芳。那木槿花也不甘寂寞，在风中劲舞，把红的、粉的、紫的、白的花瓣四处飘洒。

在江南水乡生活的人们对这种天气早已习以为常。这一天，天稍稍放晴，沈祐清早就驾渔船出门了，沈万三也和往常一样，用长篙撑着一只窄长快船去他的鱼肆。早晨太阳还在天边露了个笑脸，眨眼间又不见了。天空云卷如画，空气清透，和风徐徐，很是怡人。人们都以为这是进入梅雨季节以来难得的一个好日子，谁也不曾料到一场巨大的灾难已在酝酿之中。那如画的彩云突然变得乌黑，迅速分解成一团团乌云。有经验的渔民都知道，这是暴雨将至的前兆。

沈祐站在船头远眺片刻，立即招呼帮工收网回去。渔网还没有布完就要带偎（渔绳）起网，帮工忙问："出什么事了？"他从来没见沈祐这么着急过。"别问了，再迟疑我们就很难回去了。"他们匆忙收拾好渔网，一个摇橹一个划桨急速往回赶。沈祐自幼在风浪中长大，他仅凭直觉，就预感有不祥的事情要发生。在半路，他不时仰视乌云越压越低的天空。一道炫目的闪电撕开云团，随后一声巨响，暴雨从云层中倾泻而下，仿佛在他面前竖起一道厚厚的雨帘。

与此同时，沈万三也撑着快舟在水草丛生的湖边急驰。快到沈家漾时，雨越下越大。前段时间连日的梅雨早把沟壑填满，雨水无排泄处，加上海水倒灌，更助长了洪水的涨势。在两个半时辰内，洪水猛涨五六尺余，漫过圩埂，掠过田地，侵吞了村庄，河、湖与稻田连成一片，沈家漾已变身"泽村"。

在沈家漾渔村，沈母眼看洪水漫过台坡，侵入屋子，而暴雨没有丝毫减弱的趋势，担心一家人被洪水困住，忙要儿媳王氏、孙儿万四、孙女沈蓉坐上自家的渔船，转移到附近的一块高地上去。沈母和王氏在高坡处搭了个简易雨棚，四人暂避于此。洪水还在猛涨，村里还有几户人家也转移到这里。这时，沈母想回家里拿些米。沈家这条渔船上有做饭的工具，但没有米。王氏劝她不要回去，太危险了，但沈母说她一辈子跟水打交道，识水性，不会有事。

高地离沈家不算远，但沈母去了大半个时辰还没有返回，王氏急得如热锅上的蚂蚁。眼看洪水越涨越高，她却只能干着急。又过了一盏茶的工夫，沈祐回到自家门前却没看到屋子，只见一条船系在木槿树上，在风雨中摇晃。他不明就里，只得先往高地去。王氏把前后经过向沈祐说明，他心里"咯噔"一下：娘肯定出事了。沈祐立刻与帮工回去寻找，可在屋子周围除了露出水面半截的树木和漂着的几堆茅草外，什么也没有。帮工又撒网捞，但撒网十几次，还是没捞到。

这时，沈万三撑船赶到，问明情况后，他担忧地说："婆婆会不会被洪水冲走了？"

沈祐回答："可洪水只是一个劲往上涨，根本不怎么流动，你看这屋顶的茅草都只在一处打转。"

沈万三大叫一声"我明白了"，便一个猛子扎进水里。他在水里摸索了一会儿，还是没有发现。他露出头，换了口气，又潜下去。因他家的屋子已完全倒塌，所以他没法钻进去一间间搜寻，只得再次露出头。他问父亲："家里的米是放在哪间屋子？"沈祐不知儿子是何意，只是如实答道："靠近木槿树的那间。"沈万三爬上船来，移船至木槿树处，又一猛子扎下去，直接钻进屋子，马上就抓到一只胳膊。肯定是房屋倒塌将婆婆困在里面了。他立刻浮出水面喊道："婆婆在

第一章 淹不死的鱼

这里。"

三人七手八脚地把沈母拉上船,此时的沈母哪还有半点生命迹象,连身子也开始僵硬了。沈祐悔恨交加,放声号哭。他想起算命的术士说他命中多水,要他尽快"上岸",他恨自己没有搬家。当初沈祐考虑过搬家,但因沈母反对而放弃。他恨自己没有坚持。灾难又一次降临,沈祐不得不再次考虑迁家避祸。

沈母当初之所以反对搬家,一是因为她在沈家漾生活了大半辈子,故土难离;二是怕沈祐投靠岳丈家很没面子,被人瞧不起。谁料到,沈母就这样永远留在了故土。这个变故也坚定了沈祐迁家的决心。

这年夏天,南浔的洪水五十年不遇,数千人无家可归,农田夏粮颗粒无收。令人奇怪的是,周边的几个镇子的景况却与往年无异。这年夏还发生了一起灵异事件,江苏省泰兴县(今泰兴市)境内,从未断流的长江在汛期内竟一夜之间枯涸见底。在长江上跑船的船民一早起床一看,谁都不敢相信长江竟然断流了!

靠山吃山,靠水吃水,这一带的大多数人都依靠长江生活。长江就是他们的生命河。江水突然枯竭,岸边的老百姓十分惊慌,大家以为是河神一下子把江水全都收走了,也有人说岸边的人长年累月地捕鱼,激怒了龙神。

一些人跑到江边"看稀奇",胆大的还跑到河中捡鱼虾。正当他们手忙脚乱捡鱼虾之时,忽然听到轰隆隆的巨响。没过多久,一道巨大的水墙仿佛从天际而来,离岸边近的人及时爬上了岸,那些离得远的,瞬间就被大水卷走了。

沈祐听说了这件事,吓得胆战心惊。他对神灵坚信不疑,以万分虔诚之心祭拜了河神,烧了渔网渔具,卖了渔船,然后带着妻子王氏和两儿一女迁往平江路(苏州府)长洲县周庄东坨(今东蔡村)。两地虽相隔不太远,但分属湖州路和平江路。

据说周庄古镇原叫贞丰里,在北宋时,一位名叫周迪的名士信奉佛教,把自己的房子捐出来建寺(今金福寺),同时捐地二百亩作为庙产,当地居民有感周氏的仁义德行,遂改贞丰里为周庄。这时的周庄还是一个小集镇。周庄北面靠近三角白荡、明镜荡、长白荡,白蚬湖之东的急水江横穿而过,其支流与南湖连成一线;南面濒临一片大湖——南湖(南白荡),与淀山湖相通。周庄四面环水,港汊纷错,湖河联络,咫尺往来,皆须舟楫。

周庄与南浔一样水路四通八达,湖泊众多。不过周庄是小集市,人口较多。沈祐既已决定上岸,谋生之计便有两种选择——置地耕种或专事木工手艺。为了不在岳丈家丢脸,沈祐倾其所有在东垞购置田产。这里相较周庄集市更偏僻些,地价也较便宜。

沈祐弃渔从事农桑后,沈万三就不能去鱼肆做生意了,父亲给了他两个选择,要么去书院读书,要么学木工手艺,帮父母干点农活。沈万三虽然只有十四岁,但长得壮实,有力气。他不喜欢读书,只得选择后者。秋去冬来,农闲时,沈祐便教万三干木工活,主要做箍桶箍盆之类的营生,兼做船只及船篷、修理楫橹。整天叮叮梆梆,枯燥无聊,万三一点兴趣也没有,简直度日如年。好不容易挨过一个无趣的冬天,春天来了,他本想出门去玩,可父母又督促他干农活。周庄土地肥沃,灌溉便利,适宜耕种。万三帮父母收割完麦子和油菜籽,又植麻插水稻,几乎没一天闲着。直到盛夏来临,沈万三瞅准了一个机会,准备出去逛逛。

沈万三自家的船全卖了,又没钱雇船,在这个"咫尺往来,皆须舟楫"的地方,没有船就出不了村子。万三精通凫游,一早他就头顶着衣服,游过一道小荡口,再往急水江边码头去。这儿的往来船只络绎不绝,他兜里只有七文钱,不好上客船,也不想乘行驶太慢的货船,于是搭乘了一只准备进姑苏的渔船。他帮渔家摇橹,经白蚬湖、同里等,

第一章　淹不死的鱼

直往古城去。

古城苏州（平江路治所）是他从小就向往的地方，当时的人们称誉苏州"风物雄丽为东南冠"。古城山水相依、林园幽深、楼阁典雅，山水亭台交相掩映，处处洋溢着诗情画意，令在小地方长大的沈万三耳目一新。沈万三初次到古城，不知哪些地方好玩，只管跟在一群游人后面，过了几座桥，走一段长廊，参观了佛香阁，最后到了玄妙观后门口。

沈万三对观赏楼台亭阁毫无兴趣，于是拐进了一条长巷。都说古城有烟雨朦胧之美，踏在青石板砖上，他第一次感觉到空气中弥漫着的静谧。只见小巷深处，一位身着一袭红衣的女子撑一把油纸伞，身姿妙曼，沈万三看着女子的背影，一路跟随，穿过长巷，终于到了他最感兴趣的商业街——碎锦街，这里是玄妙观前的集市。这里非常热闹，街面上商品琳琅满目，有手工艺品、日常生活用品、农产品等，行人往来络绎不绝。沈万三东看看西瞧瞧，时不时停下脚步听买卖双方的对话，看生意是如何谈成的，兴致盎然。在这里，他竟忘了时间，眼见日落西山，他才想到回家。他一口气跑到河边，想搭一只便船，可非但没有便船，连客船也没有了。

沈万三十分沮丧，又饥肠辘辘，于是返身进城，希望能用两文钱买到一点充饥的食物。他回到街道时发现商铺关门了，地摊也收摊了。无奈，他只好往亮着灯的玄妙观走去。好心的道士见沈万三疲惫不堪，说话都很费力气，便给他拿来一个大菜饼。沈万三接过菜饼，说了句"多谢"，便狼吞虎咽地吃了。然后，他靠在廊柱下休息，不知不觉进入梦乡。

睡梦中，沈万三还在四处找吃食，不知走过多少人家，却一点东西也没讨到。走着走着，他发现前面灯火通明，走近一看，原来是一条小吃街。这里包子店、糕团店、饼子店、小酒店、素斋店应有尽有，馋得他直流口水，但他每靠近一家店铺，都没人理他。他十分恼怒，大声喊道："我不是乞丐，是有钱人，我要把这条街买下来！"这一喊竟把他自己喊醒了。"还好，原来是做梦。"他自言自语地摸了摸饿得发瘪的肚子。这时，街上一些卖早餐的店铺和小摊都开始忙活起来，而沈万三顾不上等吃的，起身便往城南门方向飞跑。再不赶紧回去，不知老爹会怎样责罚他。

的确，沈祐昨天见儿子一夜未归，既担心又生气。一家人全都出去寻找，把能找的地方全找遍了，甚至做了最坏的打算。他们在沈万三平时洗澡的水荡边打捞，忙到深夜仍一无所获。正是夏季涨水时节，江中水流湍急，如果他真的凫水出事了，那可能连尸首也难找到。母亲王氏急得直哭起来。沈万四劝她道："三哥是一条淹不死的鱼，不会出事的，想必是跑到城里玩去了。"

沈祐也觉得这种可能性更大，于是让其他人都去睡觉，自己坐着等他回来。直到日上三竿，沈万三终于出现在他父亲面前。沈祐一见，又喜又怒，当即操起一根木棍，不由分说地给了万三一顿揍，打得他浑身青一块紫一块，站都站不起来。

有了这次教训以后，沈万三老实了很多，此后近两年时间没离开过村子。他无论是干农活还是学手艺，都勤奋机敏。自从迁来周庄，沈祐明显地感觉到自己开始转运了，三年来，年年风调雨顺，农田里随便种什么庄稼，都长得特别好。农闲时，找他做木工活的人也越来越多，即使有万四帮忙，有时也做不过来。家里有了余钱，沈祐又买了些地，他坚信算命术士的话是对的，命中多水之人就得靠土来平衡。田地多了，家里的三个劳力就不够用了，沈祐便请了两个帮工，他幻想自己当上了小地主，不觉有些得意起来。周庄人都相信沈家深藏不露，定是一个有钱大户。

第一章 淹不死的鱼

第五节 未立业，先成家

一向心很"野"的沈万三，在家里已"憋"了整整两年，简直都快疯了。有一天，他听母亲王氏讲到她有一个堂妹嫁到了维扬（今扬州，也称广陵或江都）邗江一户张姓人家，仅婚后第一年春节回过一次娘家，想来已有十七年没能见面。其间，堂妹多次捎来口信，邀王氏去维扬游玩，她几次动心，但因路途太远未能成行。沈万三听后，顿时心花怒放，灵机一动，极力劝说母亲去一趟维扬。当然，他自己也很想去这个隋朝就名扬四海、前些年还是江淮行省首府的维扬开开眼界。王氏心想，现在沈家生活还算宽裕，农忙时请了帮工也不怎么忙碌，去一趟维扬，与堂妹聚一聚，一了多年来的心愿，不失为一件美事。

至正五年（1345年）夏，沈万三陪母亲王氏北上，到苏州后搭乘客船，从京杭运河经无锡、常州、镇江前往维扬。客船沿途停靠载客，走了七八天才到长江南岸。沈万三并不觉得船行得太慢，每到一个地方他都饶有兴致地向同船乘客或者船家打听当地的风物人情，把所见所闻牢记于心。他问的最多的就是当地物产及有何生意好做，乘客反正都得闲，很乐意与这个青年"谈天说地话古今，看山望海观天下"。一路上，沈万三确实增长了见识。到第九天，船过江又沿运河走了一段路后便到了终点。沈万三和母亲登岸后，便向人打听去邗江城西的路，经当地人的几次指引，他们找到了居于邗江城翠岗的亲戚家。

王氏姐妹见了面，还未开口，便相拥而泣，倾诉一番离苦，又长吁短叹。过了一会儿，姐妹俩的目光转向万三，王氏对他说："这是你表姨。"万三脆生生地叫了一声。他表姨说："大表侄一晃都长成大人了。"王氏听了又是好一阵心酸，泣声说："万大、万二都夭折了，这个是万三，再一个月就满十七了。"想到死去的两个儿子，她语不成句，又簌簌流泪。万三表姨忙说："姐呀，都怪我耳聋目盲，不该提。我们女人真可怜，嫁得近一点，三年五载还可回一次娘家；嫁得远，十年八年甚至一辈子也没机会回娘家看看。我得不到你们的音讯，想娘家也想得苦啊！"两姊妹又是一阵伤心地哭。沈万三听得心酸，真心实意地劝慰说："表姨、娘，往事不再多提，所有的苦难都会过去。我想若像姨父一样做生意努力赚钱，往后的日子一定会好起来的。"

正说着，表姨的女儿和两个儿子一起回来了，表姨给他们做了介绍。比较一下年龄，沈万三比三人都大，他便称他们几个为表妹、表弟。

第二天，沈万三由表妹和大表弟陪伴去游览保扬湖（后称瘦西湖），他母亲和表姨留在家里为六月十九观音会做准备。大表弟虽只有十五岁，却是一个学问渊博的人了，一路上不停地给表哥做讲解。三人走了好几里地，来到一古护城河边，表弟指着不远处一段较宽的河面说："表哥你看，那就是保扬湖。"

沈万三一见，脸上露出失望之色，一条河沟而已，既不及太湖的千分之一大，也不及淀山湖的十分之一大，甚至比白蚬湖还小，这也叫湖？他原本就对风景不感兴趣，看了这条"河沟"后，立马游兴全无。见表弟这般热情，沈万三也只能假意称赞"好美"。

保扬湖以瘦小精巧为美。湖岸边，垂柳依依，随风拂动，花草清香，沁人心脾；湖面碧波粼粼，别有一番韵味，使人精神为之一振。过二十四桥时，表弟说："这座高孔石桥本叫'二十四桥'，一个老夫子专门给我们讲过它的来历。"沈万三便问来历为何，表弟徐徐道来。传说，隋炀帝有一次下江南时，游船到了维扬古城的西郊，看到一座小砖桥，随口问道："这叫什么桥？"众人皆不知其名。一个宠妃便回答："游船上的公主、妃子有二十三人，可谓二十三娇，就叫二十三桥吧。""娇"和"桥"音韵相通，字形亦相似。这时一个太

第一章 淹不死的鱼

监急忙禀告隋炀帝说,船上实有二十四娇,一位娘娘肚子里还孕有一娇。后来这座桥便名为"二十四桥"了。

沈万三觉得此说不可信。这时,表妹说道:"还有一种说法说隋炀帝见这桥边的景色很美,便在月夜让二十四个美人分坐在二十四道桥坎上于月下吹箫,故名'二十四美人桥'。"表妹很少说话,但说话的声音很好听,沈万三很喜欢听她说话。

表弟见表哥似乎更相信姐姐的说法,于是又讲道:"可有人还说,这二十四桥是茶园桥、大明桥等二十四座桥的合称呢?而且,唐代诗人杜牧在《寄扬州韩绰判官》诗中写道'青山隐隐水迢迢,秋尽江南草未凋。二十四桥明月夜,玉人何处教吹箫',这样的说法可不可信呢?"

表妹也不甘示弱,争辩道:"像杜牧这样的名诗人怎么会将实数入诗呢?我们维扬城虽在隋唐曾有过二十四桥,但据说在北宋时,大多数桥被毁,为什么仍有二十四桥之名呢?且南宋词人姜夔还在《扬州慢》词中写道'二十四桥仍在,波心荡,冷月无声',这明明就是在说月下吹箫的那座桥嘛。"她说话时一脸通红。

表妹的这席话一下子让表弟无言以对。沈万三觉得自己与表妹、表弟比起来,读书太少,知识太贫乏了,根本无法作出任何评论。为了不影响气氛,他转移话题说:"走得有些累了,咱们找个地方歇息一下吧。"于是,他们到西园茶肆歇脚,叫了几盏茶,边品茶边赏景,很是惬意。这里水势曲折,水中有小岛,岛外有石桥,流水淙淙,清幽典雅。

这时候,沈万三看见前面不远处有一片荷塘,荷花开得正好,立即跑过去,用最快速度褪去衣衫后"扑通"一声跳进水里,采来一捧荷花,送给表妹。表弟一见,有点不高兴,闷声说道:"荷花有什么好看的,我们到别处玩去。"几人应声而起。什么地方好玩呢?他们又踯躅不前。表妹便问:"表哥想到什么地方去玩呀?"

看透财富的巨贾：沈万三

沈万三原本想，既然这里是观览之地，少不了会有些亭台楼阁。或许是他学木工的缘故，他对所到城镇的亭台楼阁都颇有兴趣。他来保扬湖后却发现这里只有茶肆和几个供游人歇息的小亭子。于是，他便说想去商铺多的地方。表弟想了想说，邗江和广陵两个老城可谓商铺林立，商贾云集，哪有什么玩的呢？他提议去大明寺看看。

三人又说说笑笑，沿湖岸前往大明寺。寺院大多不以风景取胜，迷人的只是那种肃穆的气氛。沈万三不信佛，他只对寺内的建筑有兴趣。表妹的心思细腻，在简单的交谈中，探知到表哥的兴趣所在：他喜欢逛闹市，看别人做生意；很爱观赏高大的楼台建筑，常对那些结构精巧和装饰华美的建筑啧啧称奇。从大明寺出来，她问沈万三："表哥想不想去看赵氏的明月扬州第一楼？"

"明月扬州第一楼？在哪里？"沈万三忙问。他果然表现得兴趣浓厚。

表妹讲："听说在江都那边，我也没去过。等爹回邗江，我问问他就知道了。"

沈万三知道表姨父在江都经营着一家很大的粮油杂货商行，平常七八天才能回家一趟，眼下不如直接到江都去，既可看看姨父的生意如何，又可一睹这明月楼的风姿，岂不是一举两得？于是他说道："那我们现在就过去！"

这时，表弟又开始炫耀他的学识了："明月楼有什么好看的？'扬州第一'之名是画家赵子昂（赵孟頫）吹嘘的。几十年前，我们这儿一个姓赵的富豪家有一座明月楼，他爱炫富，常在楼里招待四方来客。有一年春节前，他向一些来客征写对联，但那些客人写的都不合他的意。恰巧赵子昂有一天路过，赵富翁听说后便把他请到明月楼来，用丰盛的酒菜款待他，所用餐具都是银制的。酒至半酣，赵富翁拿出纸和笔请求赵子昂赐写对联。赵子昂拿起笔写道'春风阆苑三千客，明

第一章 淹不死的鱼

月扬州第一楼'。赵富翁得到对联，非常满意，把酒席上的银器全部赠送给了赵子昂。维扬很多人都知道这个故事，明月楼可能是有，但谁知道它是不是'扬州第一'？"

听了表弟的一番讲述，沈万三不免心生疑惑，加上去江都路程太远，时间来不及，只得遗憾返回。到了第二天，沈万三还是想去江都看看，但因六月十九观音会在即，母亲硬要他参加，他只得作罢。

佛教认为，六月十九是观音菩萨的诞辰，维扬信佛百姓都要在这一天到观音山烧香。沈万三听说观音庙原本是隋炀帝的行宫迷楼，建于蜀岗的高处，楼毁后改建成寺庙。因此，他又想去看看，反正也不远。这一天，人如潮涌，热闹非凡。人们自发地从四面八方赶来，上山的路上，有些特别虔诚的信徒在膝盖上绑了纸，走三步就叩一个头。沈万三见表姨和母亲也是一路叩头，虽不是三步一叩，叩头的次数也有十几次。只要有烧香的地方，她们都烧香礼佛。在天王殿和圆通宝殿，她们倍加虔诚。沈万三在圆通宝殿烧了香、叩了头后，就开始欣赏这些气势恢宏的建筑。他在山下仰视，觉得殿楼宏伟；从山上往下看，又感到楼阁悬于山崖，奇险无比。

从观音山回来后，恰好表姨父也从江都回到家。晚饭后，沈万三便向姨父请教生意经。姨父见万三头脑灵活，说话有条理，思维敏捷，夸赞他有行商的天赋，不仅给他讲了自己经商的经历和经验，还讲到朝廷鼓励经商的政策及商业发展趋势。沈万三大受启发，恨不得就留在维扬，跟着姨父学做生意。他说出这一想法后，母亲立马反对。沈万三不理解为什么她的态度比父亲还强硬。

在维扬待了十多天后，沈万三便和母亲一起回到周庄，生活又归于平淡。此次维扬之行，不仅让他开阔了眼界、增长了见识，还使他有了更多想法。他几次向父亲提出要学做生意，但都遭到父亲的严厉训斥，这让他很郁闷。不仅如此，还有一件大事让他非常意外：入冬后的一天，母亲告诉他，准备在年前给他完婚。"成亲？"沈万三感到莫名其妙，难道是要他成亲？之前怎么一点消息也没透露呢？他的人生大事，至少要先征求一下他的意见吧。沈万三很生气地喊道："不成亲！我才刚过十七岁，成哪门子亲！"

沈祐严正警告儿子："这事由不得你，我跟你母亲已经决定了，你非同意不可！"

沈万三又喊道："我都不知道要跟谁成亲，怎么能同意？"

见儿子语气有所缓和，沈祐说："那你几个月前去维扬干什么去了？难道你不满意你表妹吗？"

"可是，可是……她是表妹呀。"沈万三不知该怎么说。

在那个时候，这种情况很常见，可以亲上加亲，不会断了亲戚关系。

这时候，母亲对他说："我看你和你表妹相处得还不错，你表姨父、姨妈对你的印象也很好，而且他们家比咱们家条件好，又是城里人，若不是你姨妈念着娘家，她才不会把女儿嫁过来呢！"

"那为什么当时不告诉我实情呢？您得让我有个心理准备啊。再说我们才多大就成亲？"

沈祐说道："迟成亲不如早成亲，免得你整天胡思乱想，一心往外跑。"

沈万三终于发现父母要把他留在家里，这才是让他早早成亲的真正目的，但能娶到表妹，他也是很开心的。

这年冬，刚满十八岁的沈万三与表妹张氏完婚，正式跨入了人生新阶段。

商海苦磨砺

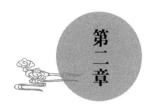
第二章

第一节　初涉商海步维艰

　　沈万三的婚姻虽是父母包办的，但他与张氏的感情非常好。两个人在一起，很般配。沈万三很疼爱妻子，生活上尽力关心与照顾妻子，虽然两人没有达到如胶似漆的地步，但他为妻子做什么都心甘情愿。沈祐见小夫妻相亲相爱，也非常高兴，并为自己成功地把儿子留在家里而心满意足。

　　沈万三的身体虽然被困住，心却早就飞出去了，只有张氏能理解他。张氏上过私塾，识文断字，又很贤惠，能真心为相公着想。按维扬习俗，新婚头年正月初二或是婚后第三天，新娘子要与相公一起回娘家，称"双回门"。张氏主动提出不回门，因为"回门礼"花费很大，且路途遥远，时间上也很难把握。她得为相公省钱，她知道他做梦都在想怎么做生意。不仅如此，她还总是支持相公的兴趣爱好，并与他交流他俩共同关心的话题——经商。

　　元朝统治者知道武力仅能获得土地和财富，却不能征服人心和持续创造财富，要想长久统治一个国家，需要有强大的军事和经济实力。

因此，元朝统治者非常重视发展商业，不像其他王朝的统治者那样对商业进行限制，而是通过制定一系列法规和政策对其进行保护和鼓励。

社会上出现了重商主义的思潮。下至平民百姓，上至中央王朝的官吏，甚至是曾经最鄙视商人的儒士也都对商人另眼相看。"重商"的思想冲击着中国传统的"重农"思想。正是这种重商思想促使元朝的商业格外繁荣。其时闻名于世的商业大都市有大都（今北京）、开封、临安、泉州等，而维扬则是南北通衢的要冲。

当然，统治者重商的目的是要获取源源不断的稳定的田赋商税。由于朝廷把国民划分为蒙古人、色目人、汉人及南人四等，上等人拥有土地和其他资源，且朝廷的政策也向上等人倾斜，汉人作为三等人要想崛起非常困难。沈万三生活的时代，很多生意都被别人抢着做了，有的人已赚得盆满钵满。若想后来居上，没有全新的思路显然是不行的。

婚后一段时间，沈万三总是琢磨怎么做生意。他想来想去，还是觉得只有长途贩运才有可能赚到钱。困难也实实在在地摆在眼前：一没有本钱，二没有经验，三新婚才两个月就要与妻子分离……他辗转反侧，几天夜不成眠。

张氏见状问道："富哥是为做生意之事犯愁吗？"

"是呀，"沈万三回答，"我想出远门做生意，但又顾虑重重，不知该怎么跟你开口。"

"那你想好做什么了没有？"张氏问。

沈万三说："我把苏州有特色的物品比较了一番，觉得织锦是最有价值的卖品，且在北方大城镇非常走俏，我想贩运些织锦到大都一带试试。"

"大都？"张氏感到惊讶，"那可是数千里之外呀！你有没有想好运货和防护之法？一路上少不了日晒雨淋，而织锦受潮就会变色发黄甚至发霉。如果在大都没有较大的买主，这些货物又怎样售卖呢？"

第二章　商海苦磨砺

张氏的父亲最初做的就是绫罗绸缎生意，后来因竞争对手多、利润薄，才改行开粮油杂货铺。她在娘家时就常听父亲说生意经，耳濡目染，因此也懂得一些。沈万三一听觉得非常有理，北上大都，千里迢迢，不仅会遭遇风雨，还可能遭遇劫匪，输运风险大、成本高，如果没有固定的大买主，零卖肯定不成。

见沈万三沉默不语，张氏又说："富哥倘若真想在这行闯荡一番，不妨先到维扬试一试，虽然利薄，但风险小，顺利的话，一个月就可来回一趟。待熟悉了门道，再往更远处去。"

闻言，沈万三既高兴又羞愧，自己竟然不如媳妇有见识，什么都不懂就着急往商海里跳，但他一想到那句谚语"腰缠十万贯，骑鹤上维扬"，就莫名地兴奋。这句谚语来自一部南朝志人小说集《殷芸小说》。在《吴蜀人》这篇故事里，几个人在一起谈论人生理想时，第一个人说："我想当维扬太守。"第二个人说："我想拥有很多钱财。"第三个人则说："我想骑鹤上天成仙。"最后一个人说："我想腰缠十万贯，骑鹤上维扬。"沈万三也做着同样的发财梦，但他高兴片刻，脸色又黯淡下来。别说"腰缠十万贯"，眼下他连十贯也没有。沈祐一向不支持他做生意，没本钱，何谈生意？

张氏心思细腻，猜出沈万三是在为筹不到本钱而犯愁。于是她劝慰道："富哥不必为生意本钱闹心，做生意可大可小，咱们本钱少，就先做点小生意，待本钱慢慢积累起来了，再往大处想。"

沈万三惊讶地看着张氏，觉得媳妇了不得，竟把自己的心思摸得如此准确。他不知怎么开口，尴尬地笑笑说，老爹不给银子，一切都是空谈。张氏拉了沈万三一把，笑道："不就是银子吗，你看这些够不？"说完，她指着大木柜上的一口箱子说："这里面有五百两纹银，是你家当初送的聘礼，原本我爹娘准备用这些银子置办嫁妆，但因为路途太远，所以没置办嫁妆而将这些银子当作压箱钱。既然如此，不妨用它作为本钱。不管赚了还是折了，都不必禀告公公婆婆知晓。"

沈万三羞愧难当，但终究抵挡不住内心的诱惑，把这些置办家当的钱全部用来做买卖。他从周庄的黄记丝绸铺子进了一百多匹优质织锦，然后雇船准备将货物运往维扬。他聘了一位姓姜的师傅当顾问，装船码齐货物时，姜师傅仔细检查每一匹织锦，赫然发现有十多匹是次品。

"次品？"沈万三第一次遇到这种情况，慌张地问姜师傅，"那现在咋办？"

"赶紧卸下船，找黄记退货呀。"姜师傅说。

沈万三说："船家已雇好，货也装船了，再回去找黄记退货，来回一折腾，万一他不认账怎么办？协商处理要花时间，那损失更大。"

这时，船家陈老五说道："一道夹着卖出去呗！我就常见别人这么干。"

"我第一次闯荡扬州，若是这么干了，以后还有什么脸面再踏进这座城！"沈万三掷地有声地说道。说完，他在找出来的那些次品上逐一标记了"次品"二字。

姜师傅忙说："那岂不是太便宜黄记了？"

"大不了我以后不再跟黄记做生意。我将来一定要在吴江打造沈字招牌，让黄记永无立足之地。"沈万三郑重地说道。

到了维扬，沈万三向几家绸缎铺推销织锦，他对其中一个前来购货的客商说："这位老板，我不欺瞒您，这批织锦已经卖了大半，在所剩的织锦中，有十几匹是次品。我初次做生意，受了别人骗，货运到船上才发现。说实在的，我当时心疼了好一阵子，也曾想过以次充好，但古话说得好，'己所不欲，勿施于人'。我虽然很气恼，但不能让客商白白吃亏。这些货，您如果想要就随便给个价吧。"

这位客商见沈万三如此诚实，也显得很慷慨："次品给你六折，

第二章　商海苦磨砺

良品全按你说的价，一文不少。"

"好。我就想图个长久买卖。"沈万三说。

"小伙子你做得很对，下回我还买你的货。生意要做得大，做得长久，诚信是根基。"客商称赞道。

沈万三去维扬的这趟生意，一分钱未赚，还贴了本钱，但他觉得心里很踏实。一个多月后，他回到周庄，跟媳妇张氏谈及这次维扬之行的体会及后续打算："这趟生意亏本，全是因我经验不足。不过，我对远途贩运还是很有信心的。我想再筹点本钱，跑一趟大都。"

"听富哥的话音，还是不甘心啊。如何筹钱，又贩什么货品不知你考虑清楚没有？"张氏说。她虽然支持丈夫经商，但她总觉得他把经商想得太简单了。这可不同于他开鱼肆那会儿，无本坐卖，卖一点就能赚一点。出了远门，倘若货品滞销，附加成本就会增加，不仅无利可赚，血本无归也是可能的。

"你知道，爹爹一向反对我经商，在他面前只要提到'做生意'三个字，他就气恼，更别说从他那里要到钱了。我如今只能去钱庄借贷，别无他法。"沈万三叹了口气说。

张氏没有再说什么，她知道劝阻是徒劳的，但她担心如果到钱庄借贷，万一生意亏本，无法偿还钱庄的本钱和利息。到时被人追债，不仅不能做生意，甚至连日子都没法过下去了。张氏当然不想让沈万三去借钱庄的钱，因此她只得去娘家亲戚那边借。

几天以后，沈万三以千两白银进了一批缭绫和锦缎，雇了两辆马车，满载北上。这次他并没有走水路，然而，偏偏天公不作美，一连数日阴雨绵绵。虽然出发前他们已经用桐油雨布做好了严密的防雨措施，但冒雨前行仍有淋湿的风险，加上道路泥泞，车夫怨声载道。行至长江北岸时，正值江淮一带的梅雨季节，雨水越来越多，为了确保精美的缭绫锦缎不变质，沈万三只得住店等待天晴。

这一等就是半个月之久，每天要付住宿费、存货费、车夫工钱。沈万三每日如坐针毡，焦急万分。待天一放晴，他便催促车夫马不停蹄地赶路。可是，他发现老天似乎总跟他作对，躲过了江南的梅雨，进入黄河流域后，雨水又接踵而至。马车夫叫苦不迭，他们帮沈万三把货物运过黄河后，说什么也不肯再跟他往前走了。沈万三万分无奈，便在台前县城郊住店，并租了一间屋子储存货物。

因一时找不到合适的运货马车，他向店老板借来一辆平板车，拉了一车货到县城丝绸行推销，试试运气。他找了很久才找到一家丝绸行，立马过去跟老板套近乎，然后诚恳地说："我从苏杭那边运来一批上等缭绫、锦缎，原打算上大都赚点辛苦钱。不想，一路上躲雨耽搁，各项开支都超过预期，眼看盘缠行将耗尽。老板您看，我以最优惠的价钱匀给您四五十匹，解我一时之急，而您也能获得最大收益，怎么样？"

丝绸行的老板看了看他的货品，笑着回答："你的这些货的确是上等好货，只是本号很少经营这类精细货品，除非有富家预定。我们这儿虽说是个县城，却更像穷乡僻壤，全城没几个有钱人。穷家小户连饭都吃不上，哪有钱买你这昂贵的绫缎？"

沈万三想了想，又回头看了看外面的行人，觉得老板说的是实情。这里虽地处交通要冲，但近些年不是旱灾就是水涝，百姓生活清苦，想吃饱饭都不容易，哪有闲钱买这样的奢侈品？于是沈万三问老板："那么请教您，附近有没有经营这类货品的商行呢？"丝绸行老板回答："在黄河与金堤河交汇的渡口附近有一家大商行，什么生意都做。只是……"老板犹豫片刻，接着说，"你一个外地人，又是初来乍到，只怕要万分小心才是。"

沈万三闻言大为惊讶，做买卖不是应该讲公平吗？店越大，越是该守规矩吧！他不好多问，老板更不便多说，二人就此别过。沈万三回到旅店，将全部绫缎清理一遍，发现不少绫缎似乎受潮，如果不通

第二章　商海苦磨砺

风吹晾一下就有可能发黄变色，但他盘缠早已花光，没钱租地方。他左思右想，还是觉得应该到那家大丝绸行去碰碰运气。

第二天，沈万三挑出几十匹绫缎用平板车装好，拉到渡口那家大商行。见了商行掌柜，沈万三重复了一遍昨天的说辞。商行掌柜轻蔑地笑笑，说道："我行一向只与大客商打交道，而你仅是个连平板车都没装满的小贩，我哪有闲工夫跟你谈生意？何况你这些货物来路不明，如若货品有问题，我找谁理论？"

沈万三觉得掌柜讲的不是完全没有道理，想了想又说道："我知道贵号专做大生意，不过我这车绫缎有六十多匹，也不少了，且都是苏杭一带的上等好货，品质绝对没有问题，您可以逐一查验。我一文不赚，按一匹四两六厘的进价给您，只是我千里迢迢来到这里，您给加点路费就行。"

商行掌柜走过来随便看了看货品，报出一个让他意想不到的价格："七折，我可以勉强接受。"

沈万三一听，肺都要气炸了："这简直是趁火打劫啊。"他在心里狠狠骂道，但脸上还是挂着笑意说："掌柜您别说笑吧，按进价给您，还要打七折？您如果不能做决定，能不能让我见见贵行的东家？"

"哼，"掌柜说道，"小子，我看你才是开玩笑。我看你的东西不错，能跟你谈几句，已经是给你很大面子了，还想见我们东家，门都没有。"

"您既然没诚意，那我也就不麻烦了。"说完，沈万三拉着平板车转头就走。商行掌柜看着沈万三离去的背影，脸上露出一丝阴险的冷笑。

沈万三一边走一边想，本来不打算在这个穷地方做买卖，只因途中耽搁太久，路费远远超出了预算。眼下吃饭、住店、运货处处都要银子，不卖点货出去肯定不行，没有二三十两的进项，只怕到不了大都。沈万三正想着，突然听身后有人喊道："这位卖绸缎的商客等一等，我们东家想看看你的货。"

他循着声音望去,一个身着华丽锦服的中年男子从堤岸边跑来。到了沈万三跟前,他说道:"我是蔑儿乞府的管家,听说你的绫缎平价出让,我家老爷想看看货品,他就在金堤河船上。"蔑儿乞这个姓氏,一听就是蒙古人,沈万三有些犹豫。自称管家的中年男子又问道:"你的绸缎多少钱一匹?"

沈万三回道:"零卖五两半,整车包干五两三厘。只收银子,不要官钞纸币。"

"这样吧,我给你五两半银,先拿一匹去船上给老爷瞧,如果他老人家看上了,整车就全要了。"管家说。

沈万三听后很高兴,收了银子就让管家拿去一匹缎子,耐心等回音。不一会儿,管家带了三个人来,他们称其中一个穿锦缎长袍、年近五十的人为"老爷"。这人装模作样地一边翻看缎子,一边连说"不错不错"。管家就对旁边两个家丁说:"全部搬到老爷的客船上去。"

沈万三正要向管家要银子,那"老爷"拉着他问这问那。待缎子全部搬上船后,管家说:"我这就去船上取银子。""老爷"则继续与沈万三攀谈。过了片刻,沈万三突然觉得不对劲,赶紧追上去。赶到河边一看,客船已划走,那管家还在船上冲他挥手。沈万三气得两眼直冒金花,他三步并作两步转身回来,一把抓住"老爷"要银子。"老爷"一脸无辜地说道:"找我要什么银子?我是他们用一两子请来的,只是看绸缎好不好,我可没说要买你的缎子。"

原来这个"老爷"根本就不认识那伙人,他也不是老爷,而是一个经常装扮成蒙人骗吃骗喝的老无赖。沈万三实实在在地栽在一伙骗子手上,他万分气恼,恨得直咬牙,却不知该找谁说理。他垂头丧气回到旅店,把此事说与旅店老板听,又问怎么去告官。

旅店老板同情地说:"也怪我在你借板车那会没提醒你。那家商

第二章　商海苦磨砺

行素与江湖骗子勾结，经常将过往商人的信息提供给骗子。那伙人行骗得手后，便与商行分成。这家商行既有官方背景，又有江湖背景，因此从未有人状告成功。这里虽属河南江北行省管辖，但地处两路交界，遇到麻烦事，这两路总管府之间总是推来推去的，很多事情也就不了了之。况且，你这事又没有留下什么凭证，告到哪里都没用。"

沈万三闻言，只得认栽，然而，生意还得继续。还有一百多匹绫缎需运往大都，如果他运气好，每匹卖到十两甚至更多，这样或许还能保本。可从这里去大都路途遥远，仅手头的五两半银子，他根本不可能将货物运到，何况途中仍存在各种不确定因素。沈万三很为难，便请旅店老板帮忙出主意。

旅店老板为人相对正直憨厚，他给沈万三支了两招：一是他用五两半银买下三匹绫缎，帮沈万三凑够去大都的路资；二是让沈万三就近去汴京（今开封）。那里虽不及大都兴盛，但就商人来说，也是有很多机会的。洛阳销往西域商路的货品，很多都是在汴京收购的。沈万三考虑再三，最后决定去汴京。恰好，有一个住店的赣西商人也要运一批货物去汴京，于是两人协商合租一只船，溯黄河而上，直抵汴京。

汴京是北宋都城，这一带地势平坦，交通便利。汴河及附近几条河流又与大运河贯通，使此地水路运输极为发达，并成为经济中心，四面八方的物资都易于在此地周转。至元朝，汴京作为一个人口已达一百余万的大城市，商贸兴隆，街市热闹非凡。城内店铺林立，各地的货物云集于此，处处可见商铺、邸店、酒楼、质库（即当铺），以及各种手工作坊。汴京晚间还有夜市，营业至三更，到五更又再开张。

汴京的街市让沈万三大开眼界，他的心情也明朗起来。他头天晚上逛了夜市，第二天一早便租了一辆驴车，装上所有绫缎沿街寻找买主。汴京的交通工具除了轿子外，车的种类特别多，与江南水乡的船类可有一比，有骡、马、牛、驴车和人力车，又可分为太平车（重货车）、平头车（普通货车）、宅眷坐车（载人的平头车）、独轮车、浪子车、痴车等，沈万三很轻松地就用低廉的租金租到运货的车。汴京有专门的丝绸交易市场，也有专营的丝绸店铺。沈万三在城内转了几圈，谈了几个买主，但给出的价格都未到他预期的七两银以上，加上他不想收纸币，只想要更保价的银元宝（即元朝宝货），因此他第一天一笔交易也没有做成。

沈万三回到旅店后，又开始仔细盘算起来。看来，这趟生意亏损是肯定的了，现在能做的是把亏损减少到最小。找到肯出价的买主还需要时间，汴京城虽车马费便宜，但吃住花销比较大，再拖下去亏损会更大。于是，他第二天把全部绫缎倾销而出，价格在五两六厘上下，共得银七百五十余两。然后他又在汴京城的闹市转了一圈，看看能不能带些珠宝、胭脂、香料之类的货品回南方销售，因心里没有把握，最终只好作罢。

沈万三就此踏上归途，为了途中行路方便，他将银子用两只小木箱装好。这样搬起来既不显重，也不显眼，便于看管。尽管他一路小心翼翼，然而一场无妄之灾还是降临在他头上。这天傍晚，他搭乘的载人平头车在行至归德（今商丘）附近时，突然遭遇阵雨，平头车在下坡时颠翻了，车上几人全都翻滚下来，沈万三的银子散落一地。他赶紧收拾好银子，想继续前行，但车子被摔坏，车上几人只得在归德城郊找了一家小店住下。沈万三见小旅店内人多眼杂，守着银子久久不敢入睡，直到四更天，他才迷迷糊糊睡去。不到一个时辰，沈万三便从迷梦中惊醒，他首先看向他的银子，可那两只小箱子已不翼而飞。

沈万三如遭雷击，一下子蒙了。他急忙满房间寻找，终不见一两银子。他去敲同行几人的房门，却发现他们早离店而去。沈万三顿时坠入绝望深渊，他欲哭无泪，一边疯狂捶打脑袋，一边痛骂自己蠢笨。到了第二天早晨，店老板过来询问，才知沈万三露了财，又正遇上见财起意的歹人。"人没事就好，若是在荒郊野地，只怕命都难保。小伙子想开点吧，就当舍财免灾了。"店老板劝道。

此时的沈万三满腔怒火无处发泄，更感到惶恐无助。在愤怒、痛惜、悔恨、自责的情绪渐渐平复下来后，他伸手从腰间摸出钱袋，里面只有一两多碎银和十几文铜钱，他得计划好，用这点钱回家。时值仲秋，一场秋雨一场凉，为了御寒，他不得不在归德城内添置冬衣。就这样，钱袋里便所剩无几。

他从归德向徐州（隶属归德府）去，不乘车乘船，也不住店，只借宿农家或寺庙，更吃不到热腾腾的饭菜。待过了徐州后向南行，他就只得一路乞讨，忍饥挨冻。这年夏天，泗、淮流域洪水泛滥，秋季时农田里大面积歉收，沈万三沿途所见，处处是流民饿殍，再联想到自己的遭遇，一时感伤不已。

第二节　命中注定的偶遇

沈万三栉风沐雨，踽踽前行，转眼已入冬。这天午后，饥寒交迫的沈万三拖着疲惫的身躯走近盱眙与定远交界的小山下（今大横山北）。远远望见有一户人家，便急匆匆奔过去。也许是巧合，就在沈万三走到这儿的前一刻，有个苦行僧去这户人家化缘。这户人家的主人是个以渔猎为生的老者，看上去有几分仙风道骨。老者见年轻的苦行僧穿一件破旧袈裟，神情疲惫，但长相奇特，气宇轩昂，眉宇间透出帝王之气。老人眯起眼睛，仔细打量眼前这个浑身湿透的小僧，郑重说道："少年英俊，面相之贵，富有四海，乃吉人天相。"

苦行僧听后笑着调侃道："小僧白天行走大地，夜晚卧眠山川，这山川大地自然是享受了的。"老者听后，赞叹不已。他又问了苦行僧的生辰八字，听到回答后肃然说道："老汉我活了一百又三岁，见过不少人，但那些人的相和命都无法与你相比。"苦行僧苦笑道："老伯说笑了，小僧的相貌可不太招人待见。"老者沉吟一阵，接着赋诗一首："抬头看重山，低头见淮水，再过二十年，少年坐金殿。"然后，他拿出一小钵米给了苦行僧："这是老汉两天的口粮，全给你。你要善自珍重。"苦行僧也不客气，将米装入袋中，便与老者告辞。

苦行僧刚走，沈万三接踵而至。他简单向老者诉说了自己的遭遇，希望能得到老者的施舍。老者同样把沈万三仔细打量一番，惊讶道："今日真是稀奇，竟有两位富贵之人乞于我。"沈万三疑惑不解，问道："老伯此言何意？"老者笑笑回答："老汉刚送走一位大贵之人，又迎来一位大富之人。公子可知你是大富之相啊？""老伯说笑了，今日我落魄潦倒至此，别说大富，现在就是有口饭吃就已心满意足。"

老者说道："老汉我把仅有的两碗米全给了刚才那位大贵之人，只剩装米的铜钵了，我把它送给你，不然你一会儿就是讨到了饭食也没有碗装不是？"

沈万三哭笑不得，他饿得发慌，老伯却要给他个空钵，有什么用呢？沉吟片刻，他还是接过铜钵，或许这一路上真能派上用场也说不定。他正要向老者告辞，老者拉住他问生辰八字。沈万三知道老者要给他算命，恰好他也想知道未来的命运如何，于是报出生辰八字，并说："实在羞愧，如今没钱付给老伯。"

老者呵呵笑道："我从不收钱，只想验证一下老汉看相准不准。按你的八字算来，你真是个大富之人。"沈万三听了将信将疑，说道："您看我真能富贵？还请老伯明示。"

老者回道："聪明人何需详解。不过，我可送你一段偈语，'行南走北欲何为，逐利人生辛勤忙。一世富贵曜日月，一曲离歌终情殇'。望公子切记。"

第二章　商海苦磨砺

沈万三向老者道了谢，继续赶路。他一边走一边想，人这一生，注定会经历很多次偶遇，不经意的一件事或某个人就能让生活生出许多曲折和苦难，有时候，也能给生活带来希望，增光添彩。

大横山附近，人烟比较稀少，沈万三远远望见大横山的红土，却望不见一户人家。沈万三乞食借宿而不得，听渔家说东面有座铁山寺，他便往东寻去。走了十几里，在一处不知名的湖边，沈万三终于看到一座寺庙。他想，即使讨不到一碗斋饭，有个睡觉的地方也不错。当沈万三满怀希望地走进寺庙时，才见寺庙破烂不堪，似乎没有驻留僧人。他把寺庙查找了一遍，才发现在后院一个小屋的墙脚下躺着一个年轻人。沈万三走过去问道："这位兄弟，寺庙里怎么一个人都没有啊？"

年轻人抬眼看了看沈万三，不高兴地反问道："小僧不是人吗？"

"对不起，这位师傅。我的意思是本寺的人怎么都不在。"沈万三道歉说。

"你是来借宿的吧？你从何而来，到何处去？"年轻人漫不经心地问。

沈万三这时才看清躺着的这位僧人，猜测他定是那位乞缘的苦行僧，立马想起之前那位老者说过的话。于是沈万三坦诚地说道："鄙人沈富，是个过路的小商人，因在归德遭遇歹人，身上钱财被洗劫一空，所以只得一路行乞至此。眼下又饿又困，本想到宝刹讨碗斋饭充饥，哪知却是这般景象。"

年轻僧人闻言坐起来，说道："我俗名朱重八，从皇觉寺出来，一路化缘至此。看来你我有缘，竟在这人烟稀少的荒僻之地遇见。这间小屋暖和，如不嫌弃，请你坐下来说话。"

此时的沈万三腹内哀鸣不绝，哪有心情跟他说话，但又不好拂了他的一番好意，只得硬着头皮坐到一堆干草上。两人聊了几句各自的境遇，又通报了年龄生辰，朱重八大为惊讶："天下竟有这般巧事，你我竟是同年同月同日生,不过我比你早生两个时辰,你得称我为兄。"

沈万三也颇感惊讶。真是稀奇,两个陌路人在荒芜之地相遇,不仅同庚,还同月同日所生,更奇的是两人竟在同一天到一位老者那里乞食,并分别被他预测为大贵、大富之人。"这确是巧事。朱兄,不管以后谁富贵了,都要不忘帮衬另一个人。不过,小弟现在饿得实在没力气说话了。"

朱重八闻言,从布袋里抓出一小把生米给沈万三,说道:"我在寺庙里寻了一大圈,也没寻到可做饭的锅子,你先嚼点生米,填填肚子。"

沈万三说了一声"多谢"便接过米来。可这生米怎么吃呢?他突然想到行囊里有那位老者送给他的铜钵,于是对朱重八说:"朱兄,不如咱们合作,用我这铜钵把米煮熟了再吃。"

"这自然是好。"朱重八想了想说,"不过,这怎么能叫合作?我的米吃了就没有了,而你的铜钵还在,我岂不亏大了?"

沈万三笑笑回答:"这好像真是亏了朱兄。不如这样吧,我看寺庙前面的湖里有不少鱼,我去抓几条鱼来煮了吃,你看这样行吗?不过,只怕要连累朱兄破戒了。"

朱重八说:"无伤大雅,眼下活命要紧,看样子今天口福不错。"说着,他就把两碗米全倒入铜钵中,然后去湖边盛水。沈万三则去湖里捉鱼,捉鱼对于他这个渔家子弟来说是很简单轻松的事。他下水在边坎才摸了几丈远,就捉到五六条鲫鱼。他把鱼处理干净,返回寺庙。

朱重八随身带有火折子和盐巴,他负责煮米饭,沈万三负责烤鱼,做好之后二人分而食之。他们都觉得这是一个多月以来吃过的最美味的食物。

填饱肚子后,他们便躺在干草堆上聊天,聊得很投缘,二人有一见如故、相见恨晚之感。他们谈论古今人物、风土人情、时局命运,不仅相互倾诉了自己的不幸遭遇,还谈及各自的梦想与愿望。直到将近五更，这两个疲惫的年轻人才入眠。第二天早上，他们相互告别，各奔东西。沈万三要往南去集庆（今南京）或者维扬，然后返家；而朱重八则准备绕大横山南麓西行，寻求一条改变命运之路。

这一次偶遇为朱重八和沈万三在二十多年后的恩怨纠缠与命运交错做好了铺垫。

第三节　从学徒做起

至正七年（1347年）隆冬，沈万三狼狈不堪地回到周庄。一到家，他便把自己关在屋子里，几天不出门，连妻子张氏也没办法让他走出房门。她见沈万三一副乞丐模样回来，料定他这次行商亏了血本。她不知该怎样劝慰丈夫，又担心他会积郁成疾，把身体搞垮，只得去请公婆来开导他。

王氏当然也知道儿子做生意血本无归，劝慰道："你能平安回来就好，钱财是身外之物，哪有性命重要，干吗要这样折磨自己。留得青山在，不怕没柴烧！"王氏正说着，沈祐过来了，他一向把钱看得很重，并一再阻止儿子做生意，但这次他没有训斥沈万三一句。他说："哪个想成大事的人不经历几番磨难？这不算什么。"知子莫若父，他知道儿子过于好强自信，现在不能再打击他的信心。一个人若失去了信念和信心，必将一事无成。

对于初出茅庐的沈万三来说，这次生意失败无疑给了他当头一棒。打击十分沉重，但他内心的确还有几分不甘。他原以为父亲会把他大骂一通，从此不再让他经商，没想到，看似抠门的父亲竟把这千余两白银的损失说成一点小事，那么风轻云淡，这让他翻本的欲望又变得强烈起来。这个冬天，沈万三一直在反思，他发现虽然自己经商致富的野心很大，但缺少经商的本领和经验。他就像一只雏鹰，没有学过飞翔就想飞，显然是力不从心的。想清楚后，他决定去拜师学艺。

次年春天，沈万三打点行装出发。此时张氏已有身孕，临行时，他一脸愧色地对张氏说："我娶了你这样一位贤惠的媳妇，却没能好好照顾你。我欠你的，以后一定好好补偿。"张氏看着沈万三离去的背影，微微笑了。

走了大半天的水路，沈万三到了苏州吴江甫里镇（今甪直镇）。甫里镇因镇西有甫里塘而得名，位于苏州古城东南五十余里处，北靠吴淞江，南临澄湖，东接昆山，享有"五湖之厅""六泽之冲"的美誉。走进镇子，只见这里弥漫着浓浓的水乡风情。水多，桥多，贴水成街，桥因水生，水因桥秀，桥连街巷。平江路（苏州府）鼎鼎有名的富豪陆道源的宅邸及陆家的万通粮行就在这里。沈万三找镇上的人打听陆家的位置，几乎无人不知。他很快就到了陆府，被程大管家带到了陆道源面前。

"陆老爷好……"沈万三行礼毕，还没来得及说完一句话，陆道源就大笑道："你我是老朋友了，不必客气。我们分别差不多六年了吧，你想当掌柜了？"

沈万三不好意思地挠挠头，回答道："让陆老爷见笑了，今天我是来拜师当学徒的，恳请陆老爷收下我。"说完，他"咚"的一声跪在地上。

"你都跪下了，看样子我不收你为徒都不成了。"陆道源说，"不过，你虽然很有经商天赋，但我还不确定你更适合做哪个行当的生意。各行当的生意有不同的门道，做适合的行当才能有发展。我们陆家在昆山、苏州古城、吴江县城，以及无锡等地都有商铺，我只有了解了你适合做什么，才好安排你去哪里做学徒。"

沈万三之前从来没有想过这个问题，一时不知怎么回答，便说：

第二章 商海苦磨砺

"陆老爷您常在哪里我就紧跟着您去哪里。"陆道源想了想,说道:"那你就先到镇上的米行去吧。"沈万三谢过陆道源,第二天就去了米行,正式开始了学徒生涯。

说来也巧,这个米行掌柜也姓葛,名德昭,不过二十几岁。他对沈万三说:"东家说你的经商天赋极高,只是缺少实际经验,你到米行做小伙计,太屈才了。"

"陆老爷抬爱,我羞愧难当。以后还请葛掌柜多指教。"沈万三真诚地说。

"我们万通米行是苏州最大的,"葛掌柜也不跟他多客套,直接介绍说,"每年往大都输运粮食约八十万石,春秋两季都要去湖州、无锡、嘉兴,甚至临安等地收购。在这里当伙计很辛苦,你要做好准备。"

沈万三连忙说:"我是做农活出身的,有一把子力气,有什么肩挑背扛的活儿,葛掌柜尽管吩咐。"

沈万三初到粮行做的活儿就是把仓库里的粮食搬到晒场晾晒。粮行后面有一个很宽敞的晒场,他与另一个伙计负责把粮食分批晾晒一遍,以防粮食在梅雨季节受潮发霉。这活儿比他在周庄干的农活还累人,但沈万三干得很起劲。他从陆老爷的书斋里借来好几本涉及农商、手工等方面的书,到了晚上,就挤出时间读书。

为了能在较短时间里读完这些书,沈万三常读到三更,遇到不懂的地方便去向陆老爷请教。尽管如此,这些书他一时半会也无法读完,陆道源便指点他读那些对他有实际帮助的篇章,并给他做些讲解。

沈万三非常喜欢看古代的人物故事、轶事。《韩非·说林》记载,鲁国有一户人家,夫妇都有手艺,丈夫擅长编织草鞋,妻子擅长纺织做帽子用的缟绸,两人打算搬到越国去。有人劝他们不要去,因为越人赤足披发,草鞋和缟绸都派不上用场,假如搬去,生活必将困难。沈万三还专门请教了陆老爷。

陆道源平时在家修炼道法，只偶尔到各商行转转，有时间也乐意跟沈万三讲解一些经商法则和哲学。他问沈万三："你怎么理解《说林》中讲的这个例子？"沈万三回答说："这是说做生意要知当地的风土人情，而后因地制宜吧。不过，为什么不积极去开拓越人的鞋帽生意呢？一旦让他们有了穿鞋戴帽的习惯，这个生意得有多大啊！"

"你的想法不错，"陆道源说，"但是，要开拓一门新生意，必须要有相当强大的财力、物力，有时甚至要借助官府的力量，而且要面对失败的风险。开拓生意是非常不容易的。"然后，陆道源又提到两位大商人——子贡和范蠡。

子贡，姓端木，名赐，字子贡。他是鲁国人，孔子弟子，是"身通六艺"的"七十二贤人"之一。当年，子贡得知齐国要伐鲁时，临危受命，出使齐、吴、鲁、越四国，以非凡的口才纵横捭阖，诱使四国形成相互牵制、相互制约的局面，使鲁国转危为安。子贡不仅具有卓越的外交才干，还有精明的经商头脑。他听说吴国举三万大军北上中原争霸时，敏锐地发现了巨大的商机。吴军初夏从江南出发，所带行装必然单薄，而争夺霸主的战争没有五六个月难以结束。到时候北方天寒地冻，三万多将士定要增添棉被棉装。于是，子贡在吴军出发之时，就开始在各地采购丝绵。最终，一切如子贡所料，刚入秋，吴军便找子贡购买了几万套冬衣冬被，子贡因此大赚了一笔。

子贡在鲁、卫两国当相国，能及时掌握行情，每次预测市场情况都不差毫厘，因而他及时转货，"鬻财于曹鲁之间""意贵贱之期，数得其时"。不过，子贡只是一个业余商人，他经商时很大程度上要在"书生明义"和"商人求利"这两种不同的价值观之间进行调和，他想通过经商来开辟"学行合一"的渠道。

与子贡相比，范蠡辞官后很快就蜕变成一个"治产积居"的大商人。范蠡有他高妙的经商之道：物以稀为贵，人弃我取，人取我予；

第二章 商海苦磨砺

贱买贵卖；旱则资舟，水则资车。他"与时逐而不责于人""十九年之中三致千金，再分散与贫交疏昆弟。此所谓富好行其德者也"，司马迁在他的《史记》中这样评价范蠡的善行。陆道源敬仰范蠡，正是因为范蠡高尚的商德——贫而无谄，富而无骄；以义取利，以利济世；以和为贵，以儒兴商。他也把自己的经商理念传给沈万三：经商不仅要有才智胆略，独具慧眼，更要具备良好的"商德"，"良农不为水旱不耕，良贾不为折阅不市"。沈万三在陆道源这里完全变成了一个积极上进的学生，他认为，这比他在学堂读书有意思得多。

这一年入夏后，沈万三便随万通米行的二掌柜出去收购粮食。陆家共有十一只船，其中三只橹船是专用来收购粮食的。以往购粮时，都会请七八个临时帮工，而这次沈万三提出只要五个人，他自己也做搬运。二掌柜说："东家说你的心算很厉害，到时候你要负责算账。""不碍事，我可以边搬东西边算账。"沈万三自信地说。

收粮从甪直镇周边开始，每天沈万三都很卖力气地干活，而且账也算得精准无误。这一年各地的春粮减产，价格略涨，收购的难度也大一些，他们几个不得不顶着风雨奔走于苏南、浙北的城乡之间。

这天傍晚，沈万三刚从外面回来，他的弟弟沈贵就到甪直镇来找他了。沈贵对他说："娘说家里有极重要的事，让你赶紧回家一趟。"

"娘没说是什么要紧事吗？"沈万三问，"我这边正是最忙的时候呢。"

"反正娘的话我已经传到了，回不回随你。"沈贵没好气地说。他是个上进的读书人，一向瞧不上唯利是图的商人。

沈万三知道弟弟沈贵的脾性，若不是十分要紧，他断然不会跑这一趟。于是，沈万三去向陆老爷告假。陆道源也不问何事，便准了他十天的假。第二天一早，沈万三搭乘一只快船回家。还未进家门，一阵婴儿的啼哭声从内屋传出来。他心头一喜：莫不是媳妇生了，自己做了父亲？可他一进屋，就被母亲王氏拦住，母亲劈头盖脸就是对他的一顿数落。沈万三面露愧色，低头等母亲训斥完才小声说："是我对不起媳妇，我这就向她赔罪去。"

沈万三进到内屋，看见媳妇躺在床上，脸色煞白，虚弱不堪，他心疼不已，坐到媳妇身边问这问那，又说了许多自责道歉的话，求媳妇原谅。张氏淡然一笑，说道："是我命不好，不怪你。咱们的这个儿子很折腾人，从昨日晌午开始一直到深夜子时才出来，差点要了我的命。"

"儿子？"这时沈万三才想到出生半天的婴儿。他忙从床上抱起在襁褓中的儿子，左看右看，喜欢得合不拢嘴，好半天才不舍地放下。张氏心满意足地看着父子二人，过了一会儿说："你别光顾着高兴了，趁在家赶紧给儿子取个名字吧。"

沈万三想了想说："就叫沈茂吧，我沈家要枝繁叶茂，人丁兴旺，财源广进。"张氏、沈祐及王氏对这个名字都很满意。三天后，一家人给婴儿洗三，并宴请亲友宾客。做完这些事后，沈万三便想返回粮行，他在家里什么事情都插不上手，而粮行那边正是抢购的关键时刻。沈万三几次想对张氏说，却一直开不了口。张氏心细如发，看出他欲言又止很为难的样子，便说道："富哥你眼下还在人家那里学本领，在家里耽搁久了不太好。既然那边有事，那你就去忙吧。娘把我当亲生女儿一样照顾，你就放心吧。"

第五天，沈万三就告别父母妻子，悄悄返回甪直镇，然后，继续去各地收购粮食。虽然春粮减产，但这一年收购的粮食比往年还多两成。接着收购夏粮时，也遇到同样的难题，夏粮减产，要收购足够多的粮食，就得走更多的路。沈万三每次出去都要做三件事，分别是算账、搬运、摇橹。他一年多来的表现让葛掌柜和东家陆道源相当满意，两人都有意提拔他。

江湖多险途

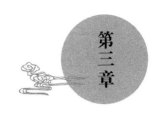

第三章

第一节 暴风雨的洗礼

至正九年（1349年）夏初，即沈万三到甪直镇当学徒一年多后，陆道源让沈万三做了万通米行的大伙计，协助掌柜葛德昭往大都输运粮食。

元大都有庞大的官府机构、京津驻军及奢靡的宫廷，这要求从各地输入大量物资，尤其需要从南方调运大批粮食。当时，江南地区每年北运漕粮约占全国漕粮的六成，是漕粮的主要供给地之一。

至元二十四年（1287年），因海运渐重，元廷设立行泉府司，专领海运，增置万户府二，共四所万户府。官粮从此经海道运往京师。由于朝廷的河运、海运机构几废几改，漕粮运输逐渐变成官商合营的形式。朝廷无论设不设立专门的漕粮机构，都需要与地方各大粮行合作。万通粮行从开张之日起，就开始参与大都漕粮的供给和运输工作。为了方便漕运，陆道源还花重金买了平江路通判的官职，不过从未到总管府办理差事，只是挂名罢了，而官府中人都称他"陆通判"。

陆家先后置办了六只运粮的防沙平底船（称平底船或沙船），有双桅或三桅，属于二千石以上级的大船。宋、元时期以船料来计算船的容积，官府也以"料"来征税，亦称"船料税"。粮食的计量是一石等于二斛，等于十斗，等于一百升。沈万三粗略估量后发现，陆家的六只沙船跑两趟也只能运三万多石粮食，陆道源便向平江路万户府申请了十四只官船。

漕运原本是官方派船、派兵（包括水手）负责监督押运，只因朝廷对地方的控制不断减弱，所以各地方将漕运转为民间经营为主。运一石米，官府支给船户（粮商）脚价中统钞八两五钱，这是江南同样米价的两到三倍，有时脚价甚至可预支。其时，一斤大米不过三至六文钱，歉收甚或闹饥荒，大米价就会一下子涨到三十文以上。上一年虽歉收，但还不至于闹饥荒，官方给出的价格显然是非常优惠的。

漕运的风险非常大。运输中搬运的损耗一般在百分之三左右，如果遭遇天灾人祸，损失就无法估量。在长达数千里的运输线上，水文地理比较复杂，气候变幻莫测，盗贼出入频繁，在如此环境之下，没有人敢保证不出任何意外，因此一些小粮行从不轻易涉足漕运。

为了确保航行安全，行省通常会派遣万户漕运总兵（漕运武官）或海道运粮千户、火长（分管技术娴熟的水手）对漕运进行督管。海上漕运航线开辟了几十年，官府渐渐不再深度介入，主要由承运的大粮行高价招募惯熟梢工，使司其事。其中最重要的有掌舵的大工、估测航道的碇手、负责风帆樯桅升降转向的亚班以及工社（水手）等。这些人在航运中起着至关重要的作用：一是"仰观天象，以卜明晦"，即利用风雨雷电和日象对海洋气象和潮汐规律进行预测预报，并编成口诀，供船员记诵，内容涉及潮汐、风信、观象等；二是对沿途海域水文地理进行较详尽的勘察记录，包括对避风港的选择、点篙以测沙礁等。这些活动充分显示了劳动人民们的聪明才智。

以往万通粮行的漕粮在起运时，江浙行省会派官员来督导，但这

第三章 江湖多险途

次刘家港（今江苏太仓浏河镇）起运点没派遣漕运总兵（因需向朝廷奏请），仅太仓都漕运司和平江、昆山千户府派人来"走过场"。整个船队由总火长朱华清发号施令。

是年六月，在刘家港，待二十只沙船全部装粮完毕后，陆道源亲自到码头为漕运船队送行。他与千户府官员领众人到妈祖庙祭拜，起航时，又一再叮嘱葛德昭和沈万三等人要一路谨慎小心。沈万三对这次航行充满期待。首先，这次航行的目的地是他向往已久的大都；其次，这是他第一次长途航运，一定有不少技术方面的东西值得学习，还能增长见识。

船队从刘家港出发至崇明三沙后，即避开万里长滩和近岸浅险海域直入黄水洋（黄海长江口段）。刚开始时，沈万三还兴致勃勃地欣赏着一路上的风景，可是进入黄水洋后，海风挟带着一股腥酸味迎面扑来，他刚深吸一口气，就受到刺激，立马翻江倒海地呕吐起来，他感到五脏六腑都被挤压得疼痛难忍，两腿也站立不稳了。

沈万三自幼被称为一条"淹不死的鱼"，但到了海上是这般不堪，仿佛随时都有可能被海水吞没。他极力想抓住船舷板站稳，挺直身躯，让自己"挺"在前甲板上，哪怕将肚腹中的东西吐个精光也不在乎。一个多时辰后，沈万三总算能稍稍适应船的颠簸了。他看见船上那些没当班的船员们气定神闲，安之若素，都在以各种方式自娱自乐，心中大为钦佩。一个合格的水手要想对恶劣环境应付自如，除了必备的技能外，更要有强健的体魄和良好的心态。沈万三并非缺乏技能也非体魄不健，只不过首次远航还不适应罢了。他对水手们的游戏不感兴趣，便拿出汪大渊的航海抄本，即《岛夷志略》初本独自读起来。

几天后，船队过了清水洋进入黑水洋（今胶东半岛成山角附近）。这天晌午，两只船上的大工先后向总火长朱华清报告天气出现异常情况，突现少见的"过龙雨"征兆。总火长闻报，眉头紧锁，立马思索起对策。他望着越压越低的积雨云,果断下达了紧急避险的命令:各船大工一百八十度掉转船头;工社加固船舱防雨油布;加高船舷护板;亚班落帆并索紧;碇手在船掉头后立刻锚定……火长命令一下达,整个船队如临大敌,立即进入临战状态。

沈万三不知发生了什么事,只见船上的人个个神色凝重,紧张忙碌,于是也加入他们,用绳索加固油布。这时,船头已转向南,只见前面一个巨大无比的黑云水柱快速旋转而来,水柱一头伸入海中,一头伸向天空,海天相接,高不可测。"快躲进船舱里去!"不知谁大声喊道。沈万三没进船舱,而是用一根粗绳系在腰间,另一头系到最坚固的锚绞盘上。一方面,他担心油布被风吹走,粮食被水淋;另一方面,他又想一睹"龙吸水"的奇观。只见水柱越来越粗,连接的云层越来越厚。水柱从船队的一侧呼啸而过,将旁边的一只小船卷走。沈万三在风雨中惊得目瞪口呆。

在他惊魂未定之时,他又见狂风掀起的巨浪席卷而来,所有船只前后剧烈颠簸,他趴在甲板上,死死地抱着锚绞盘不放,心想:如果不是自己在腰间捆上绳索,只怕早被狂风刮入水中;如果龙卷风中心正好从船上经过,只怕船上的东西都要被刮走;如果不是火长及时下令将船头掉转,船队只怕早已船翻人亡……他为自己感到庆幸,即使衣服被狂风撕裂也全然不觉。暴雨还在肆无忌惮地下着,沈万三既兴奋又担心地接受了这场狂风暴雨的洗礼。

幸好,过了一会儿,便风停雨歇。船员们一个个出了船舱,虔诚地跪在甲板上恭送龙王远去。有经验的水手都知道,这是一场十年难遇的"过龙雨",虽然凶险无比,却是好兆头。果然,烈日很快就撕开重重云层,洒下万道金光,黑水洋又显示出浪漫和旖旎的一面——海面上微风轻拂,波光粼粼的大海闪耀出梦幻一般的斑斓色彩。船队重新调整方向,快速前行。

第三章 江湖多险途

七天后，船队穿越渤海抵达直沽（今天津狮子林桥一带）。这里是中转站，船队不再前行，因官方定期备好数十只稍小的货船在此接运粮食，再转经北运河（沽水）运往大都通州。待粮食验收入库，葛德昭找督漕运司结了账，然后就带着沈万三前往都城。他们临来大都时，东家陆道源交代他们这次要进一批产自各地的珠宝、首饰，这是专为苏州古城陆家大小姐的珠宝行进的。另外，陆道源还吩咐他们大量收购宋朝及以前各朝的铜钱。

"葛掌柜，我们收购以前的废钱干什么用？"沈万三不解地问。

葛德昭给沈万三解释说："从一百多年前开始，中国铜钱在日本便是硬通货，尤其紫色铜币价值甚高。宋朝对铜钱输出非常谨慎，并严禁私下交兑。元朝建立后，大量宋朝钱币一度成了废钱，当今朝廷并未如前朝那样，把废钱回炉铸造成新钱，而是发行大量纸币，铜钱便通过私下渠道流向日本。日本铜矿稀缺，而皇室又兴建大批寺庙神社，对铜的需求量非常大。"

沈万三忙低声问："那做这门生意官府不管吗？"

"朝廷没有明文禁止，对铜钱交易睁一只眼闭一只眼。不过，因为地方官府总乘机找各种借口对交易者盘剥，所以还是尽量不要让官府知晓。"葛德昭回答。他在陆府门下做这门生意已经好几年了，可谓轻车熟路。他头一年跟几个当地古玩商议好价格和数量，让他们去收集铜钱，第二年送漕粮进京时便可直接交易运走。

葛德昭之所以年纪轻轻就当上万通粮行掌柜，一方面是因为他确有经商天赋和才干，另一方面则因他是官员葛知州的亲侄子。过去陆家的很多生意都靠这位官员帮助。沈万三虽然还不太清楚其中的奥妙与利害，但他对葛知州十分尊敬，对葛德昭也很佩服，并希望从他身上学些本领。

葛德昭对大都的几大市场都很熟悉，他带着沈万三等几个伙计去热闹地方转悠。大都是当时全国政治文化的中心，也是最繁华的国际商业大都会。世界各地的商队来到大都，带来产自世界各地的商品，人们称赞这里"百物输入之众，有如百川之不息"。其时，城内各种集市有三十多处，最著名的市场有三处。一是"人烟凑集"的羊市角头（称羊角市），是专门交易羊、马、牛、骆驼、驴骡等畜力的市场，位于南面偏西的顺承门内。沈万三他们没有这项生意做，不用去凑热闹。二是旧枢密院角市（位于今北京东四牌楼西南），属于明照坊，有不少商号、店铺，买卖兴隆，交易活跃。他们自然要去这里逛一逛。三是斜街市，位于全城中心（今北京钟、鼓楼周围），设有专门交易缎子、皮帽、鹅鸭、珠子、沙刺（珠宝）、铁器、米、面等的市场。斜街市是所有市场中最繁华热闹的，也正是他们去进货的地方。交易集市上货品满街，车马往来不绝，人潮涌动，让人大开眼界。

因没有太多时间逛街看闲景，所以第二天葛德昭就带着几人直奔一家大珠宝行。他们挑选了足够多的西洋珍珠、镶金宝石头饰、手链，及西洋脂粉等货品，装满了两大箱；然后，又按约定与几个当地古玩商交易铜钱。这次收购的铜钱有整整三十六箱，四千多斤，皆以纸钞结算。一切办妥后，葛德昭、沈万三等人把这批货装车运往通州驿站，再雇船转往天津直沽，之后就可以转用陆府的船打道回府了。

之前借用的十四只官船已先行返航，因此陆府的六只沙船便在葛德昭的带领下返航。与来时相比，空船航行要快得多。眼看就要到家了，已离家一月有余的船员们都归心似箭。可是，偏偏天公不作美，一场暴风雨又突然降临在他们头上。因风浪太大，又是逆风，所以船只无法前行，只得暂避。葛德昭让船员们落帆定锚，然后往四只空船的两头货仓内注入过半的水，以减轻摇晃，减少碰撞，也避免船只被暴风刮走。船员们都集中到另外两只装有货物的船上。这样安排一方面是照应大家的安全，另一方面则是方便吃饭和休息。

第三章 江湖多险途

到了夜晚，暴雨还未停息，葛德昭让沈万三带三个伙计到那只装运废钱的船上轮番值夜，自己则在装珠宝的船上值夜。沈万三负责值第二轮的亥时和子时，但过了子时，他浑然不觉，没有叫醒伙计来换班。直到次日凌晨，沈万三才从沉睡中惊醒过来，刚一睁眼，立马去查看箱子，便发现三十几箱铜钱消失无踪。

大惊失色的沈万三赶紧爬到葛德昭乘坐的船上，向他报告了铜钱失窃的事情。葛德昭听后既吃惊又疑惑，但经过仔细分析，不难做出判断：盗走这批货的不可能是附近渔民，因为他们根本不会在这样的天气出海，而且即使把铜钱送给他们，他们也花不出去；也不可能是近海海盗，他们对这种旧货毫无兴趣，不会冒着暴风雨来抢劫；只有东瀛"水鬼"会来盗窃了。

早在三年前，这些东瀛"水鬼"就在黄海抢劫过一次陆家的货船。那些"水鬼"来自长崎的壹岐岛和对马岛，他们半商半盗，有时以商人身份出现，有时也干海盗的勾当。沈万三觉得不管是谁盗走这批货，自己都有责任把它追回来。他恳请葛德昭派给他几个水手和伙计，去追寻货物。

葛德昭心里明白，东瀛的造船水平虽比不上中国，但航海技术高超，尤其是生活在壹岐岛、对马岛上的人。沙船上只有两只救生小船，让沈万三带人去追，未必追得上；且小船坐不了几个人，即使追得上，也未必有法子对付"水鬼"。那些"水鬼"都带有东瀛刀，战斗力很强。他甚至怀疑，在临时聘来的水手中有人跟"水鬼"勾结。

葛德昭左思右想，终于想到最得力的帮手——盐帮。事不宜迟，他立刻让沈万三和两个伙计随他一同坐上小船。为安全起见，每人带上粗大竹筒，当作救生之用。就这样，四人冒着暴风雨，全力往如东县岸边划去。

第二节　结交盐帮

　　元朝是我国历史上少有的不抑制商业发展的朝代,并且为规范管理还立有相应法规。据《元典章》记载:"往来客旅、斡脱、商贾,及赍擎财物之人,必须于村店设立巡防弓手去处止宿,其间若有失盗,勒令本处巡防弓手立限跟捉。"那么,葛德昭、沈万三他们的货物被盗,为何不报官呢?原因很简单,除了官员会乘机敲诈勒索外,还因为官军对"水鬼"有几分忌惮,他们大多推诿拖延,根本不可能追捕"水鬼"。

　　盐帮,最初是贩卖私盐的走私分子。在封建社会,各朝代都实行盐铁官营的政策,对贩卖私盐者的处罚相当严厉,元代也如此。不仅如此,元朝的官僚阶层腐化堕落,他们往往利用垄断盐业贸易的特权牟取私利,官府为了缓解财政困境不断提高食盐价格,盐业利润十分丰厚。铁崖道人杨维桢在《盐商行》一诗中写道:"人生不愿万户侯,但愿盐利淮西头。人生不愿万金宅,但愿盐商千料舶。大农课盐析秋毫,凡民不敢争锥刀。盐商本是贱家子,独与王家埒富豪。亭丁焦头烧海榷,盐商洗手筹运握。"盐商巨富,而那些煮盐的亭户却十分贫困。许多地方的百姓也因此过着"濒海边民,犹且食淡,深山穷谷,无盐可知"的困苦生活。

　　元朝对铁的生产与管理也极为严苛。对于汉人,规定五到十户人家,只许合用一把厨刀供切菜用,如私自藏匿兵器,轻则判刑,重则处死。这一条规定直到元后期才有所放松。

　　在江淮地区,为了对抗地方官僚的盘剥,一些亭户便联合起来,结成一帮,开始贩卖私盐。泰州有一个大盐帮,舵主名叫张士诚,原为兴化白驹场的亭户。他带着弟弟张士义、张士德、张士信"以操舟

第三章 江湖多险途

运盐为生"。张士诚"少有膂力，负气任侠"，不仅身体健壮，而且仗义疏财，每当乡亲们遇到困难时，他总是慷慨解囊，有求必应。渐渐地，张士诚在当地盐帮中树立起很高的威信，盐帮兄弟都自愿尊他为舵主。

随着加入盐帮的人数不断增加，张士诚将走私贩盐的范围不断扩大，在南通、润州（今镇江）等地设了分舵，并逐渐生出纠众起义之壮志，只因手里没有武器，无法成事。

他的三弟张士德强悍有谋，主掌南通如东分舵。因为他们干的是违法买卖，所以他们挑着食盐给那些富豪大户送货时，极少遇到货到付款的情况，有时还会受富户威胁与欺辱。张士德曾和几个盐帮的兄弟往苏州、湖州送盐，遇到一些富户拒付盐款。在湖州，他把一个威胁侮辱盐帮兄弟的富家子打伤后逃走，饥寒交迫之时，陆道源慷慨相救，不仅让他吃饱穿暖，还帮他躲过了官兵的追缉。

葛德昭之所以在危难时想到盐帮，正是因为陆府与盐帮有这份交情。盐帮兄弟都很讲义气，知恩图报，而且张士德有一身好功夫，虽没有武器在手，但仅靠一根扁担，就能以一当十。他们还把撑船钩改制成梭标枪，不仅用它们来撑船，还经过长期练习使之成为一种特殊的武器，攻击力十分强悍。

这天早晨，在如东洋口，张士德刚起床，就听到门外报有客来访。他一出门，只见葛德昭带着两个伙计浑身湿漉漉地落汤鸡似的站在屋檐下。"葛大掌柜，这是怎么回事啊？快快进屋来。"张士德问。葛德昭也不客套，三言两语说明了来意。张士德没有再多问一句，他是个急性子，当即叫来十多个兄弟准备出发。

葛德昭说："士德老弟莫慌，先给盐帮兄弟讲清楚，此去风险极大，不仅要冒着狂风暴雨行船，甚至还有可能与'水鬼'交手，要让大家有心理准备。当然，在下也不会让兄弟们白白冒险，暂留一百两作酬劳。"他说着，从怀里掏出一个小油布包，拿出百两官钞。

"葛大掌柜太见外了，你我相互帮衬，哪能计较报酬。"张士德说。这一百两，对盐帮兄弟来说可不是一个小数目。其时，官盐价为每引（折合约四百斤）八两二厘，而亭户向官府缴纳的盐每引才七百文左右，不到一两，私盐价每引三两左右，约可赚二两银。也就是说，一百两银相当于贩盐五十引（将近十吨），可见这是一单大生意，盐帮兄弟自然甘愿前往。

葛德昭与张士德商议了一个简单的追盗计划，便匆忙返回船队。船队里的东西更重要，他担心再出岔子。沈万三和另一名伙计留下与张士德一同行动。一切安排妥当后，一只双桅快船随即从洋口出发。此时的风浪已大为减弱，快船升起满帆，乘风破浪，快速向对马海峡方向追去。

沈万三为了缓解焦虑情绪，便找话题与张士德攀谈。"这几个兄弟都挺仗义的，看上去也个个精干。不知盐帮里有多少这样的兄弟？"

"各地盐帮有十几个，多少兄弟那可没法说，仅我们江左就有数千之众。"张士德随口应道。

"久闻江左总舵主有大侠之风，又慷慨仗义，不知沈某能否有幸拜会？"沈万三小心地问道。

"我们兄弟四人原本出生于贫苦亭户，又不是什么贵族老爷。大哥即使受众人抬爱做了总舵主，依然是平民百姓，想见自然得见，闯荡江湖，最不嫌朋友多。"

"小弟的岳丈也姓张，在维扬做杂货生意。不知盐帮兄弟是否与'张记'杂货打过交道？"沈万三实际上是想以张姓跟张士德套近乎。

"维扬那边由镇江分舵经营，我没去过。既然是做杂货的，免不了要跟盐帮打交道。"

沈万三见话说到这里，不好再接下去了，于是转换话题并装作不经意地说:"这'水鬼'不知道是些什么人,也不知能不能追得上他们。"

张士德虽然不善言辞,但也听得出沈万三希望与他搭话。反正船上无事,多聊几句也好,说不定还能聊成朋友。"这'水鬼'实际上是一个帮派组织,明面上做生意,与盐帮打过不少交道。自东瀛镰仓幕府执政以来,他们一直依附顶尖家族生存。如果他们是来自对马岛或者壹岐岛,那么他们依仗的家族肯定是宗氏,这是个非常强悍的家族。要想对付他们豢养的'水鬼',还得讲究策略。"

听张士德这么一说,沈万三对追回货物简直不抱希望了,但他又不好表现得太明显。"那我们千里追盗,会不会白跑这一趟?"他担心地问。

"不打紧。只要在进入对马海峡之前把他们截住,至少有七成追回的把握。"张士德给沈万三打气说。见沈万三仍一脸焦虑,他接着补充道:"昨天的那场暴风雨到今早才稍减,他们得手以后,定是猫在某地,不敢冒险前行,多半在天大亮后才起锚。他们的行程比我们稍远,而我们的船又是快船,四天时间追上他们应该没有太大问题。"

张士德说完,起身走向主桅,亲手掌横帆,加快航速。五天后,他们便过了济州岛。此时晴空万里,他们减慢航速,认真关注同向行驶的所有船只。又过了三天,船已至壹岐水道入口,不能再前进了,只能等着。这天傍晚,他们终于等来一只可疑的日本商船。他们靠近暗中查看,见船上只有八个人,船舱内并不见任何货物。

三十几只箱子不可能在这只不算大的货船上完全掩藏不见。沈万三心想,会不会是错了?可这两天也没见别的货船经过。难道"水鬼"已悄悄躲过去了,抑或是还未到来?这时天色渐暗,日本商船在一座小岛附近锚定,可能是因为这一带暗礁密布,航道狭窄,夜行非常危险。沈万三还在揣测这只船有什么问题,他让张士德把船再靠近一点,又细细观察数遍,发现日本商船两边的船舷都有近二十根绳索垂入水中。

他猛然想到自己早些年贩运鱼时，常把大鱼篓用绳索系好放入水中，以保障捕到的鱼鲜活。那么，这只船的船舷边是不是吊着那些装了铜钱的箱子呢？

沈万三把自己的猜想跟张士德说了，并决定夜间潜入海里看个究竟。张士德说："这一带暗流汹涌，夜间潜海实在危险，务必要小心。"沈万三只是微微一笑。

到了夜里，日本商船上只有一盏灯照明，四周静悄悄的，沈万三纵身入海，悄然凫水至商船边，然后潜入水中，顺着绳索摸下去。果然如他所料，绳索下面悬挂的正是装废钱的木箱。他沿船挨个查了一遍，三十六只箱子，一只不少。

沈万三重又回到快船上，与张士德商议如何将货物夺回来。张士德想了想，说道："夜间暗取太危险，不如明日天一亮就登船强夺！"沈万三心想，如果张士德的手下都精通凫水，那暗取就省事得多，张士德之所以主张强夺，也许是因为他的手下大多不擅凫水吧。

次日凌晨，张士德命人把快船悄悄靠过去，十多人手持扁担和梭标枪迅捷地跳上船去。"先收缴他们的家伙。"张士德大声喊道。在盐帮兄弟搜缴"水鬼"的武士刀时，这八个日本人才从睡梦中惊醒。

"你们是什么人？想干什么！""水鬼"头目跳起来，叫道。

沈万三反问道："你是头儿？我们要干什么你心里还不明白吗？"

"水鬼"头目见自己的手下都已被控制，心里有些慌乱："难道你们要打劫吗？"

沈万三也不跟他打哑谜，指着船舷说："老老实实把你们偷走的东西交出来，让你的人搬到我们船上去，再缴一百两赔款银，这件事就了了。"

头目一听，顿时怒道："简直痴心妄想！"他想，主子让他们去中国收购各种铜制品，折腾了一个多月也没收到几件，好不容易冒

第三章 江湖多险途

着巨大风险劫到这些东西,怎么能转眼间又还回去呢?更何况还要白白搭上百两银子。且不说到主子那里没法交代货没了的事,仅这赔偿一百两银子的事他也说不出口。于是,他梗着脖子,说道:"你们别忘了这是谁的地盘!别说我愿不愿把东西给你们,就是给了,只怕你们也运不走,甚至连人也有来无回……"

"他娘的,敢威胁我们——"没等"水鬼"头目讲完,一个盐帮兄弟就抢起扁担,打向他的后大腿,把他打得"扑通"一声跪倒在地。

沈万三顺势说道:"我们不仅要把被盗的东西拿回去,还要把你们作为盗匪羁押回去治罪,看你们的主子敢不敢来救人。"

"水鬼"头目不知对方的来头,但可以肯定这帮人来者不善。他见威胁无效,便态度陡转,好声好气求告道:"这完全是误会,误会。我们原本是规矩的商人,只因接了主人摊派的任务一时无法完成,迫不得已才出此下策。我们愿意与你们做这笔生意。"

"这帮家伙真狡猾。"沈万三暗骂道。他根本没有想到形势出现突转,必须尽快拿主意。他向张士德投去询问的眼神,张士德点点头,这件事情当然是和平解决更好。

"那你准备出多少价钱?"沈万三冷声问道。

"水鬼"头目装模作样估算了一番,说道:"这些铜钱在你们国家值不了几个钱,但考虑到今日的情形特殊,我出高价,一千五百两银怎么样?"他清楚地知道,这些铜钱如果在日本市场上公平交易,收益在一千八百两银以上。

沈万三虽然第一次接触这样的生意,但心里还是有些把握的。他断然回答道:"两千五百两,不是这个数,就是你们没有诚意,只怕没得谈。"

"水鬼"头目一听,讪讪一笑,说道:"这个价是不是有失公允?再说,我们手里只有两千三百两,再多一两也拿不出来。不信,船上随你搜，搜出来全是你们的。"他心里已经盘算好，虽然亏了近五百两银子，但至少完成了任务，回去对主人也好交代。

沈万三察言观色，觉得头目说的应该是实话。此事稍有拖延就可能出现变数，不如就此了结。"好吧，姑且信你，就如你所愿，成交！"他不再拖泥带水，让盐帮兄弟将银子搬到快船上，然后割断日本船的帆绳，使他们短时间内无法去搬救兵。

沈万三和盐帮兄弟千里追盗，完成了一笔成交额不菲的交易，算是因祸得福。当快船返回时，沈万三望着滔滔海浪，心里开始打起鼓来：船上的两千三百两白银是盐帮兄弟与自己冒险夺来的，虽不算巨款，但对人的诱惑还是不小的。自己初来乍到，与盐帮没有交情，盐帮兄弟如果见财起意，谋害了自己和其他伙计后再私吞银两，恐怕也不会有人追查真相。想到此，沈万三不由得一阵心悸，对张士德说："这次巧将追盗变成生意，多亏了盐帮兄弟仗义相助，沈某定将这份恩情铭记于心，现自作主张奉上一百两银作为兄弟们的辛苦费。"

张士德疑惑地看着沈万三，淡淡地说："葛掌柜已经付过酬劳了，再取百两，那就是我等兄弟不义。"

沈万三一听，脸露羞愧之色，顿觉自己的小人之心可耻。他对盐帮兄弟拱拱手，高声说道："诸位兄弟侠肝义胆，沈某佩服之至，愿与盐帮建立长期关系，不知各位意下如何？"

盐帮兄弟都听张士德的，他的一句话就能代表泰州盐帮至少是南通分舵所有人的意见。能够与这个有胆有识、有情有义的年轻人结交，张士德欣然应允。张士德比沈万三年长几岁，故沈万三称张士德为"三哥"。

张士德一直把沈万三等人送至刘家港方才辞别而去。

第三章 江湖多险途

第三节 解救丫鬟绿荷

葛德昭回到甪直镇后,一直忙着核对账目和结算钱款,还要安排夏粮的收购,没抽出空来把从大都进的珠宝等珍贵货品送去姑苏城交给陆家大小姐。本来陆府的程大管家可以代劳,可不巧他身体抱恙,此事就暂时搁置了。陆道源自己也不急于办此事,他更担心沈万三和伙计们的生命安危。他心想,这么多天过去,那些铜钱追不回来不要紧,损失也不大,不必拿生命去冒险,难道我陆某人会把生意看得比人的性命还重?

这天,陆道源心里正犹疑要不要派人去寻他们,就听一个家丁在门外禀报,沈大伙计回来了。陆道源眉头一展,说道:"快让他进来。"这间屋子是他专研道法的书房,平时根本不让伙计进出,看来他的确看重沈万三。

沈万三进屋给陆道源施了礼,然后便将追盗的事情一五一十汇报了。陆道源感叹道:"这事听起来惊险得很,我闯荡商海几十年,也不曾遭遇比这更凶险之事。其实,这单生意只是顺带,想让你们练练手,哪想会发生意外,不料你们又是那么拼命,着实不易啊。"

沈万三说道:"东家吩咐的事情,不管大小,伙计们都应该兢兢业业地做妥当,这是我们的本分。"

"你们平安回来就好。对了,明天是七夕乞巧节,你要不要回家去看看媳妇和儿子?"陆道源问道。

"七夕是小儿女们谈情说爱的日子,我都成亲三年了,哪还用过什么七夕节呀。再说,葛掌柜这些天一定在粮行忙得不可开交,我这个伙计怎能偷闲呢。"

"出来大半年了,回去看看妻儿也是好的。"陆道源说,"既然你不想回，那后天你陪我去一趟城里。"他对沈万三很欣赏，以前只是觉得这个年轻人很有天赋，现在沈万三做了自家铺子里的伙计，又很勤勉，做事干净利落，他相信这样磨炼沈万三几年，沈万三一定会成为非常优秀的商贾。

第二天晚间，一年一度的七夕灯会在姑苏城举行。这次灯会比往年更热闹，不仅有很多士绅商贾捐赞，连平江路总管府也出面了。

这天晚上，陆府大小姐在贴身丫鬟绿荷和两个家丁的陪护下到山塘街赏灯。山塘街在古城西北，这条街古风甚浓，街道沿山塘河而建，东起阊门渡僧桥附近，西至虎丘望山桥，俗称"七里山塘到虎丘"。这次七夕灯会给这条古街平添了几分亮色。所有花灯都由能工巧匠精心制作，每一盏都有特色。七彩斑斓、千姿百态的花灯让人看得眼花缭乱，回味无穷。

街上观灯的人络绎不绝，陆大小姐不喜欢太多人跟随，只让绿荷陪她赏灯，然后再去河边放灯许愿。她走到阊门渡僧桥上，登高一望，只见各色彩灯多得像天上的繁星一样，不但映衬着街道的美景，更加映衬出山塘的繁华，画舫在脚下穿梭，桨声灯影相映成趣。

正在陆大小姐流连两岸唯美的灯影时，不期遇到一个她不太想见的人——平江路总管府的莫殊荣。他进士出身，是从四品同知都总管。陆大小姐之所以讨厌他，是因为他明明年过而立，却骗她说只有二十三四岁，并死皮赖脸地追求她。陆大小姐甚至怀疑莫殊荣早已娶妻，因此早就一口拒绝了。莫殊荣一直没有死心，只要有机会，就在她面前大献殷勤，还时常卖弄学问。眼下，莫殊荣快步走到陆大小姐身边，谄笑道："真是巧遇呀，在人山人海中，在这特别的日子，在这灯火阑珊处，在下一眼就认出陆大小姐。"

"说来真巧，这么多人竟还能遇见你。不过，明明是灯火灿烂，人声如潮，怎么是'灯火阑珊处'？这不是胡说八道吗？"陆大小姐

第三章 江湖多险途

不客气地说。

"陆大小姐批评得对,在下在灯会上遇见陆大小姐,一激动说错了话。今日的陆大小姐真是'微风玉露倾,挪步暗生香'啊。"

陆大小姐是个伶俐爽快的女子,好心情一下子被这家伙搞坏了,她没好气地对莫殊荣说:"对不起,同知都总管大人,没人愿意在这里听你胡诌,恕我失陪,我要去放河灯了。"

莫殊荣赶紧说:"放河灯呀,那在下去给陆小姐买两只荷花灯来。"

"不必劳烦了,绿荷早有准备。"陆大小姐边说边向河边走去。莫殊荣觉得无趣,悻悻离去。

陆大小姐从绿荷手上接过荷花灯,跪着放入河中,她双手合十,置于胸前,闭眼默念自己的心愿。放花灯是古城的传统民俗,人们常常在某个节日以在河边放花灯的形式进行祈愿。山塘河在阊门与运河相接,这里放花灯,它能漂流到很远的地方去。陆大小姐祈求了一阵子,当她起身回头看时,发现绿荷不见了。她又惊又急,大声喊绿荷的名字,也听不见回应。远远站在桥边的两个家丁听到喊声跑过来,她着急地说:"绿荷不见了,快去找。"

"绿荷会不会一个人到别处看热闹去了?"一个家丁问。

陆大小姐说:"绝不可能。你们两个一个往南找,一个跟我往北找。"绿荷虽然只是个丫鬟,但陆大小姐待她如亲妹一样,对她的品性也了如指掌。每次出门她总是寸步不离地守在主人身边。今天这种情况从未有过,因此陆大小姐才特别着急。

陆大小姐和那个家丁往北快到了虎丘,另一个家丁往南也到了街的尽头,三人沿河两岸仔细察看,没有一处遗漏。如果绿荷在街上人群中行走,他们定然会发现,可是最终一无所获。一个家丁猜测说:"该不是被人绑架到船上运走了吧。"

陆大小姐被他这句话吓到了,一向很有主见的她显得有些慌乱:

"绑架？好端端的，绑架一个丫鬟做什么呀。若真是如此，该怎么办？"

"我们再把沿河停靠的船只查看一遍，看能不能找到。"另一个家丁建议道。于是，三人往运河方向寻找。一直找到大半夜，还是没有任何发现。陆大小姐不肯离去，还要四处寻找，经两个家丁一再劝说，才决定回家后想办法。

第二天清早，陆大小姐把陆家所有家丁、商行的掌柜和伙计全都集中起来，发出了寻找绿荷的悬赏令。她还让他们通过各自渠道，找江湖朋友相助——提供线索的赏银十两，找到人的赏银百两。

陆大小姐的奶娘提醒她："小姐，要不要把这事报告给老爷？还有，要不要先报官？"

"暂时不要对外声张，事情没有解决之前也不要告诉老爷。"陆大小姐强调。

与此同时，陆道源带着沈万三和一个伙计乘坐自家的专用客船，从甪直镇出发正往城里来。从甪直镇的陆府到古城陆家别宅有五十多里的水路，很快便可到达。

"老爷，您……您怎么突然来了？"陆大小姐的奶娘见陆老爷到来，心里很紧张。

"怎么叫'突然'，我都快两个月没见宝贝女儿了，这次专门来看看她，顺便给她带来了珠宝行要进的货品。"

"那我赶紧去告诉大小姐。"奶娘匆匆而去。陆道源发现奶娘神色有点古怪，平常回来，都是奶娘亲自张罗倒茶，今天这是怎么了？

过了一会，一阵清亮的声音从外面传来："爹爹您来了，女儿正有重大事情着急告诉您呢。"此时，沈万三正在暗中观察这栋石木结构的房子，一听到声音，他回头一看，见一个二十岁左右、容貌姣好、身姿曼妙的女子进来，料定是陆家大小姐，于是微微颔首道："大小姐好！"

第三章　江湖多险途

陆大小姐见是一张陌生面孔，只轻轻点一下头，就直接过去跟陆道源说话了。她来之前，奶娘偷偷跟她说，老爷还不知道绿荷失踪的事，让她斟酌跟不跟老爷讲。陆大小姐知道，她爹爹很疼爱绿荷，待她与待亲生女儿几乎没有差别，出了这么大的事还隐瞒不报，爹爹一定会生气。再说，这件事她即使想瞒也瞒不住，不如立刻告诉他，毕竟父亲常年在外，见多识广，说不定有更好的办法寻找绿荷。

陆道源有些惊讶，忙问道："什么事情这么重大，把我一向稳重干练的女儿急成这副样子？"

"绿荷昨晚在七夕花灯会上失踪了。"她把具体情况叙说一番。

陆道源的神色凝重起来，心想：什么人这么大胆，竟敢公然绑架陆府的人，绑架绿荷是什么目的？"来来来，你们都过来一起分析分析。"他对屋子里的人说。于是大家七嘴八舌议论开了，有的说是商业对手报复，有的说是歹人勒索钱财，还有的说是人贩子掳走后卖到青楼去。

沈万三细细思索后，觉得如果是前两者，那么他们定然对陆家有所了解，绑了丫鬟而不绑大小姐，显然说不过去；如果是后者，又有哪个人贩子敢在周围都有人的时候将人掳走？在他看来，最大可能是绑匪误把绿荷当成了陆家大小姐。如果这个设想成立，那么绑匪对陆家成员定然不怎么熟悉，多半是外地来的强盗。沈万三把自己的想法说出来后，大家都觉得有道理。可这样一来，麻烦也就更大了。

这时候，大小姐派去找线索的人回来汇报说，前不久城里的苏家二公子也被人绑架，被勒索了五千两银，随后查出绑匪是闽浙盐帮方国珍的手下。陆道源知道，方国珍已经跟朝廷彻底决裂，他们劫漕粮，杀官军，抢大户，在浙东沿海闹得很凶，民间称其为"东海大盗"，朝廷也对他们束手无策。方国珍的手下胃口都很大，但他们掳走绿荷这个丫鬟，显然是搞错了对象，原本应是冲他女儿来的。

接下来，那伙强盗若意识到自己绑错了人会怎么做呢？直接杀掉，抛尸野外，等于白干；开出较低的价码，勒索陆家，但传扬出去对他们不利；送给当地的"地头蛇"，换取更多信息？陆道源、陆大小姐、沈万三等都认为最有可能是最后一种情况。

陆道源对当地江湖中的一些人有所了解也有过接触，他们绝不敢把绿荷隐藏在姑苏城内，也不敢给陆家写勒索信。陆家在平江路地位极高，他们不敢轻易冲撞。陆道源基本可以断定，绿荷会被悄悄卖到外地去。他让寻找线索的人按他的这个思路去找。

很快，派出去查访的人用钱从"浪子"帮班头那里买到了线索，实情跟陆道源的分析几乎无差。"浪子"帮吴老大一伙掳了七八个湖州、无锡、吴江的年轻女子准备卖到维扬、集庆去。那天晚上，船停在运河边上，正赶上灯会，吴老大带着两个跟班上岸去看热闹，正逛着，突然有人拍了一下他的肩膀。他回头一看，正是"浪子"帮原来的大哥，此人后来投奔了方国珍。他此次专为筹措"粮饷"而来，他带来的几个大盗为筹措"粮饷"不择手段，勒索富户就是手段之一。那天晚上，一行人行动匆忙，搞错了对象，抓到个丫鬟，杀之可惜，于是就把她送给了吴老大。

捋顺整条线索后，沈万三说："老爷，事不宜迟，您让我去解救绿荷吧。"

陆道源沉吟片刻，说道："你去解救当然好，可你从未见过绿荷呀。不如这样，你带四个家丁一起去，能谈判解决就最好别动粗。"

"还是多留几个家丁保护您和大小姐吧，我带两个熟悉绿荷的人去就够了。"沈万三说。

陆道源给了沈万三一大包官钞，并派给他两个机敏的家丁。临行，陆道源又嘱咐他八个字："不惜金钱，安全第一。"

沈万三带着两个家丁，雇了一艘轻便快船，匆匆顺着运河往北追。

第三章 江湖多险途

一路上他不禁想，陆老爷多么在乎绿荷的安危啊，虽然她只是个丫鬟，陆老爷却为解救她不惜代价。这让沈万三对陆老爷更加敬仰。他看着那一大包官钞，又有了另一个主意。几天后，他们在润州（今镇江）上岸，先去找泰州盐帮镇江分舵的张士义谈"生意"。到了那里，恰逢张家老四张士信也在，他听沈万三说出是什么生意后，高兴地对盐帮兄弟说："这位沈老板花钱请兄弟们去维扬逛窑子，哪几个愿意随我去呀？"

张士义狠狠瞪了他四弟一眼，说道："这票生意不只是吃'干饭'，还要正经'干活儿'的。沈老板是老三的兄弟，这活儿不仅要干，还不能出一点差错，折了咱们兄弟的名声。"说罢，他给沈万三派了六个盐帮的兄弟去帮忙，包括张士信在内。

沈万三不能在润州久留，立马带众人连夜渡江。到了维扬城内，他把人马分成两拨，两个家丁一人带一拨，往高级秦楼楚馆去寻人。沈万三跟着其中一拨，每到一家楼馆，他就喊："把你们新来的姑娘全部叫出来伺候。"如果老鸨说最近没有新人但有花魁，他们转身就走。也有老鸨很狡猾，没有新人也强说有，但沈万三察言观色，很快就能作出判断，立马说："敢骗爷们儿，不在你这里消遣了。"就这样，他们用了两天时间，几乎把维扬三大城区的中高档楼馆都找了一遍，但一无所获。

沈万三甚至怀疑自己的办法错了，"浪子"吴老大对他所干的行当再熟悉不过，他当然知道怎样才能把那些掳来的姑娘卖个好价钱，因此不会卖去低级场所。沈万三思来想去，觉得自己的办法没有错，且只有这样做才是最便捷的。这时，张士信一拍脑袋说道："我想起来了，江边还有一个赏月楼，那里可是个非常幽雅的好去处。"于是，一群人又直奔赏月楼。

这一次倒是有些收获，老鸨说刚来了三位新人，但也开出了很高的价码。沈万三说："见了人再说，如果不是色艺双绝的姑娘，爷可不给钱。"老鸨见几位有些来头，不敢怠慢，立刻叫出三个刚买来的新人。沈万三看向家丁，家丁摇摇头，表示不是他们要找的人。沈万三递给老鸨十两银钞，留下其中一位。他和张士信把这位姑娘带到房间内问话：是不是从苏杭那边过来的？一块来的是不是九个人？姑娘有些胆怯，只顾点头。沈万三又问，知不知道其他六人去了哪里。姑娘战战兢兢地说，前天正好来了一个集庆（今南京）的客人，另外六人都被他挑中，高价买走了。

集庆？沈万三对张士信说："看样子还得请你和弟兄们去逛一逛集庆。"张士信不仅生性狡黠，还贪财好色，有人愿意请他们逍遥，还能赚到钱，何乐而不为？集庆那边他去过好几次，轻车熟路，于是他欣然应允，招呼兄弟们扬帆溯江而上。

集庆是六朝古都，其热闹繁华和独特的风景自不必说。沈万三虽是第一次来此地，但没有时间和心情稍作游赏，而是直接去了秦淮河畔。秦淮两岸的馆坊不知有多少家，若一家家找去，那得花不少时间和银两，且还不一定找得到。

沈万三把众人叫到一起，问："各位兄弟，你们有没有更好的办法打听消息？"一个盐帮兄弟回答："这个容易，你给我们一点钱，我们上酒肆、赌场、茶馆打听，一准会打听到。"沈万三一听觉得有理，便给了每人十两银钞，并说打听到消息的人再多给十两。

过了一夜，第二天一早，沈万三便得到了消息：有一家新开张的春韵馆，老板姓杨，据说是个中等千户，他才从维扬买了六个歌姬，正在调教。基本可以断定绿荷也在其中。

有了消息后，沈万三的信心反而受到极大打击，下一步行动很难。如果赎，人家刚花高价买来的歌姬，怎会让人轻易赎回去。对方就算同意赎，定然会开出一个天价。如果抢，他们总共才十来个人，而一

第三章　江湖多险途

个中等千户领兵在五百人以上，显然是以卵击石。在无计可施之时，沈万三一咬牙做出决定——强夺！

当沈万三说出自己的想法后，家丁和盐帮兄弟都吓了一跳，这不是玩命吗？他立刻给大家解释，是巧夺，如果把一切安排好，所有人都不会有性命之忧。他让一个稍年长的盐帮兄弟扮作东海大盗方国璋（方国珍之弟），其他人都扮成他手下，并通过张士信的门路，花钱弄到两把短刀和两辆马车。一切准备妥当后，一伙人便直奔春韵馆。

进门后，张士信就大声喊："姓杨的在不在，赶快叫他出来！"一个班头模样的人走出来，见一群人来势汹汹，小心问道："各位客官，你们是什么人？要找千户大人吗？""什么千户呀，不就是个专门欺负百姓的兵头吗？赶快给他传话，就说东海王方国璋找他算账来了。"巧得很，这天杨千户正好在馆内，闻声从楼上往下看，心中很疑惑，暗忖：方国璋远在东海一带活动，怎么会突然来集庆？自己从不曾与他兄弟二人打过交道，也无仇怨，有什么账可算？方氏兄弟这两年势头正盛，当兵的谁不知"东海大盗"，连元军总兵、万户都不敢随便招惹他们，一个小小的汉人千户遇见他们当然是能躲就躲。今天他身边只有五六个护卫，多少有些紧张。

"方国璋"很机敏，不给千户思考的时间，手一挥说道："上楼去搜！"众人一哄而上，杨千户嚷道："你们要干什么？别乱来！"但没人理睬他。两个腰间别着短刀的人迅疾围上，一左一右立于他身边，让他动弹不得。沈万三则与其他人到楼上几个房间搜寻，杨千户的护卫丝毫不敢阻拦。他们在最靠边的一个房间找到绿荷，房里还有一个与她年龄相仿的姑娘。沈万三说："绿荷姑娘，我们是奉老爷之命来接你的，你赶快跟家丁先走！"绿荷不认识沈万三，显得有些迟疑。这时，与她同室的姑娘壮着胆子说："这位好心的大哥，也带小女子一起走吧，若今日幸得逃脱，他日愿当牛做马以报。"说着，她就跪下磕头。

沈万三感到为难，带一个人走都难以蒙混过去，再多带一个人，就可能导致计划彻底失败，难免连累众人。见姑娘楚楚可怜的模样，他又不忍将她撇下不管。没有时间犹豫了，沈万三决定赌一把。他从房间里出来，怒气冲冲地对杨千户说："你好大胆，竟绑架了我们方霸王的小妾，我们一路追踪到此，现在人证、物证俱在，这笔账该怎么算？"

"什么小妾？什么绑架？这两个都是本千户从维扬花大价钱买来的歌姬，你们想讹我，没门！"千户的口气很强硬。

绿荷似乎明白是怎么回事，壮着胆子说："我们几个就是被你们绑架来的，手腕上的勒痕还没消掉，你们别想抵赖。"

"你一个汉人千户，本应该除暴安良，保护一方平安，怎跟那些北蛮子一样，反倒干起这害人的勾当呢！"

"你说你是买来的，有何证据尽管拿出来，要不就把绑架的人交出来，看我不当场宰了他！"

盐帮的兄弟很配合地你一言我一语斥责起来，这位杨千户几乎没有辩解的机会。这时，"方国璋"故意显出不耐烦的样子，说道："杨千户，我不想跟你翻脸，但霸王之妾也就是我等的大嫂，不管是你们绑架来的还是花钱买来的，都得完好无损地让我带回去。不然，就别怪我不给你留情面！"

杨千户支支吾吾地说："这，这也太无理了吧，我没想……想要得罪你们，我确实是花了大价钱从别人那里买来的，你们现在说带走就带走，我岂不是亏大了。"

沈万三说："莫非你想跟我们谈条件？我可告诉你，霸王之妾被你掳至此地，就算你不是绑架那也是拐卖，不追究你的罪责已经是很宽仁了，别妄想什么补偿。至于旁边这位姑娘，本大爷看上了，你花多少钱买的,倒是可以谈一下转卖价钱。"

杨千户虽出身行伍,但一门心思做生意赚钱,而且很精明。他在心里盘算,放走这个"小妾",等于白白亏了千余两银子,现在转卖一个,可以补偿损失,甚至还能赚一点。于是,他对沈万三说道:"既然这位爷看上了,我就人情做到底,三千两银,人就是您的。不然,这两人一个也别想带走。"

沈万三干脆地说:"三千两,不多。反正我手上的钱都是从一个万户那里拿来的,你敢要,那就成交。"

杨千户没想到这帮人居然不还价,他花了六千五百两买来六个歌姬,算来这两个女子不过两千余两,现在一个就能转手卖至三千两,不亏。他担心对方变卦,节外生枝,于是毫不犹豫地说道:"看你们这样爽快,那好,交钱走人。"

沈万三当即从缠在腰间的布包里取了三千两官钞甩给杨千户,然后让众人分乘两辆马车,急速向江边驶去。

大掌柜之路

第四章

第一节　荣升掌柜

沈万三在润州与盐帮兄弟分手后,又租乘客船从运河南下。直到这时,他才与那位不知名的姑娘说上话。姑娘告诉他:"小女子姓朱名丽娘,家在常州路无锡州城里。我们朱家虽算不上城内数一数二的大户,但也是殷实之家。恩公救我所费银两,我爹娘定会加倍偿还。请恩公在无锡城歇歇脚,也好让我朱家好好答谢一下诸位。"

沈万三说:"我等只不过举手之劳,朱姑娘不必挂怀。如果以后有机会去无锡,定去府上叨扰。"他从朱姑娘的谈吐举止中,看出她是个受过良好教育的大家闺秀,与她说话也文雅了许多。谈了一路,沈万三对她生出几分好感。船行至无锡州城,他送朱姑娘上岸,临别时似乎还有些依依不舍。

在姑苏城,陆家大小姐每天都在焦急等待解救绿荷的消息。绿荷已经在她身边服侍了六年,二人情同姐妹。陆大小姐认为,绿荷被绑架全是因为那天自己不让家丁靠得太近,给了歹人可乘之机,所以深感自责。自从沈万三前去解救绿荷的那天起,她就在盘算日子和想象

第四章 大掌柜之路

解救中的困难和危险。她见爹爹对沈万三信任有加且满怀信心,也就把希望全寄托在这个看上去精明干练的伙计身上。然而,沈万三毕竟涉世未深,人生地不熟,他能顺利把绿荷解救回来吗?

随着时间的流逝,陆大小姐越来越焦躁了。这天早晨,她刚从睡梦中醒来,斜倚着床背想事情,突然听见院内传来嘈杂声。她仔细一听,好像是家丁在跟奶娘说,绿荷回家了。她急得跳下床,顾不得梳洗整妆就跑到院子里。绿荷一见大小姐,赶紧奔过去。二人抱在一起,相拥而泣。

陆大小姐之所以急切盼望绿荷回来,还有另一个重要原因。解救绿荷的结果将直接影响陆道源的一个决定:如果救不回绿荷,他就会把姑苏城里的生意全部歇了,把所有人都撤回甪直镇去。这个决定正是陆大小姐最不愿接受的。她从小就喜欢做生意,在家塾读书时,就时常向先生提一些生意方面的问题,先生因不能解答而经常陷入尴尬,好几个先生都教了不到三个月就请辞。从十二岁开始,她就经常跟陆道源到各地分号走动,把生意经牢记于心;她十四岁到姑苏城陆家丝绸行和陆家珠宝行向老掌柜学习。

古城的陆家丝绸行和陆家珠宝行是陆家的两个总号,陆家另在其他几个城镇设有分号。陆大小姐在这两个总号学习三年后,向陆道源提出接管请求。陆道源对这个独女十分宠爱,加上他认为女儿确有管理才能,于是爽快答应了她。然而,古时,一个女子十七八岁就得出嫁,女儿的婚事让陆道源夫妇很为难。他们只有这一个女儿,嫁出去显然不太现实,而招婿要找门当户对的子弟又很难,没有哪个名门大户的子弟愿意入赘。挑来找去,有几个愿意入赘的名门子弟,别说眼界很高的大小姐不甚满意,连陆氏夫妇也看不上,大小姐的婚事就这样耽搁下来。

陆大小姐对自己的婚事并不着急,她一门心思扑在生意上。可是,世道越来越不太平，在姑苏城——平江路总管府、万户府所在地，竟也连续发生数起绑架勒索事件。绿荷被绑架，绑匪显然是冲着陆家财产来的。沈万三如果这次不能把绿荷救回来，陆大小姐就再也没可能改变她爹的决定。幸好绿荷平安回来，她这才有争取留在姑苏城的机会。

此时的沈万三本该为成功解救绿荷感到欣慰，可是他担心这次花了一笔巨款，无法向陆老爷交代，心中忐忑。他与绿荷一起进屋向陆道源道安，陆道源很兴奋。待绿荷出去后，沈万三便详细讲述了事情的经过，最后老实汇报："东家，这次各种花销共达四千一百二十七两二百六十文，其中有三千两是我擅自做主赎了那位无锡的朱姑娘，万三胆大妄为，恳请老爷责罚。"

"你何止是胆大妄为，简直是胆大包天呐！"陆道源一脸怒色地说。沈万三一听吓得两腿发软，想开口说话，嘴唇翕动几下，终没能出声。陆道源见状，"哈哈"笑出声来，话锋一转道："老爷我就是欣赏你的胆识和气魄，你施恩于人，不图回报，是商贾之人最重要的品质，在帮助别人的同时，也是在帮助自己。如今有些人专干蒙骗他人之事，唯利是图，斤斤计较，甚至不择手段，以致败坏了我们商家的名声。你除了有商贾的优良品质外，还有做事的胆量和魄力。一个人的气量和胆略决定了他未来的成就与功德，你的表现我很满意。"

"可是……可是，这笔花销实在太大了，差不多是城里陆家大小商行半年的收入。"沈万三嗫嚅道。

陆道源摇了摇头，说道："其实，商贾的成就与功德并不在于赚了多少钱和有多少家产，而在于做了多少利民之举和在一方有多少建树。如果把赚到的钱全都捏在手里，那只是个守财奴。"

沈万三听完如释重负地说："听完老爷的一席话，我如醍醐灌顶。我定会牢记教诲，终身不忘。"

第四章　大掌柜之路

"好，太好了，此事总算圆满了结。这下我可无法说服秀儿回甪直了。"陆道源说，"但是近几年流寇渐多，为安全起见，我想让你留下来帮她打理城内的生意，不知你意下如何？"

沈万三不明就里，问道："秀儿是谁呀？您让我这一个学徒留下来打理生意，我担心力不能逮。"

"哦，秀儿是大小姐的闺名，大名丽秀。她嫌这个名字俗气，因此不乐意别人叫她这个名字。她的奶娘叫她九妮（丽），其他人都只叫她陆大小姐。她好胜心强，特立独行，又太有主见，平常想让她改变主意不知有多难。这次，我与她约定，如果找不回绿荷，她就得乖乖听话，撤回甪直去；如果找得回来，她就能继续留在城里，但需找个得力的人来帮她。"陆道源看着沈万三说。

沈万三想了想，说："可是我三年学徒期未满，怕是没有能力帮忙。粮行那边又正是收购粮食的时候，今年五谷丰登，粮价低，正需要人手。老爷您看能不能等那边忙得差不多了再让我过来？"他之所以这样说，有两方面的考虑：一方面，他担心陆道源和大小姐是一时冲动做出的决定，一段时间后就会忘记；另一方面，他认为在粮行那边当学徒刚接触到一点门道，立马放弃了有点可惜。

陆道源洞察到沈万三的心思，也就顺着他的意思回答："这样也行，下半年我就住在城里。不过，你今年回家过完年后，就不用去粮行了，直接进城来。"

沈万三回甪直镇后，就全力投入到粮食抢购中。经三个多月的辛劳，万通粮行库储粮达到将近一百二十万石，为开业十七年来之最。沈万三在粮行一直忙到年底，才回家过年。

大半年没回家了，他给妻儿父母都带了礼物。这次进家门，媳妇张氏却没有像以前那样殷勤相迎。张氏已有七个多月身孕，沈万三以为媳妇是责怪自己没在家照顾她，从进门后就一直赔不是。张氏轻泣道:"我并非怪你没照顾我们母子,而是这一年来爹过多操心劳力,明显老了许多,且经常生病。娘要照管茂儿,又要照料爹,还要管着在地里干活的帮工,也快累垮了。我身子越来越重,只能帮娘干点轻活儿。按理说,富哥你在外学艺届满,该回家多孝顺父母,为他们除忧减烦了。可你每次回趟家都跟住旅店似的,来去匆匆,也不跟爹娘说说心里话,他们嘴上不说,但肯定很伤心。还有,小叔沈贵说好了一门亲事,准备结婚,你作为兄长,也该关心一下。"

沈万三静静听着媳妇倾诉,心里泛酸,不是滋味。的确,自己从尝试做生意到当学徒,四年多来除了给家里添麻烦,没有做过一件有益的事。当然,离开家,并非为了挣脱束缚、摆脱责任,也并非不爱不念这个家,只是为了圆自己的一个商人梦。自己丢下妻儿,离开爹娘,既没有尽为人子的义务,也没有尽为人夫的责任,对家人的亏欠实在太多。沈万三拢着张氏的肩膀,深情地说:"我也想一直陪伴你们,可是我管不住自己那颗已飞到外面的心。我在他乡每天都很忙碌,只想将来给你们更好的生活。只要爹娘、你和孩子能原谅我,苦点累点都不算什么。"

沈万三哄好了媳妇,又去向爹娘赔罪。沈祐没好气地说:"你出去就别再回来了,免得我看到你心烦。我是死是活不用你管,就是以后我死了,你也不必为我披麻戴孝。"

"老头子,可不好跟儿子这样讲。"王氏赶忙劝道,"你想想,学艺三年苦,儿子也挺难。他不是出外游手好闲,而是在做正儿八经的事,有什么好责骂的。"

沈万三见母亲能理解自己的苦衷,于是把今后的打算和抱负同她细说了一番。王氏听后说:"世上想发财的人很多,但真能靠做生意发财的人极少,找到正确的路才是生财之道。他日,你能发家致富固然好,若不能,也不好太强求。"

第四章 大掌柜之路

沈万三重重点头，说道："孩儿知道一个人想要成就一番事业必然要比别人更辛苦。娘放心，不管道路多坎坷，儿子一定走正道，不让您二老失望。"

至正十年（1350年）初春，沈万三辞别家人，带着几分欣喜与期待再次前往姑苏城。虽春寒料峭，但河里湖里已有了春天的气息，他感觉到空气中弥漫着丝丝春意，明媚的阳光照在身上，心里暖暖的。此去虽前途未卜，他却满怀憧憬和信心。

陆道源及家人都在城里过年，待沈万三一来城里报到，他就马上把女儿叫来，三人开始商谈如何分工的事情。陆大小姐说："我早就想好了，让沈富接替我做珠宝行的掌柜，我则花更多精力把胭脂香粉生意拓展开。"她说话的语气温和而坚定。说完，她把明丽的目光投向沈万三。

沈万三从她的言谈举止和与她瞬间的目光碰触中，强烈感受到她有一种独特的气质，那是"腹有诗书气自华"的才女气质。"大小姐太抬举沈某了，以我现今浅显的阅历和经验，哪有资格做珠宝行掌柜。何况，我对珠宝这行一窍不通，让我做个伙计边学习边从旁帮衬大小姐，这我倒是能做好。"沈万三诚恳地说。

陆大小姐对沈万三的答复感到意外，她原本以为沈万三真如她父亲所评价的那样，是"天生商贾奇才，抱负高远，雄心勃勃，且胆识谋略超乎常人"，让这样的人当掌柜，他当然高兴都来不及，怎么会毫不犹豫地拒绝呢？

这时，绸缎庄的孙掌柜、大伙计，珠宝行的大伙计以及胭脂香粉铺的大伙计等人按大小姐的吩咐，都来开会了。孙掌柜一进门就说："老朽是不是迟到了？陆老爷倒先等着咱们了，见谅见谅。"

陆道源说："你们来得真准时，是我们来早了。"待大家坐定，他指了指沈万三说："我把这个年轻人介绍给各位，他叫沈富，之前是万通粮行的大伙计。依大小姐所请,我特意将他调来城里接任珠宝行掌柜一职。"

闻言,大家开始窃窃私语:"大小姐做珠宝行掌柜,不是做得好好的吗?""是不是大小姐准备出嫁了?""老爷和大小姐最看重珠宝行,怎么会让一个毛头小子来做掌柜?""看他的年纪,做伙计都年轻了,一下子做掌柜,倒便宜了他。"

陆道源见大家议论纷纷,便解释道:"沈富在万通粮行做了三年伙计,在此期间,他学艺认真,进步很快,做事也肯吃苦,兢兢业业,尽职尽责。他协助葛掌柜,使粮行购销量年年增长,尤其是去年,粮行的储粮量达开业以来最高。当然,这些其他伙计也能做得到,这也不是我提升他的主要原因。我看重的是,他遇到问题,甚至是很大难题的时候,能认真思考,且思维敏捷,主动想办法解决问题。不能不说,很多当了多年掌柜的人也未必能做到这一点。"陆道源顿了顿,扫视大家一眼,又接着说,"而今世道越来越不安定,社会动荡,首当其冲的是与民生相系紧密的商贾,我们不可避免地会遇到各种意想不到的难题,沈富正可发挥他的独特才能。"

听了陆道源的这番话,大家都信服地点头,表示赞同。沈万三眼看这事将成定局,慌忙站起来说道:"万三非常感谢东家和大小姐的器重,几年来在东家的亲自教导下,我虽有所进步,但对珠宝行业还是毫无经验,没有足够的资历胜任掌柜之职,就让我在行里做个伙计吧。"

"这个沈富怎么如此固执呢?是不是他想故意抬高身价?"陆大小姐心里想着,担心沈万三会使她的计划落空,于是问道:"那你在哪个行当阅历深、有成功的经验呢?"

沈万三想都没想,立刻答道:"让我记忆最深刻的莫过于丝绸生意,但至今尚没有成功的经验,只有失败的教训。不过,我依然对丝绸生意兴趣浓厚,且坚信我能成功。"

第四章　大掌柜之路

　　大小姐闻言，灵机一动，有了另一个主意。她与陆道源耳语几句，陆道源点头微笑。然后，她站起身来，宣布一个新决定："鉴于沈富自己的意愿，我与爹爹都同意让他做绸缎庄掌柜，原绸缎庄杨老掌柜调为珠宝行掌柜。"

　　大小姐话音刚落，大家便热烈鼓掌，而最高兴的则是杨老掌柜。他打理绸缎庄已经八九年，还曾是大小姐的师父，这些年来经营绸缎庄既有功劳也有苦劳。近两年，绸缎庄的生意开始走下坡路，他曾想办法拓展业务，却力不从心；而珠宝行的事情要少很多，也不需要他再外出奔劳，到珠宝行再干两年就可回家养老，这是一个非常诱人的结局。

　　正在大家高兴之时，沈万三却有几分懊恼，他在心里怪自己唐突，说错了话。当了绸缎庄的掌柜，万一不能打开新局面，那自己岂不是吹牛皮，要被人瞧不起？但他后悔已经来不及了。就此，沈万三正式成为陆记绸缎庄掌柜。

第二节　拓展南北商路

　　沈万三接手陆记绸缎庄生意后，花了几天时间对庄里的业务进行全面盘查，发现绸缎庄的经营存在很多问题。一是庄铺的进货价格一直上涨，而销售价格却无法提升。以乙等品的贡缎为例，五年前的进价每匹平均为四两五钱，而现今的进价，因官币年年贬值，已超过十五两；甲等品则在二十两以上，售价高达每匹三十两上下。这么贵的布料，平民百姓哪里买得起？有能力购买的客户，只有那些达官显贵、地主富豪，而这类人毕竟是少数。二是绸缎庄就地进货，就地销售，中间的差价非常小，而由于陆记绸缎庄在多地设有分店，人工成本、管理成本过高，利润再摊薄，收益便所剩无几。三是城中贵族以种种借口，找绸缎庄做超低价的生意，使得绸缎庄虽有一些生意，却只赔无赚。

沈万三把自己了解到的实情与对问题的分析向陆道源作了详细汇报，并建议暂停部分分店的销售业务。陆道源听了，苦笑道："我敢毫不自谦地说，除了我本人，没有人能当你的师父，但没有想到你看问题有时比我更深刻。不过，经商之理与经商之法还有很大不同。我何尝不知买卖货物'低进高出、物稀价贵'之理？但古训说，'良农不为水旱不耕，良贾不为折阅不市'。很多人购买绸缎，就是冲着咱们商铺的名声来的。在同样的货品、同样的价格，甚至略高的价格下，客人通常会选择他们信赖的商家。咱们的陆记绸缎庄之所以在微利的情况下苦苦坚持，正是因为有'陆记'这块招牌。再给你举个例子，在歉收之年收购粮食，价格相对较高，若第二年粮食丰收，粮食购买和销售价格都会降低，甚至会让头年高价购入粮食的商家亏本，不少粮商就会选择'亏则不市'，也因此失去人们的信赖。我们却不一样，万通粮行立世十七年不倒，正是基于此理。"

沈万三听了陆道源这番话，大有感悟。他激动地说："东家所讲的这番道理，让万三茅塞顿开。依东家所言，道是经商的理念，不可变；法与道不同，具体办法是可以变通的。我定会想出解决这个问题的办法来。"

陆道源会心一笑道："我相信你有这个能力。不过，我没时间等你想出法子来了，我得回甪直去帮葛掌柜组织今年上半年的漕运。你一旦考虑好，就直接跟大掌柜（陆大小姐）讲，不必再征求我的意见。"

陆道源离开姑苏城后，沈万三感觉到自己肩上的担子更重了，不仅要打理好业绩下滑的绸缎庄，还要时时为大小姐的人身安全担心。陆家在城内的家丁由原来的六人增加到九人，陆老爷还特别交代，每个家丁都得听从沈万三吩咐。实际上，沈万三肩负着陆大小姐的护卫

第四章 大掌柜之路

之责,甚至这一责任比打理好绸缎庄更重要。

陆大小姐是大掌柜,管着绸缎庄、珠宝行和胭脂香粉铺,沈万三想到湖州、临安等地的陆记绸缎庄分店看看,须向大掌柜报备。陆大小姐对沈万三的做法感到不解,因为以往到各地分号考察,都是由程大管家陪老爹一起去的,"陆记"掌柜只与分号在业务上对接。她想更具体地了解沈万三到分号去"看"什么,因此决定与沈万三一起去。

陆大小姐的决定完全出乎沈万三的意料,他心里犯嘀咕:大小姐此举是对自己不信任呢,还是好奇想去看看外面的新鲜事儿?他知道以大小姐的性格,她一旦作出决定,就轻易改变不了。这样,她的安全又成了大问题。沈万三原本只想带一个伙计出门,先从南运河去最远的临安分号,然后折回再往湖州,最后北上往无锡。既然大小姐执意同往,他就不得不调整计划,先去最近的无锡分号。

阳春三月,沈万三一行六人乘了一只雇来的客船从山塘河转道大运河北上。他之所以不用陆家自己的船,是出于对大小姐安全的考虑。陆家的客船奢华精致,容易被歹人盯上。

这个时节,运河岸边绿意弥漫,红花点缀在绿树碧草间,似乎能让人的肌肤感触到那勃勃的生机。陆大小姐站立船头,在微风轻抚下,童年的记忆被唤醒。她自小就随爹爹在苏州周边多个城镇来回奔走,那时只是觉得好玩,而且开心快乐,以至于她至今都弄不清楚自己是怎样被爹爹影响而不知不觉地走上经商之路。时光似流沙,在不经意间悄然逝去,童年快乐的梦再也寻不见。商人像极了一个行者,只能一路漂泊,一路遗忘。她一边想一边伤感,遗憾,惋惜,无奈……不觉发出一声轻叹。

沈万三心思细腻,把陆大小姐的一举一动都看在眼里。他走近她的身边,轻声问道:"大小姐面有忧色,是不是我有什么地方照顾不周?"

陆大小姐回头看了沈万三一眼,说道:"不。我只是触景生情,内心稍感彷徨。"

"大小姐是在生意上受挫了吗？是不是对绸缎庄还有些不放心？"沈万三试探地问。

陆大小姐说道："你去了绸缎庄，我还有什么可担忧的。我担忧的是珠宝行，还有胭脂香粉铺。我原本打算让你去那边做，这样我就可以放心当个'甩手掌柜'了。现今杨老掌柜去做，我反倒放不下心了。杨老掌柜'守'生意还行，但要讲开拓，怕是不能指望他。珠宝行生意冷清，胭脂香粉市场又太窄小。这两个行铺都是我在帮着打理，可我也感到束手无策，举步维艰，可能是我才智有限吧。"

"大小姐不好这样讲。"沈万三说，"大小姐虽为女子，却大有东家之风，知书达理，聪敏智慧，具有开拓精神，让我大受鼓舞，也信心倍增。我虽不懂珠宝行当，但对开拓胭脂香粉市场还是有些考虑的。"

"那你快说说，有何好主意？"陆大小姐忙问。

沈万三回道："据我所知，大小姐开办的胭脂香粉铺的货源都来自海外，货品进价高昂，用得起的人仅限城内豪门家的贵妇小姐，也许还有高档秦楼楚馆的歌姬，而这些人有多少呢？何况我们也不是做独家生意。我想，一是要在货品进价上做文章，找到合适的替代品；二是把使用的群体扩大，让更多普通家庭的女子也能用上。"

"你的想法是不错，可是到哪里去找这样的低价替代货品呢？"

"这个问题我也想过，"沈万三说，"其实，润肤脂、香粉之类的东西，我们的祖先比外国人发明得要早。早在汉朝，脂粉就已经成为贵族妇女日常生活用品的一部分。她们不仅是为了打扮，同时也是为了保养皮肤。在名医孙思邈编的医书里，就有不少有关美容兼疗疾的润肤脂配方。到了南朝，民间开始用鸡蛋清、丹砂制成张贵妃面膏来保护容貌，用此膏敷于面后，可使面白如玉，光泽照人。"

陆大小姐心中一动，说："听你的意思，是不是说我们可以请师傅来配制货品？"

第四章 大掌柜之路

"大小姐果然聪慧过人,又比我多想了一步。以陆家的实力,研制这些膏脂不是不可能,而且短时内即可成功。"沈万三赞道。

随后陆大小姐和沈万三又对细节问题进行一番谈论,达成共识,初步计划自行研制胭脂香粉。

当晚到了无锡城后,沈万三让绿荷和两个家丁陪着大小姐去旅店休憩,自己带伙计到陆记分店了解情况。没想到陆大小姐坚持要一起去,沈万三很无奈,只得把所有人都带了去。

在分号,沈万三让大家谈谈丝绸生意现状,并找一找突破瓶颈的办法。十一个人在油灯下,七嘴八舌讨论起来,但说了半天,话题都不着边际。于是,沈万三干脆提出几个具体话题,让大家围绕这些话题来讨论。

分号的大伙计谈到货源时说:"现今市面上最盛行北方涿州产的罗,南方泉州产的缎名气也很大,但距离我们这儿太远,因此没有进货。我们专营最有名气的润州丝绸和集庆、平江、临安、庆元的金锦等。每年金锦的销量最大,在豪门贵族和军营中都非常受欢迎。苏州、临安的缂丝挑经显纬,堪称一绝,也很走俏。"这个大伙计姓王,店里的人都称他"王大伙"。

沈万三提问:"我们商号进货和出售采取什么方式?"

分号管账的伙计回答:"因我们'陆记'的名声很大,所以很多商家都主动上门,把货品放在行里寄卖,大致一个季度结一次账。出售这些货品,基本上是坐等客人上门。"

沈万三又问:"送货的商家都来自什么地方?"

"主要来自集庆、润州、湖州、嘉兴、临安等地。"伙计回答。

"哪些货品的工艺最有特色?"沈万三再问。

王大伙看了沈万三一眼,心里不禁怀疑这个新掌柜是不是个还未入门的外行。他淡淡地说:"这绫、罗、绸、缎、绢、纱等物的织染刺绣工艺说起来可就复杂了。"

陆大小姐一直没说话，但她看得出大伙计态度有些冷淡，于是说道："沈掌柜的意思是让你说说那些在市面上走俏的货品的工艺特色，没说让你谈所有货品的工艺技术。"她知道，这个王大伙一向心高气傲，且在绸缎行干了七八年，哪会瞧得起沈万三这样的毛头小子。

大小姐发话了，王大伙才勉强地说："价格居中的金绫罗，采用的是拍金、销金工艺；价格昂贵的金锦是织金的新工艺，尤以纳石矢织金锦最为精致。除此之外，印染、刺绣工艺应用很广泛，价格档次也更多。"

"听完王大伙这番话，沈某受益匪浅。"沈万三并不在意王大伙的态度，语气平和地表示感谢，然后看向陆大小姐，"不知大掌柜还有没有其他事情需要了解？"

陆大小姐说："听说无锡城常州路有一家本地最大的缲丝坊，不知你们有没有熟路，我想明日去看看。"

分号管账的伙计说："城内最大的缲丝坊是朱家的，跟我们'陆记'分号有些账目往来，我可以去说说，大掌柜想去看应该没有问题。"

沈万三听了心里一惊：这朱家该不会与被自己救下的那个朱姑娘有关系吧，如果真是她家，那就不便去了，免得让别人误以为自己是去讨人情的。他这样想着，对大小姐说："我还有其他事情要办，明日让分号的伙计陪大掌柜去，这样可好？"陆大小姐不知沈万三有为难之处，硬要他一同去，沈万三无奈，只得硬着头皮答应。

第二天，"陆记"分号伙计打前站，联系好了朱家，朱家家主朱耀庭听说江左最有名望的陆大善人的千金来访，显得格外热情。陆大小姐一行人来到朱家时，朱耀庭和女儿已在门口迎接。绿荷眼尖，一眼就认出了曾与她一起遭难的朱姑娘。待主客相互介绍后，朱姑娘过来给沈万三行礼，沈万三故作陌生地还了礼。她正想与恩人沈万三说

第四章　大掌柜之路

点什么，绿荷凑过来，兴奋地说："今日能与朱小姐重逢，真是太高兴了。"朱姑娘便没有了单独向沈万三谢恩的机会。

朱耀庭亲自带陆大小姐等人去参观缫丝坊。朱家的作坊规模很大，有几十台木制缫车，这些手摇缫丝车和脚踏缫丝车的旁边都有一个泡缸。因春茧还未收上来，所以坊间还没人干活。趁陆大小姐与朱家主交谈的机会，沈万三悄悄对朱姑娘说："朱小姐心存感恩之心让沈某不胜欣慰，但旧事千万莫在令尊面前提起，你我之间的这段旧事各自放在心里就好。"朱姑娘抬眼看向沈万三，凤眸微转，欲言又止，脸上飞满红霞。

参观完缫丝坊后，朱耀庭又设宴款待陆大小姐一行人。待向朱家人告辞后，陆大小姐对沈万三说："朱家主款待我们异常热情，却对你救过他女儿之事只字未提，难道他不知道你就是朱姑娘的恩人？"

"可能不知道是我。再说，当着这么多人提及旧事，恐怕也有损朱姑娘的清誉。"沈万三轻描淡写地回答。

陆大小姐说："沈掌柜似乎与朱姑娘很有默契，且她看你的眼神还有几分特别。"她的话里隐藏着淡淡的醋意。

"大小姐目光如炬，别人都未曾察觉到。"沈万三两眼看着陆大小姐，轻谑一笑，"沈某让大小姐费心了。"陆大小姐顿时满脸羞涩，一路上也不再与沈万三说话。

当船到达姑苏城郊后，沈万三让家丁、绿荷跟陆大小姐回去，自己则带一个伙计继续南下，直往临安。

二十多天后，沈万三完成了对"陆记"绸缎三家分号的考察，回到姑苏城。他趁热打铁，拟定了一个向南北拓展商路的方案，大致是让各分店一改过去让商家送货上门的方式，派出伙计主动到织户、织局去挑选配货。虽然要提前付现钱，但可以挑到想要的精品。当货品备齐后，除留部分在本地销售外，大部分运到姑苏城，由总号组织人手，一部分直接运往大都，另一部分运往洛阳。他的这个方案得到陆道源和陆大小姐的支持。

沈万三以缂丝、织金锦为主打货品，第一次北运就达两千六百匹。几年前他跑单帮，途中被困、被骗、被盗，不能自救，吃尽了苦头。如今，有陆家强大的财势和众多人力作依仗，加上他对中途可能出现的变数作了充分估测，所以路上一切顺利。

大都的丝绸交易市场在斜街市，位于城中心钟鼓楼周围。这里是自由市场，与官方的官营专供有很大不同。元前期，朝廷设有专门负责丝绸织造的局所，并对专供产品的使用有严格规定，普通百姓尤其是汉人，根本买不到也用不起官营绢罗绸缎品。之后，随着各民族文化的碰撞与交融，以及经济的发展，丝绸市场逐渐开放，丝绸运营机构设置繁杂，大多"因事而置，事已则罢"。

沈万三看中了丝绸市场的广阔空间，也分析了南北丝绸的织染工艺差异——北方的织品华丽阔气，而江南的织物则精美细致。游牧民族对贵金属和富丽之物异常热衷，因此织金锦和缂丝在大都一直是热销品，且不同地区价格差额很大。沈万三以十五两六厘官钞的均价进货，在大都销售均价达三十两二厘，将近翻了一倍，妥妥地赚了一大笔钱。沈万三在高兴之余，又想到一个很好的主意——在大都设"陆记"丝绸分号。他当然做不了主，得看陆老爷的意思。

沈万三从大都回来，陆大小姐简直把他当成了凯旋的英雄。这倒不仅仅是看他赚了一大笔银子，更在于他拓展南北商路的思路是正确的，此后，"陆记"将大有希望。她按陆道源的吩咐，和绿荷一起到玄妙观附近的酒楼买来酒菜，为沈万三等人庆功。这是陆大小姐第一次以大掌柜身份犒劳伙计，其实大家都知道陆大小姐的心思在沈万三身上，而他却佯装不懂，只顾在饭桌上说："这东坡肘子的味道真不错，肥软不腻，香糯可口，色味俱全，这一吃只怕是一辈子都忘不了。"

第四章 大掌柜之路

直到席散，大家都离去了，陆大小姐还一直陪着沈万三说话。这让她的奶娘大感惊愕，她可从未见过陆大小姐陪着一个男人说过这么多话。机灵的绿荷为他俩端来香茶，然后立在一旁，静静地看着他们。

沈万三说："初见大小姐时，只觉大小姐性格开朗，潇洒大方，聪慧，自信，高洁，气质独特。今日却见到了大小姐的另一面，您眉宇间流露出淡淡忧色，似乎怀有心事。"

陆大小姐说："你说得不错，人皆有两面性。你能看到我的另一面，说明你懂我。陆家在我爷爷手上开始慢慢发展起来，那时陆家的产业仅分布在老家汾湖周边。家业传到我爹爹手上后，因他是独子，所以他感到肩上责任重大，更是不顾一切地打拼，发誓要将陆家家业发展壮大，并传承下去。几十年下来，终在江东挣得一席之地。爹爹娶我娘时年近而立，结婚后九年才生下我这个女儿，且我是他们唯一的孩子。我娘为了给陆家生个可传承家业的子嗣，每周都去庙里烧香祈祷，但始终无果。她劝爹爹纳妾，可他执意不肯。爹爹对我百般疼爱，同时也把传承家业的希望寄托在我身上。他把自己经商的经验、理念、法则全灌输给了我。小时候，我便跟着爹爹四处奔走，觉得经商是一种享受和快乐。成年后，我方才品味出做生意的艰辛与生活的沉重。"

"过重的责任让大小姐忧虑。正是这种责任感和不凡的经历把大小姐塑造得如此不凡。"沈万三由衷叹道。

陆大小姐苦笑一声，说道："我虽生在富家，却常常深感生活的艰辛和无奈，也目睹了生命在各种重压下的扭曲与变形。因此，平凡才是我最真切的渴望。哪个女孩乐意眼看自己的花样年华悄然流逝？"说这句话时，她明显感觉到自己芳心微颤。她对沈万三产生了几分情愫，但也只能望而却步，因为他早已为人夫，为人父。

这时，陆大小姐突然想起一件事，对沈万三说："差点忘了，你家里二十多天前让人捎信来说，你媳妇又给你生了个儿子，让你回家去。"

"是吗,我又得了个儿子?太好了。"沈万三很高兴,他想了想,又说道,"可是,我正要去甪直跟东家汇报在大都设分号和打通往洛阳的商路之事。"

"你已经在大都联系到订货商家,事情慢慢做,不急于一时。眼下,回家安抚家人比生意重要,你还是尽快回去吧,说不定还赶得上给孩子做满月。"陆大小姐真诚地说。

第三节 "你来当大掌柜"

初夏,沈万三回到周庄。在家门口,沈万三第一个见到的是他父亲。沈祐看到儿子,立刻没好气地说:"客人来了,你这次打算住几天呀,是不是该交点住店钱呢?"

面对父亲的嘲讽,沈万三只感惭愧,不敢生气。"对不起,爹。儿子一入江湖便身不由己,没能孝敬爹娘,也没照顾好妻儿,是我的罪过。我现在努力学做生意,也是想让沈家尽快富起来,让爹娘和妻儿过上好日子,还请爹多担待。"说着,他从包袱里取出一百两银钞交给沈祐,"儿子还没有赚到什么钱,这点钱暂时给您补贴家用。"

对于沈祐而言,说什么好话都很难打动他,他冷冷一笑,说:"这点银子确实派不上什么用场,最多能给你儿子请个奶妈。"

要请奶妈?这是怎么回事?沈万三赶紧进里屋去看媳妇和儿子。儿子白白胖胖,手脚不停地乱动;媳妇则瘦骨嶙峋,弱不禁风。他轻抚张氏的脸,心疼地说:"好媳妇,让你受苦了,看你病恹恹的样子,我心里不仅愧疚,更难过,却不知道能为你做点什么。我发誓,将来若有发迹的一天,我一定千万倍地补偿你,让你过上人人羡慕的舒心日子。"

第四章　大掌柜之路

"富哥，你别说傻话了，你没有错，只怪我的命不好。沈家不短我吃穿，只因我的体质太差，倒给爹娘添了不少麻烦。早先郎中说我血亏，爹娘花了不少钱为我买药调养，补品也吃了不少，可就是不见效，而今连喂孩子的乳汁也不足了。"张氏边说边掉眼泪。

沈万三也陪着伤心落泪，又一番好言安慰。在张氏的情绪平复下来后，他在周庄的一个村子给儿子找到一个奶妈，这个奶妈的奶水足够喂养两个孩子。沈万三给二儿子取了名字，叫"沈旺"。而后，全家人热热闹闹地给儿子做满月。

沈万三办妥这些事后，便准备返城。临行，他对媳妇说："爹一向舍不得花钱，但你可不能舍不得，该花的钱尽管花，花再多的钱我也能挣回来，你千万别因为心疼钱委屈了自己。"

张氏说："沈家不缺钱，缺的是一个能干体力活的男人，但我又不忍心强把你留下，误了你的前程。你放心去吧，我会照顾好自己和家人。"

沈万三闻言，感动得直落眼泪。他万万没有想到，这次一别竟是与爱妻的永诀。

回城后，沈万三便一门心思地构想在大都设分号和打开直通洛阳的商路。在大都设分号并不难，只要找到合适的地方，挂上"陆记"招牌，派两三个伙计与当地丝绸商签订契据就成。但要想把江南贵重的丝绸制品顺利运至洛阳可就非常不易了，中途可能遭遇各种危险：走陆路可能遇上雨雪等恶劣天气，道路不通；走水路也可能遇到黄河断流或暴发洪水的情况，中途就得住店。荒村小店，既没地方屯货，安全也成问题；驿馆虽然大且相对安全，但作为一个商贩，要想堂而皇之住进驿馆，不是那么简单的事情。沈万三需要买通官府，获得入住沿途驿馆的资格。如此，无论是走水路还是走陆路，都能有一定程度的安全保障。

沈万三考虑好各种细节后，跟陆大小姐认真谈了一次。现在，大小姐对沈万三非常信任，她希望陆道源也能给予支持。另外，她聘请名医研制的胭脂香粉已进入试用阶段，如果成功，就要投入量产、找销路。当然，这也需要陆道源点头同意。

本来，前两三年陆道源每月都会进趟城，但这年春上他回甪直后，三个多月也没有来过一次。他只在沈万三去大都期间送来一封信，让大小姐好好考虑自己未来的生活，又吩咐她待沈万三等人归来后设宴犒赏大家。大小姐心里明白，陆道源已萌生退隐之意，但她一个女子担起打理陆家庞大家业的重担，实在力不从心。况且，她还没正式考虑过爹爹退隐后，自己该怎样生活，陆家的事业该如何发展。

陆大小姐思前想后，决定与沈万三一同去甪直跟爹爹谈谈对城内"陆记"发展的设想。还有，她想知道对自己未来的生活，更确切地说，是对自己婚姻大事爹爹有何安排或建议。

回到甪直的家里，程管家告诉大小姐说，老爷正在会见一位尊贵客人，让他们稍等。等了许久，陆道源也没出来，绿荷好奇，跑去陆老爷会客房外瞄了一眼，只见一个鹤发童颜的老道正在跟老爷谈笑风生，并不像在商谈重大事情的样子，她回来就跟陆大小姐讲了。陆大小姐顿时觉得爹爹的退隐之心已经非常坚定，她得做好心理准备。

沈万三和大小姐在茶室等了将近一个时辰，陆道源送走了客人才过来见他们。没等他们开口问安，他就微笑着说："呵呵，早料到你们会来，没想到来得这么快。好吧，快说说看，这段时间你们的生意做得如何。"

沈万三立刻把这半年来从考察、备货到北进大都，以及对"陆记"往后的设想一一作了汇报。陆道源听后，默想片刻，说道："你的计划既大胆又周密，我全力支持并相信你会做好。"然后，陆道源又跟女儿单独谈了一会，最后告诫她："赚钱不是人生的终极目标，传承

第四章　大掌柜之路

家业也不是你必须承当的责任，你该有自己想要的生活，要活得自在快乐。"

沈万三从甪直回城后，立即着手准备再上大都。他想，去一趟大都不易，总该带点货品去卖，至少把往返的开销赚回来。他想来想去，却想不出合适的东西。正值盛夏，他看见不少人在用扇子，灵机一动，想到扇子轻巧，带千余把去大都卖，赚回路费应该没有什么问题。

待备齐五百柄团扇，沈万三便雇了一辆轻便马车，带上一个伙计，匆匆北上。只用了七八天时间他们便到了大都。他并不急于趁夏天还未过去先卖扇子，而是想试一试入秋后，还会不会有人买扇子。

沈万三先去斜街市附近找设分号的房子，与房主谈妥以后，再去找丝绸商卖扇子。他把制作团扇的工艺难度、缂丝用料的精贵、团扇的文化内涵等向丝绸商大大渲染了一番。有两个丝绸商听了之后，当即竞相争买，一柄团扇的价格高达四两二钱。

是年入秋，沈万三从大都返回时，"陆记"自主研制的胭脂香粉开始试销，陆大小姐正尝试通过多种渠道打开销路。平江总管府的莫殊荣听说此事后，主动上门来提供帮助，并吹嘘能联系到平江、润州、集庆等地官办织染局，打通关节，将胭脂香粉卖给上万的织工、拽花工。恰巧，沈万三刚回来就碰到他。

沈万三觉得莫殊荣不怀好意，不客气地说："莫大人真会开玩笑。那些役工虽都有技在身，但地位低下，收入微薄，自己断不可能把钱花在这上面。不知莫大人想以怎样的方式促成交易？"

莫殊荣恼沈万三扫了自己的颜面，生气地说："你区区一个掌柜，没资格听本官讲，即使听了你也未必懂。"他转身对陆大小姐说，"大掌柜还是先考虑考虑吧，考虑好了可到总管府找我。"说完，他头也不回地走了。

沈万三忙对陆大小姐说："对不起，适才莽撞，把大小姐的贵客气走了。"

"你做得对。什么贵客,这个人耍无赖,令人厌弃至极,只不过当面不好拉下脸,毕竟他有权有势,若他背后使坏,我们在城里的生意都会大受影响。"陆大小姐说。

沈万三问道:"那大小姐有没有把新品推上市面的好办法?"

陆大小姐尴尬一笑,说:"还没。我正为此事着急,投入这么多本钱,研制了这么久,又经几月试用,效果也不错。若不能打开销路,本钱损失且不说,我们的心血也就白费了。要不,你也帮忙想想主意?"

沈万三说:"万三责无旁贷,绝不会让名医和大小姐的心血白费。不过,我得先去趟洛阳,把这条路子走通。"

"可你此去怕是得一两月,我……我们可等不及。"陆大小姐一时不知该怎么说,内心似乎很不舍。

中秋节过后,沈万三前往洛阳。他想起几年前曾经被困的经历,仍心有余悸,因此这次他带了一个功夫好的家丁,以防不测。因沿途要住店,打探各地风土人情,买通一些关节,所以途中所费时间较长,两人到洛阳已时值隆冬。

"若问古今兴废事,请君只看洛阳城",但沈万三对这座古城的历史变迁、人文古迹、自然风景皆不感兴趣,他是专为探索商路而来。然而,在元朝建立前,洛阳城遭受过两次大屠杀,这个灾难深重的古城虽劫后重生,但昔日的荣光已消退,渐渐被人们冷落。"丝绸之路"尚在,往来客商却越来越少。

就在沈万三对这次探路大失所望的时候,一场暴雪降临洛阳,刺骨的寒风挟裹着大片雪花,在漆黑的天地间肆意狂舞,无情地敲打着世间万物,不时发出呜呜的怪声,一夜之间,洛阳城到处变得银装素裹。沈万三和家丁躲在小旅店里不敢出门。寒风从窗户的缝隙钻进来,他们裹着被子也冷得瑟瑟发抖,第一次见识了北方的严寒。

第四章 大掌柜之路

大雪一连下了四天,仍没有停歇的意思,沈万三在屋里吃着烤红薯,心里不由得担忧起来。眼看要到年关了,可他们"欲渡黄河冰塞川,将登太行雪满山"。一连数日,两人吃了睡,睡了吃,以致晨昏颠倒,苦夜难眠。"冬夜夜寒觉夜长,沉吟久坐坐北堂",他终于明白这句诗的含义了。

沈万三和家丁一直被困在洛阳,直到新年到来。从来不知愁滋味的沈万三,深深感受到了什么叫思念。他想家,想妻儿,想爹娘,"想得家中夜深坐,还应说着远行人"。

大年初三,大雪初霁,沈万三与家丁不顾一切地踏上归程。没车没船,道路泥泞难行,他们走了三四天,才到巩义。因黄河水浅,船不能行,所以沈万三便花大价钱租了一辆平头车往汴京。故地重游,他没心情再感受故地的热闹繁华,换了马车,然后沿着曾经的"乞讨之路",一站接一站往回赶。他们途中一天也不停歇,到姑苏城下时,整个正月已经过去。

尽管归心似箭,但他料定陆老爷会在城里陪大小姐过年,他得先进城去汇报这次去洛阳的情况。刚到陆府门口,他就碰到了程大管家。"沈富你可回来了。东家盼咐,你先不用去见老爷、大小姐了,赶紧回家去,越快越好。"没等沈万三开口,程大管家又说:"别问为什么,快回去吧!"

回家路上,沈万三内心忐忑,脑海里一阵慌乱,他胡乱猜测:是陆老爷不满意,要解雇我?是家里爹或娘生了重病,来日不多?再不,该不是小儿夭折了……他心乱如麻,不明白咋回事,一股强烈的恐惧感袭上心头。

到了家门口,沈万三两腿开始轻轻颤抖。他的爹娘、弟弟、弟媳都从屋里跑出来。沈祐双目怒视不说话,像见到一个仇人,王氏愣愣地看着他,半响才泣不成声说道:"儿啊,你怎么才回来呀……你媳妇没了，她连你最后一面也没见上啊……"沈万三闻言，如五雷轰顶，不能自持，瘫坐在地。他失声痛哭，几欲昏厥。

傍晚，他独自来到亡妻的坟头，在坟上添了几抔新土，烧了几沓纸钱，然后静静地伫立于坟前，任凭锋利如刀的寒风呼啸。他的身子仿佛麻木了，心早已被撕裂。他的眼前，清晰地浮现出媳妇的身影。她温婉大方，说话柔声细语；她贤淑善良又勤劳，为了让丈夫安心打拼事业，她心甘情愿付出了自己的全部，毫无保留。她一无所求，只在祈祷，承受，等待。他们夫妻离多聚少，但他始终爱着她，尽管没有誓言，没有承诺，给予得太少。这是一种怎样的默契！世事无常，她却在病痛中匆匆结束了这苦寂而短暂的人生，以致他都来不及做任何弥补，这给他的人生历程增添了惨痛的一笔。他发誓，今生再不娶妻，即使再添新人，也只能是妾。

沈万三在家里待了一个多月，整天失魂落魄，甚至感到经商致富的奋斗目标没有了任何价值。

至正十二年（1352年）春夏之交，江左第一富商陆道源和程大管家亲自来到周庄，拜访沈家。沈祐受宠若惊，不知道该怎样款待这两位难得上门的贵客。陆道源和大管家都没有架子，他们坐下来与沈祐夫妇坦诚交谈。陆道源具有非凡的亲和力，他们之间的谈话差不多进行了一个时辰。末了，程大管家拿出两千两官钞递给沈祐，说是沈万三一年多的工钱。陆道源则走到沈万三身边，对他说："你痛失爱妻，自是哀伤难抑，我也不知该怎么劝慰你，时间会为你慢慢疗伤。现在我只想跟你说两件事——第一，你后不后悔选择了经商这条路，如果后悔了，那么就此作罢，我不怨你；第二，秀儿说，让你来当大掌柜，你若不当，她就撂挑子，找一个人嫁了。你如果还愿意帮助我陆家，就直接去城里；如果没有这份心，我也不勉强。"

陆道源走后，沈万三反反复复考虑了三天三夜，最终做出决定——

第五章 兴业『聚宝盆』

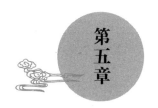

第一节 神秘的客人

沈万三回到姑苏城后，又变回原来的样子，生龙活虎，精神饱满，斗志昂扬。虽然他放弃了向西开拓商路的计划，但大都分号的缂丝、金织锦的订货量却大幅增长，他担心货源不足，准备到临安、湖州、无锡、润州各分号跑一趟，把货源落实下来。

这次，陆大小姐却不让他去。她的理由很简单：备货让大伙计带人去就行了，他得留下先接任大掌柜，然后把去年研制的粉霜新货品推向市场的方案拟定出来。她认为沈万三值得信赖。发生了一连串的事情后，她从对他的信赖变成了依赖，遇到事情，哪怕自己能做，她首先想到的还是让沈万三来做。在沈万三离开姑苏城的日子，她宁可把一些简单的问题存留下来，也不愿意自己去解决，因为她认为自己有个可以依赖的人。

其实，接任大掌柜的程序很简单，只要陆老爷把几个掌柜、大伙计叫到一起公开宣布即可，既没有账目清算，也没有工作交接，耽误不了多少时间。把粉霜新货品推上市面的事情，早在去年秋就已经有了几个预案。

"陆记"研制的粉霜借鉴了已经面市的珍珠粉霜、紫茉莉粉霜的制作方法,用紫草、阿胶、当归、甘草、茯苓、薏苡、高丽参、灵芝等十多味中药制成,名为四季粉霜。它不仅能美白润肤,还有防冻裂、祛斑除疤等功效。因使用药材的成本不同,所以四季粉霜分为高、低两档。经在"陆记"胭脂香粉铺试销,高档品比低档品的销量要好。

如果只在铺子里零卖,要收回研制成本只怕得两年时间。之前的方案是想把低档粉霜直接拿到缫丝坊、织染坊等女工较集中的地方低价销售,这种方式跟挑担走街串巷卖货差不多。相对于传统的坐商而言,这种思维已是大大超前了。沈万三经过深入分析,发现有几个问题:需要足够人手,这样会增加脚力成本;事先没到各坊间摸底,很难对销量作出预估;人们对四季粉霜不了解,极少有人会掏钱买一个自己根本不了解的货品。因此,沈万三提出了一个更大胆的想法:把一盒高档品分为两盒,然后全部当低档品送出去,再把低档品按高档品的价格售卖,买和送同时进行。

陆大小姐听后,一脸疑惑地问:"这话怎么说?"

"依人们的常规心理,会认为同样的货品,花钱买的肯定要比送的好。确切说,那些用了我们赠送的高档粉霜,并且还觉得效果不错的人,必会认为那些需要花钱买的低档粉霜更好。一旦以后有了需求,便会先入为主地想到我们的低档粉霜。"沈万三说。

"这算不算耍诈?"

沈万三说:"怎么会呢。只不过是用这种方式让买客对我们的粉霜有一个基本了解和认识。有了这个基础,四季粉霜才有推向市面的条件。经商不仅靠实力,还要靠头脑,靠心术。"

沈万三打定主意后,立马就安排人手去吴淞江一带兜售。那一带不仅有众多缫丝坊,那几年还兴起了一批麻、棉、毛纺织作坊,缫工、

第五章　兴业"聚宝盆"

织工成千上万,对粉霜不会没有需求。

听沈万三说要出门,陆大小姐也匆匆忙忙准备同去。她觉得,近来这段时间,只要沈万三离开了她的视线,她的脑子仿佛就变空了。她的脑袋里时常出现沈万三的影子。她不敢承认自己对沈万三芳心暗许,但沈万三的一举一动确实时刻影响着她。

沈万三并不希望大小姐如影随形地跟着他,她如果同去,丫鬟绿荷也得去,还要增派两个家丁。这样不仅开销加大,还增添了不安全因素。自从发生绑架事件以来,陆大小姐的人身安全便成为陆家的重中之重。然而,大小姐行事总带有几分任性,她既然说去,就没人能阻止她。因此,沈万三的销售队伍扩大到十一人。虽然一只陆家客船就够用,他却安排了两只船,并把原本就很奢华的客船又装饰了一番,两只船的船头和船尾都挂上写有"陆记"的大灯笼,船舱用了上等绸缎做帘幔,既华丽又神秘。

客船从外城河入吴淞江,一路东行。沿途每到一个小镇,他们就上岸去赠送和兜售四季粉霜,所到之处,围观者不计其数。无论在哪儿,这都是一件稀奇事,人们啧啧称奇的同时,又为陆家的财势所震撼。当然,领受赠品的人和询问卖品的人也非常多。沈万三的销售队伍从昆山到嘉定,再到青浦,一路顺畅,宣传效果显著。

回返的时候,沈万三让伙计和家丁先回城里,自己和陆大小姐转道去甪直见老爷。与上次一样,陆道源正在会见一位重要客人。不过,这次程大管家只让绿荷陪大小姐去看她娘,而将沈万三请进了悟道堂。走进这间半明半暗的屋子,沈万三立刻被奇特的氛围所吸引。屋内香雾氤氲,只见一老者端坐于太师椅中,正与陆道源讨论《周易参同契》的内容,见沈万三进来,他立刻问道:"小道友也来加入探讨吗?"

沈万三一时不知怎样回答,也不知端坐者是何人,见他身穿长黑道袍,一副道人模样的打扮,便说:"道长,晚辈并非道中人,不懂道法。

打扰了。"

没想到,这位老者却说:"无妨。本座正与陆道友讨论'极',若小道友有心,可坐下来听听。"

沈万三有些犹豫,陆道源示意他坐下。沈万三只得坐下,静静地听道长讲这个他完全不懂的"极"字。只听老者说:"道是宇宙的总规律,先天地而生,不依靠任何外力而独立长存,永不停息,循环运行而永不衰竭;道是生天、生地、生物之本,含阴阳动静之机,具造化玄微之理,统无极,生太极。简单地讲,'极'便是对世间万物变易过程和程度的衡量,'极'又是万事万物的两端,事物遵循自然规律,从一端向另一端演化,一旦到达极点后又往反方向演化,世间万物莫不在这种变易中永恒。"

老者见沈万三一头雾水,接着说道:"举个例子,人在出生前处于无极状态,没有时空概念,人出生后,生命就被赋予了一个极点,随着时空的变换或演化,生命会达到一个又一个高峰,最终达到巅峰。生命达到巅峰后,依然还在变化,因没有了更高的高峰,所以只能向反方向演化,这便是智者阐述的'物极必反'之理。"

沈万三依然似懂非懂,客气地对老者说:"多谢道长赐教,不过晚辈愚钝,还无法理解其中的精义,恳请先行告退。"

老者说:"本座初见小道友,便察觉到小道友有悟道修仙的潜质和天赋,只是小道友心智尚未成熟,机缘未到。那就随小道友去吧。"

沈万三如释重负,立刻从悟道堂退出来。程大管家一直候在门外,见沈万三出来,忙问:"怎么样,结束了没有?"

沈万三摇摇头,调侃道:"我都差点入道了。"

程大管家说:"我本想着你进去后,让他们尽早结束。你可知道他们已经两天没吃饭了,'活神仙'可以三五天不吃不喝,可老爷只是肉体凡胎,哪经得起这般饿。"

第五章 兴业"聚宝盆"

管家和沈万三正在想用什么法子把两位请出来的时候，陆道源从悟道堂走出来。管家忙问："老爷，怎没见'活神仙'呀？"

"道仙已经走了。怎么，难道还要搞一个告别仪式？"陆道源淡淡地说。

管家忙解释："老爷莫怪，我的意思是说'活神仙'几天没有进餐，应该吃了斋饭再走，我早就让人备好了。"

"道仙才不稀罕这顿饭呢。"陆道源说，"老爷我倒是快饿坏了。"

管家吩咐下人赶紧把饭菜准备好。陆道源让管家、账房、沈万三等都一起吃。这时，陆大小姐、绿荷和一个丫鬟陪着她娘也过来了。夫人一直吃素，几乎不来大餐厅吃饭，今天和这么多人一起吃饭还是第一次。

席上，沈万三小心问道："老爷，那位客人很神秘，他是哪位高仙呀？"

陆道源说："你又不修道，打听道仙干什么！道仙有意给你讲无极太极，你却毫无兴趣。道仙说时机未成，兴许将来你们有缘还能相见。"

沈夫人这时说话了："老爷不愿告诉你们那位神秘客人是谁，我来告诉你们。其实这位道仙并不神秘，他就是早已闻名四海的武当派掌门张三丰，世称'活神仙'。"

沈万三闻言，大为惊讶。他早就听说这位道仙修炼法宝丹诀，内丹功法是武林绝技，他创立的武当内家拳法也是独步天下。还有，他的无极太极更是被武林视为修炼和实战的最高法门。沈万三在惊讶之余又深感遗憾。

陆道源听了夫人的话也甚感诧异："夫人吃斋念佛十几年，除了逢年过节到城里和故地汾湖走动一下，平时几乎足不出户，怎么知道'活神仙'是谁呢？"

沈夫人并不回答陆道源的问话，只顾接着说："老爷本来也是信佛的，可十多年前的一天，他偶然结识一位老道，仅经过一次交谈，老爷便弃佛崇道了。我觉得奇怪，便让人打听这老道是何许人，到底有何魔力。后来才知道他就是张三丰,一个已活了一百三十多岁的道仙,也是武林尊者。老爷从未修炼武功,想必老爷是在修炼仙道吧?"

陆道源尴尬地笑笑,说道:"我哪是想成仙呀,只是听了道仙讲的无极太极的精义,受到启迪。回想自己一生,虽历经几十年坎坷,但也使陆家的家业一步步壮大起来,人生也从一个高峰跨越到另一个高峰。而今,我感觉到人生已达到巅峰,没有太大空间了,因此想歇下来。"

沈夫人说:"不管老爷自己将来如何打算,但眼下最要紧的是安排女儿的终身大事,若他日我和老爷都撒手西去了,女儿怎么办?"她说完,扫视了一遍桌上的人。

陆道源也把众人挨个扫视一遍,说道:"夫人从不强人所难,但今天既然提到这件事情,那就是所有人急需做的头等大事。有合适人选的赶紧推荐;没有的,也要去各处物色。"陆道源这句话让陆大小姐羞愧难当,饭也没吃几口就离席了。

这次神秘客人的到来,坚定了陆道源退隐的决心,也把陆大小姐的婚姻大事提上了日程。

第二节　进退两难

陆大小姐和沈万三回城后,只顾各自忙生意上的事,两人很少交流,关系似乎疏远了。

"陆记"丝绸的生意越来越好,尤其是大都预订的缂丝和织金锦供不应求。因为苏、杭两地的产量有限,所以沈万三不得不去常州、润州和集庆那边寻求货源。同时,他又在吴淞江一带购进棉毛麻织品,作为大众货,一部分运往大都,一部分在本地出售。

第五章 兴业"聚宝盆"

其时，天下大乱。刘福通与韩山童等长期利用白莲教在民间活动，他们率红巾军在豫皖交界多次打败元军，势头正劲。而徐寿辉的红巾军也在鄂、豫、皖、赣等地发展壮大。他在蕲水（今湖北浠水）称帝后，四处出击，战火不断向四周蔓延。曾与沈万三有过一面之缘的朱重八此时投奔了在濠州的郭子兴，做了郭子兴的亲兵。郭子兴为他改名为朱元璋，不久他被升为郭子兴麾下的左军副元帅。

作为一个商人，沈万三敏锐地察觉到官钞还将大幅贬值，每单生意都尽量以金、银元宝等金属货币交易。由于金、银元宝多为官库储藏，而非朝廷法定流通货币，民间虽私下流通甚广，但量小。正因如此，出售货品以银元宝进行交易的价格比对应的官钞要低不少，但沈万三宁可让价，也要收银元宝，这样心里才踏实。

陆大小姐主持开发的四季粉霜在经过让人耳目一新的推广之后，买客越来越多，尤其是吴淞江一带的小零售商都来苏州进货，这门生意一下子就做大了。随后，无锡、湖州等地也有一些客商开始前来寻求合作，要销售四季粉霜。

在甪直，掌柜葛德昭打理的万通粮行和"陆记"粮油杂货铺生意皆稳中有升。今年夏粮歉收，收购开始后，他们几乎全员出动，一如既往地不怕吃苦。

在陆道源明确表达了退隐之意后，陆氏家族的事业仍在稳步发展，陆家的头等大事——陆大小姐的婚事却没有任何进展。陆家几乎把姑苏城里城外的名门大户都筛选了一遍，也没找出几个合适的对象。不过，陆大小姐自己并不太着急，她眼前就有一个中意的人选——沈万三，她只是没有把这层窗户纸捅破。沈万三并非榆木疙瘩，大小姐的心意他哪能看不明白？他感到进退两难：如果入赘陆家，他的父母势必会反对，而他自己也担心被人戳脊梁骨，说他贪图陆家家产，丢下乡下的孩子、爹娘自顾享福；如果迎娶陆大小姐，沈陆两家门不当户不对，大小姐这个娇生独女不可能嫁到周庄给他的两个孩子当后娘，况且他在亡妻坟头发过誓，即便纳新，也只能是妾。

沈万三希望这层窗户纸永远不要被捅破，可他竭力掩饰、装傻也很难装下去，因为他更担心大小姐等不起。她已经错过了许配人家的最佳年华，不能再耽误了。可沈万三既想不到什么解决办法，也不好劝慰她，只能与她保持若即若离的距离。

转眼到了年底，沈万三忙完手上的事后，准备回周庄过年。临行前，他去跟陆大小姐告辞。大小姐幽幽地说："大掌柜能不能不回去？陪我……爹娘在城里过新年，怎么样？"

"我得回家去看看年迈的父母和两个孩子，十天半月就回来了。"他把"家"字说得很重。家在沈万三心中有独特的分量，爱妻已逝，家塌了半边，现在，他的家还在，责任感让他只能做出这样的选择。

然而，沈万三回到家里后，立马得知了一个莫名其妙的消息——爹娘在他一无所知的情况下，又给他娶了一房媳妇。看着年纪似乎比自己还大几岁的新媳妇，沈万三不知所措，问他娘这是怎么回事。王氏反问他："你还记得你媳妇张氏的遗言吗？"

"当然记得。"沈万三回答，"一，暂不要把她离世的消息告知她维扬的爹娘；二，把两个孩子好好抚养成人。她的这几句嘱托，我至死都不会忘，但跟这个女人有何关系？"

王氏说："你晓得吗，最初你媳妇生下旺儿时就缺奶水，是村里的褚氏来做奶妈喂养旺儿的。你媳妇病逝后，奶妈褚氏一直把旺儿喂养到八个月大，但她也有自己的孩子要喂养。临走前，她说姑苏城里她有个亲妹子，丈夫是军户，在黄州与红巾军作战时死了，正寡居，可以让这个妹子来沈家照顾两个孩子。你爹见这个褚氏妹子人品还不错，又勤快，干脆就把她当作你的继室娶回来了。"

"不，我不要娶她作继室。我早对亡妻发过誓，绝不再娶妻！"

第五章 兴业"聚宝盆"

沈万三大声抗议。

王氏有些不悦,接着说:"你不想让褚氏当继室,那至少该纳她为妾。她不在乎名分,但有一件事你得认,她有个儿子,比茂儿大一岁,你得认他为儿子。你爹已经给他改了名,叫沈金。"

事情怎会发展成这样,自己不在家,却平白无故多了一妻一子!沈万三跑去对他老爹表态:"爹,我不管你是怎么把褚氏迎进门的,但不管她是妻还是妾,我都绝不会认她。这个儿子,我也不认!"

"你说的是什么混账话!"沈祐怒道,"你可知道,我和你娘为你这个不争气的东西操了多少心?你娶第一房妻,过门没到一个月,你就说出门去赚钱,结果赔得光条条地回来,可你在家里没待几天,丢下一屁股债又跑了!你媳妇张氏怀茂儿,你有没有照管过一天?茂儿出生后,你有没有抱过他一天?张氏后来生旺儿,落下一身病,你还是没管过她。如今张氏不在了,你说不再娶妻,难道这就是对她的补偿吗?你的两个儿子,小的还不满一岁,你可有照管过他们?你不仅愧对妻儿,愧对这个家,也愧对我和你娘的一番苦心。你有什么资格喊冤叫屈?"

沈万三被老爹一顿臭骂,顿时理屈词穷。他憋闷了半天,嚷道:"就算你和娘说破天去,这一妻一儿我都不认!"

"不管你认不认褚氏,她都是沈家的人了。你若宁死不认,就滚出沈家去。"沈祐也强硬地表明了自己的立场。

沈万三有"冤"无处诉,郁闷又无奈。他对褚氏说:"你愿待在沈家就待着吧,反正别指望我认你作媳妇。"说完,他转身进了内房。他狠狠地关上门,竟几天不出门。

沈家的这个新年过得不怎么和谐。沈万三觉得待在家里很无趣,大年初五就返回了姑苏城里。陆大小姐见沈万三早早回来,内心好一阵激动。她不知道沈家发生了什么事情,沈万三没跟她说什么,一直装作若无其事的样子。

过了元宵节，新年也就过完了，节日的气氛渐渐淡了。陆家从这一天起，反而开始热闹起来，因为正月十九是陆道源六十岁生日。花甲寿辰是人生中的重要日子，因此陆家上下在元宵节这天就开始为庆贺陆老爷的寿辰做准备了。有人忙着制作寿饼、寿桃，有人贴寿幛，有人张罗搭戏台子。

陆道源本不想张扬，可他的两个老姊妹及其子女、沈夫人的几个弟弟及其子女都要大庆大贺，以求免灾避难。因陆家人丁不旺，所以陆大小姐请他们出面张罗也在情理之中。

从正月十六起，就不断有亲友、乡绅送来贺礼，也有平江路总管府、太仓都海运万户府等的官员来贺。折子戏一连唱了三天。到了十九那天，陆家在万元酒楼设豪宴答谢宾客。席间，陆道源向宾客答谢道："非常感谢各位贵客、亲朋为鄙人庆贺，让我倍感人间的真情与友谊。在大家欢聚一堂之际，我不禁浮想联翩。回想过去的日子，多年来不论是官府的大人们，还是商界的朋友们，都给予了我极大的关心和帮助，我铭心刻骨，终生难忘。时光匆匆，岁月悠悠，真没想到一眨眼工夫我就走过了六十年，其中有四十年在商场打拼。和在座的朋友们一样，我尝尽酸甜苦辣，历尽人间艰辛。几度悲欢，百种滋味在心头，无以言表。"陆道源说到这里，眼中已噙满泪水，他话锋一转，又说道，"所幸的是，陆氏产业已有了一定规模，我的两个徒弟也有了独当一面的能力，因此我决定从今日起，退隐山林，不问世事，也不再过问生意之事。"

陆道源的发言让在场的官员、商界人士倍感惊讶，陆家正处于发展高峰，当家人却选择退隐，这是真心话吗？他们甚感疑惑。陆家的亲友更是难以接受：偌大的家业就这样交给两个外人来经营吗？

待其他宾客散去后，陆道源让陆家亲戚和各行铺的掌柜、大伙计

第五章　兴业"聚宝盆"

移步，众人乘船直往澄湖。一行人在澄湖边上的大姚山下上岸，随后来到一座道观前。陆道源对众人说："这便是我的归隐之所。"大家抬眼一望，只见正门门楣上面写着"祥云观"三个行书大字。大姚山本不是山，仅有山之名，是一块风水宝地，也是一个有故事的地方。陆道源选中这里，修了道观，还在观旁建了一座高亭，名"晓月亭"。

陆道源让大家在亭里落座，然后郑重向众人宣布了关于陆氏全部家业的处置决定。甪直的万通粮行、"陆记"粮油杂货铺及在刘家港码头的船队，由葛德昭自主经营，因万通粮行及附属船队是与官府合营，资金和固定资产的处理也由他做主；姑苏城的"陆记"丝绸行及各地分号、"陆记"珠宝行由沈富自主经营，另有胭脂香粉铺，是大小姐自创的，一切由她处置。所有"陆记"行铺虽可自主经营，但不得更改商号，算是对陆氏家业的传承。还有，所有在建的及计划修建的石桥，都要如期完成。同时，每年"陆记"各行铺都得拿出一成利润做善事，几处私塾及书院也要继续资助办下去。另外，夫人将回汾湖故里，修建佛堂自处。

陆道源话未说完，他的妹妹及夫人的弟弟们都议论开了：这么大的事情，却跟他们这些亲戚一点关系都没有，这位当家人到底是怎么想的？陆道源看出了他们的不满和疑惑，说道："我做这个决定是慎重考虑了的，不考虑你们，是对你们的爱护。老子曾说'名与身孰亲？身与货孰多？得与亡孰病？是故，甚爱必大费，多藏必厚亡。知足不辱，知止不殆，可以长久'。在天下即将大乱之际，安逸过你们现在的日子，没有什么不好。"

亲戚们没有理由强争，也不再多说什么，事情就这么定下来。陆道源又郑重地对沈万三和葛德昭说："古人讲'功以才成，业由才广'，你俩都精明强干，我能富甲吴中，有你俩的功劳。财富积而不散，可能引发祸事，你俩的经营和理财之道，我是放心的，唯一让我忧心的是，这财产可能会给你们带来灾祸。"

陆道源还当着众人的面，对沈万三提出了一个特殊的要求，不管他们有没有缘婚配，他一辈子都得照顾好大小姐。沈万三一时激动，当即立下誓言，无论何时何地，都会照顾好大小姐，永不反悔！

沈万三接管陆氏在姑苏城的全部家产及生意后，马上对各行铺的人员进行调整：原丝绸行大伙计升为掌柜；给原珠宝行杨老掌柜发放丰厚酬劳，让他告老还乡，掌柜由大小姐二舅的长子接任。这是陆家亲戚中唯一一个在"陆记"任职的，也算是大小姐给亲舅面子。

往后一段时间，"陆记"的生意似乎一如既往地好，但是沈万三与陆大小姐的关系变得更加敏感而复杂。没有了被人猜测贪图陆家家产的困扰，沈万三依然对陆大小姐望而却步，进一步没资格，退一步又舍不得。眼下他已经有了两个儿子，外加不愿承认的一子一妾，入赘显然不现实；若是要迎娶陆大小姐，又让她太委屈，即使她愿意，沈万三也觉得愧不敢当。沈万三只能在心中暗自许下诺言：一定要利用好"陆记"提供的优越条件，全力以赴发展事业，力争成为平江路甚至江浙行省第一富豪，到那个时候，再给陆大小姐一个合心合意的交代。

第三节　子承父业

至正十三年（1353年）对沈万三来说可谓多事之秋。年初，他平白无故多了一子一妾；春上，东家陆老爷退隐，给他留下一副重担；年中，他的盐帮朋友张士德四兄弟在老大张士诚带领下举兵起义。最后一事发生在江北泰州，看起来跟沈万三没太大关系，但随后不久，沈万三的命运就与张家兄弟绑在了一起。到了是年秋后，沈家又突然传来消息，他的父亲沈祐病危，想在离世前见儿子最后一面。

第五章 兴业"聚宝盆"

沈万三闻讯，星夜返回周庄。他匆匆赶到，顾不得歇息，直接踏进老爹卧房，见病榻前围着一大群人，他娘王氏、他的妹妹沈蓉及丈夫、弟弟沈贵和妻子、褚氏和她儿子、自己的两个儿子，还有村子里的两个帮工都在。沈祐双目紧闭，静静地躺在床上。"该不是已经……"沈万三伸出手放在老爹鼻孔下面试了试，没气了。他慌张地抓住老爹的双肩摇，一边摇一边喊："爹，不孝儿回来了，你睁开眼看看吧，开口说话呀，您说什么我都听！要我做什么我都答应！"

这时，沈祐奇迹般地睁开眼睛，并开口说话了："富儿，听爹的话，认了褚氏和她儿子吧，不然我死不瞑目。"

沈万三见他老爹的遗言竟是他最不愿听的话，又不能当面反对，只得沉默不语。沈祐见儿子没答应，脖子一梗，又躺在床上不说话，不喘气了。

沈贵在一旁看不过去，说道："三哥，这是爹的临终遗言，你就听了吧。"

沈蓉也乘机劝道："哥你就点个头吧，让爹安心地去。"

沈万三仍不表态，只顾摇着他爹的身子，喊着："爹，你还有什么话就赶紧说吧，只要您说得对，我全听。"

据说有心事未了的人在临死前大都会出现回光返照的现象，沈祐突然坐起来，意识显得很清醒，他说："回来吧，子承父业。别再好高骛远，贪图那些命中没有的虚财了。"他说着，伸出双手想抓住儿子，但身子慢慢倒了下去。沈祐就这样咽下最后一口气，沈家顿时传出一片哀哭声。

按习俗，父母亲过世后，子女要守孝三年。守孝期间，不得任官，不得应考，不得嫁娶、拜年、贺寿、串亲、访友、宴饮，更不得出门做生意等。平头百姓碍于生活，对守孝的要求宽松许多。沈万三在守孝期间，每天除了供饭烧纸及必做仪式外，还要安排帮工把沈家的八十多亩田里的熟稻收割回来。这事原是他爹管的，他娘也偶尔帮衬一下。现在他娘积郁成疾，什么事都管不了，他怎忍心看几万斤稻子烂在地里？他写信给陆大小姐，把"陆记"行铺的一些重要事情交代给她。

沈万三一边守孝还一边记挂着生意，这让他的兄弟沈贵更加轻蔑鄙视他。沈祐在世时，沈贵就提出要兄弟分家，只因有沈祐拦着，家才没有分成。现在老爹刚去世不久，沈贵暂时还不能开口，只得忍着。他时不时会对兄长说些气话，这让沈万三很难受。

沈祐让沈万三子承父业，可沈家并没什么家业，仅几十亩水田，加上十几亩旱地。这些地都是沈家自行耕种的，只在农忙时，才请上五六个帮工，所以，沈家只能算是家底殷实。如果分家，那沈家就与普通自耕农没有多大差别，哪还有什么父业可承？

不过，父传的木工手艺却不能放弃。沈万三想重操旧业，干点木工活，为别人箍盆箍桶。守孝的日子是悲痛的，也是难熬的，不找点事情做打发时间，他可熬不下去。沈贵爱怎么说就让他说去，好在他娘很开明，只要不太出格，她也不愿伤了一家人的和气。当外人有非议时，沈万三就说是遵照先父遗嘱，子承父业。

过了"七七"没几天，沈贵再次提出分家之事。他娘一听，悲从中来，哭得稀里哗啦。这次沈万三生气了："四弟，你一向标榜自己很守孝道，却在爹过世不满两个月就违逆他的心愿，旧事重提。既然你铁了心要分家，就不要怕人说闲话。怎么分干脆一点，是你另立门户，还是我另立门户？反正沈家现有的田地家产不能散。"

既然兄长把话说到这个地步，沈贵也就不顾忌那么多了，越快分家越好。他转而一想，不分走沈家现有的家产，那拿什么自立门户？于是他说道："家一定要分。我可以不要田产，但我暂时还得住在家里。"

沈万三觉得沈贵很可笑，死活要分家，却又没能力另立门户，这

第五章 兴业"聚宝盆"

不是摆明要把自己赶出去吗？他转念一想，沈贵只是个书生，官不官商不商，靠爹娘养活妻儿，这倒是实情。沈万三不想为难沈贵，就顺了他的意，自己搬出去。这样，沈家的一点家底得以保全，而老爹的茔冢就让沈贵守去，外人也不好指责，算是一举两得。

沈万三打定主意后，在周庄中心地带的银子浜置地约一百三十五亩，并在小河边建新宅。初建的宅子很小，后来几经扩建，才有豪宅规模。

新添置的田地在小河对岸，为了出入方便，沈万三在小河上建了一座小桥。第二年开春后，他在村子里招了八个帮工，打算把这些地开垦成良田。银子浜有个地主姓李，对沈万三来银子浜买地很不满，也十分眼红，一有机会便排挤沈万三。他散布谣言说沈万三买地的钱都是从城里骗来的，到时追债的人来，他的那块地都不够赔。李财主又对沈万三请来的那些帮工说："你们别犯傻，看他的那片地，靠近湖边，尽是荒草，就算你们能帮他开垦出来，今年能不能有收成也难说。到时候收不到粮食，他会给你们工钱吗？最后还不是白干！你们不如过来给我干，我的田都是耕种了几年的熟田，干活轻松，一年给你们的酬劳也是全庄子最高的，怎么样？"

那几个帮工听了李财主的煽动，有七个决定不跟着沈万三干了，只剩下一个姓周的帮工。沈万三问他："别人都走了，你为什么不走？"周姓帮工说："我知道李财主的为人，不能信他。事先说好的工钱，到年底他总是找各种由头克扣，年成不好的时候，一年干下来，甚至反欠他的债。"沈万三又问："那你信任我吗？再帮我介绍七八个实在的帮工过来吧，辛苦你了。"帮工憨憨一笑，回答："我试试看。"

与周姓帮工谈话后，沈万三就一直在思考取信于人的法子。到了晚上，他回老屋给老爹上香烧纸。他跪在灵位前，把一炷香插到香钵里，突然发现这个香钵竟是他那年做生意失败，乞讨回家时，那位老者送给他的"讨饭钵"。他猛然生出一个主意，心里暗道：老爹得罪了，这个宝盆我得借用一下。他找来一个瓷香炉替换下铜钵，然后将铜钵拿到水边好好清洗，直到它发出微光。

过了一天，周姓帮工给沈万三带过来七个人。其实帮工并不难找，只是有些帮工对东家不信任，担心自己辛苦干一年，到年底找东家结账时拿不到工钱。于是，沈万三把帮工叫到一起，对他们说："我知道大伙最担心的是什么，因此我把结算工钱的办法改了一下，咱们不按年结，也不按月结，而是每天一结。我这里有个聚宝盆，里面的钱取之不尽。"他把装有铜钱的铜钵举起来，展示给众人看。"你们干什么活，一天多少工钱，事先都议好，待干完一天活，你们就按事先议好的工钱，自己从这个聚宝盆里取。我把聚宝盆就放在这个供桌上，保证你们每天都能拿到足够的工钱，一文不少。"

帮工们一听觉得很神奇，纷纷议论起来："我们扛长活的还从来没有遇到一天结一次工钱的东家呢！""我家里正愁没有钱买油盐，这下可好了，不必常找东家借了。""这聚宝盆能装多少钱呢？真能每天都有钱吗？"……

这时候，沈万三故弄玄虚地说："这个聚宝盆是一个神仙送给我的，它之所以是个宝贝，是因为它不仅能生钱，还会算账。你们每天干了什么活，该付多少工钱，它里面就会生出多少钱，既不多一文，也不会少一文。"

"真的这样神奇吗？如果有人从中多拿工钱怎么办？"一个帮工问。

沈万三说："让大伙自己拿，这是建立在信任基础上的，再说聚宝盆里的钱是定数，有人多拿，必然就有人少拿，多拿钱的人等于拿了别人的钱，我相信你们没人会多拿。"

"那我们如果多干活，能不能拿更多的钱呢？"有一个帮工问。

沈万三很笃定地回答："那是毫无疑问的，不然，这个聚宝盆也就算不上什么宝贝了。"

之后，帮工们抱着半信半疑的态度开始了第一天的劳作。傍晚收工，大伙便到沈家客堂，从供桌上的聚宝盆中自取一天的工钱。果然像沈万三说的，大家各自取完钱后，聚宝盆就空了。第二天、第三天，帮工们依然照做，结果也是一样。在兴奋之余，有人尝试多干一些活，也多取一些钱，结果聚宝盆里的还是刚好够取。

持续了一段时间后，帮工们由好奇转为信服。他们一边辛勤劳作，一边把聚宝盆的奇事编成故事四处传播。沈家的聚宝盆渐渐开始出名，而且故事还在不断地被演绎，变得越来越神奇。

有没有聚宝盆无关紧要，关键在于沈万三善于以此来赢得他人的信任，并激励人们踏实肯干，靠勤劳致富。聚宝盆实则指勤劳和信义。

第四节　一诺三千石

在沈万三回周庄置地农耕之时，在甪直的葛德昭也对他经营的行铺进行了很大调整。上一年，万通粮行收购的春夏两季粮食多达一百一十多万石。按惯例，两季可上缴漕粮七八十万石，但由于长江中下游地区战火蔓延，官府一时顾不上督运漕运，北运的漕粮急剧减少。

万通粮行库存粮过多，葛德昭很担心：如果将粮食在本地出售，粮食价格已大幅降低，会亏本；如果将粮食囤积起来，时间长了又怕变质，还有可能被抢。此时北运的通道已被阻塞，且不说运输途中风险很大，即便运到了大都，官府也不一定能马上结算兑现。葛德昭不想让陆家蒙受损失，但又没有好的解决法子，一时很为难。

就在这时候，长期把持常熟福山港（江浙行省三大漕粮起运点之一）的曹氏找上门来，想转购葛德昭手上的粮食。葛德昭心想，这或许是他苦求不得的一个好法子，于是顺势与曹氏开始谈判。

曹氏并不是诚心想帮助葛德昭，只是他们听说昆山陆道源退隐，认为掌控江左所有漕运的机会近在眼前，因此才出手。他们很久之前就觊觎刘家港码头的货运业务，若能将刘家港码头一并据为己有，那对曹氏家族来讲将是大功一件。

葛德昭行事一向稳重谨慎，他认为在时局动荡之际，将生意收缩，将货物变现保存是最牢靠的。所以当曹氏提出平价转购万通粮行全部粮食的时候，葛德昭只做了一番核算就答应了。双方一口气兑现将近三百万两银。除了曹氏家族，恐怕当地再没有第二家具备这样的实力。

在谈到刘家港码头转让时，葛德昭显得很谨慎，毕竟码头没有什么损耗，不必急于处理。最后的谈判结果是陆氏出让四只沙船和刘家港码头五年的使用权给曹氏，而所有权依然属于陆氏。这一次交易，是陆氏也是曹氏家族有史以来最大的一单生意。

万通粮行被盘空后就只剩下几间仓库了，葛德昭不必像往年那样忙碌，便一心一意经营粮油杂货店。他抽出空闲给沈万三写了一封信，叙说了他近期的状况，以及待机再发的一些设想。沈万三认为葛德昭过于保守，但又不得不承认他这样处置是对的。

葛德昭是沈万三的师兄，自然不需要沈万三为他多操心。沈万三担心的也不是周庄百余亩地的收成，他真正担心的是姑苏城内的"陆记"行铺，还有陆大小姐。沈万三身负陆老爷重托，可不能在周庄久住。"等忙过了春种，就去城里看看。"沈万三在心里念叨着。

可春种刚结束，就有一位不速之客来到沈家，他就是泰州盐帮的张士德。老朋友、过命兄弟相见，沈万三又喜又惊。喜的是，早听说盐帮兄弟在江北起事，但吉凶未卜，他一直在为盐帮兄弟担心，今见兄弟安然无恙，当然高兴；惊的是，起兵反元，震动朝野，朝廷定会派兵镇压，盐帮兄弟当时正与官军激战，三哥怎么有空闲跑到周庄来了？

张士德见沈万三满脸疑惑，于是便将详情如实相告。前一年夏天，在草堰（时属泰州）盐场干活的一个盐工被看护盐场的军士无故责打。作为盐帮当家的，张士诚自然要为帮内的兄弟出头。这个军士平时蛮横跋扈惯了，根本没把张士诚看在眼里，不仅嚣张气焰没有收敛，反而对张士诚也大声辱骂。

张士诚强压着怒火，去找原活跃于东南沿海的海沙派二当家李伯升商议怎样给军士一点教训。李伯升说："眼下东面西面都有义士起事，这是一个大好机会，咱们不如也举起义旗反元。"张士诚早有起兵反元之心，听李伯升一说，当即决定起事。

五月二十九的晚上，张士诚纠集了十八个身强体壮、有些功夫的好汉，头裹一色素巾，身穿短衣短裤，腰束宽带，脚蹬草鞋，手持扁担、菜刀和倭刀，直奔盐场看护所。因夜空昏暗，月色朦胧，所以看护所的几个兵丁来不及反应就被砍了脑袋。起义队伍拿下看护所后，夺了兵丁们的武器，又冲进白驹场盐课司衙门内。衙役们还在梦中，十八位好汉又把他们收拾了，盐课司提举也被一刀斩首。

这时，加入起义队伍的人越来越多，起义已具有一定声势。张士诚便决定一鼓作气，占领整个盐场。

第二天，张士诚起义的消息像生了翅膀，一传十，十传百，很快飞到四面八方。驻守泰州的数百人的官兵队伍尾随其后，紧紧追赶。为了有落脚之地，张士诚又决定拿下泰州城。他来到泰州北门外小破桥口，等起义队伍全部到了桥南，就吩咐众人把桥拆了，以便阻挡尾随的官兵进城。

泰州城内有个千户是张士诚的换帖兄弟，他早对朝廷不满，见张士诚起义得手，已攻进北门内，于是也起兵响应。他杀了万户府总兵，控制了驻守城内的军队，然后与张士诚联手攻向泰州州府衙门。在双方激烈搏斗时，张士诚突然跳上衙门前的高台，放开嗓门，对那些张皇失措的衙役们喊道："敢造反的跟我来，弃刀者不杀！"衙役们没见过这种阵势,吓得丢下腰刀,四处逃窜。

张士诚占领泰州城后,大家推举张士诚为统领。他把泰州城作为起义军第一个据点,继续招兵买马,扩充军备,壮大队伍,起义队伍达到一千三百余人。同时,他打开粮仓,救济贫苦百姓。

这时,高邮府知府李齐一边设计招降他们,一边向朝廷请求援兵。张士诚看破李齐的诡计,随即逃出城去,中途杀了河南江北行省参知政事赵琏,然后往北攻取了兴化。起义队伍在德胜湖集结,人数迅速增加到一万多人。因粮食告缺,张士诚决定带千余人反攻高邮,并派三弟张士德往江南征募粮食。

张士德从泰州西乘船入长江,绕行月余,才来到甪直找到葛德昭。没想到万通粮行的粮食转卖后已所剩无几,都放在"陆记"粮油杂货店里零售。

张士德大失所望,但又不甘心空手而归。传闻说沈万三在周庄有千亩良田,便想请他帮忙筹集一些粮食。沈万三听张士德叙说完后,苦笑道:"三哥有所不知,小弟回周庄开荒种地,只是应了先父遗嘱,地不过百十亩,刚忙完春种,要等到收成还得好几个月。况且就算到了收割的时候,这些地又能收多少石粮食呢?"

张士德闻言,心里便凉了半截,但沈万三说的都是实情,没有丝毫敷衍他的意思,他也怪不得朋友。沈万三见他垂头丧气,心里也很难受。他想了想,说道:"这举兵起义可是天大的事,义士们若连饭都吃不上,何谈成就大事?而今三哥肩负重托而来,小弟我怎忍心袖手旁观呢?三哥来找我,是看得起我。小弟虽然没有太大能耐,但为了盐帮兄弟的大事,即便肝脑涂地,也在所不惜。三哥,你就直说了吧,要多少粮食?"

张士德听了沈万三这番慷慨之言,立马转忧为喜。"老弟真是大义之人,那我也就不推辞了。我出来的时候,大哥正带着义军骨干反

第五章 兴业"聚宝盆"

攻高邮，如果能拿下，城内的粮食维持两个月应该没问题。接下来到秋收之前，还有小半年粮食没有着落。义军骨干有一千三百余人，恐怕得筹二千余石。"

沈万三在心里盘算了一下，说道："这打仗吃粮可不能省，两千石只怕稍有欠缺，这还没有把可能出现的特殊情况算在内。这样吧，小弟想法给你们弄三千石粮食，两个月时间保证办妥。"

张士德顿时激动不已，向沈万三拱手谢道："这番恩情我等兄弟将终身不忘，这一切就仰仗老弟了。"

张士德还不清楚高邮那边的战事变化，必须尽快赶回高邮。因此，他与沈万三匆匆告别而去。

在张士德到江南筹粮的这段时间，义军首领张士诚带一千三百多名义士猛烈攻打高邮城。因高邮是府城，物资相对充裕些，只有拿下高邮，义士们才不会饿肚子，所以攻城的义军不惜代价，势在必得。

知府李齐见义军来势凶猛，担心府城守不住，于是又故技重演，派人拿着万户的委任状去招降张士诚。李伯升与张士诚商议后，决定将计就计，假意接受委任，待入城后，乘机杀死李齐，占据高邮，自称"诚王"，并定国号"大周"，年号"天佑"。他们不知道，李齐的奏报这时已经送到了大都，朝廷开始调兵遣将，准备来高邮平叛。

沈万三并不知道高邮战局如何，也无法估测义军的未来，他只是为兑现一个郑重的承诺而四处奔走。三千石粮食可不少，不仅要找帮工帮助收购，还要事先自己垫银子出来，甚至有可能把粮食筹齐后，对方都不一定有钱支付，任何一个生意人都看得出这是一笔很吃亏的买卖。当然，沈万三这单生意做的不是买卖，而是为了偿还人情债。正是因为这份人情，沈万三才与盐帮、"大周"有了生死相依的关系。

沈万三请了十多个帮工，花了一个多月时间，终于从松江、嘉兴等地购买到三千余石稻米。为了赶时间，他将粮食集中在吴江起运，然后经锡北运河，到江阴转入长江。虽然沈万三用的是十只小货船运输这些粮食，但由于锡北运河的河水太浅，中途好几处浅滩阻滞，靠船帆驱动、桨划篙撑难以前行。无奈之下，船工们只得跳进河里，一起用力推，才使货船过了浅滩。沈万三之所以选择走这条路，是因为从维扬往高邮的运河水路已经被元军封锁，粮食只能从长江的小支流送到泰州。

经过二十天的颠簸，运粮船队才到了泰州。幸好，比沈万三许诺的时间提前了两天。张士德从高邮赶回泰州接受粮食，他以惭愧的语气对沈万三说："非常对不起，老弟，义军暂时没有钱付这笔粮款，这次算是赊借。不过，泰州盐场囤积有不少食盐，如果老弟用得上，就用那些盐抵一部分粮款吧。"

"食盐谁都用得着。"沈万三说，"三哥也不要把这点粮款看得太重，什么时间有了再给。即使没有钱给，也不必忧心，就当小弟为义军做了点贡献。"

张士德执意要送沈万三食盐，沈万三推脱不了，只得接受。张士德以德报德，一出手竟送了整整五百引（一小引约二百斤）食盐。他对沈万三说："盐帮兄弟就这点东西能拿出手。他们如今大多数人都在与元兵作战，没空去贩运盐了，老弟如果不乘机运走，就会被官府收缴。俗话说'以义取利真君子，义内生财大丈夫'。老弟就当是帮我们的忙了。"

"既然三哥这样说，小弟也不便再推辞。义军如果将来还有别的事需要小弟效劳，小弟义不容辞。"

张士德让二三十个盐工把泰州草堰盐场的盐全部搬运上船，然后与沈万三拱手作别。

就在沈万三从泰州返回江南的时候，张士诚的义军被元朝丞相脱脱的百万大军团团围在了高邮城内。城内粮食告罄，城外又无援兵，

第五章 兴业"聚宝盆"

张士诚叫天不灵,呼地不应。他几次尝试突围失败后,便想孤注一掷,准备好上百堆干柴,只待元兵入城就放火,大不了玉石俱焚。

与此同时,朱元璋在滁州与元军作战。因郭子兴已死,所以他这个左军元帅有了更大的权力。他在滁州城外打了一个胜仗后,作出惊人决定:通过中间人搭桥与元军和谈,不仅把掳获的元军人马全部奉还,还搭上了几坛陈年老酒。其时,朱元璋手下的兵力至少有三四万,但他明智地选择了避敌锋芒。有人劝他在滁州称王,朱元璋却听从朱升"高筑墙、广积粮、缓称王"的九字箴言,决心韬光养晦。

张士诚却锋芒毕露,这使得脱脱铁了心要攻下高邮,并坚决不接受义军投降。他想尽屠当地兵民,以在大江南北建立威信。只是,就在高邮城快要被攻破时,脱脱遭朝中奸臣算计,元顺帝听信谗言,一纸诏书把他就地解职,另派将军取代了他。随后,元顺帝又剥夺了脱脱的爵位,并将其押解去吐蕃,最后在半路赐死脱脱。

张士诚抓住时机,乘新将领未到任快速反击,元军群龙无首,一时星散,张士诚一举击溃了元军。

富贵险中求

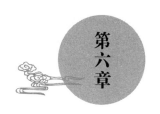
第六章

第一节　入伙纯属意外

　　时值仲秋，沈万三从江北渡江运盐原路返回，一路上提心吊胆，生怕元军追赶。至江阴，他从货船上下来，登上南岸大堤，站在瑟瑟秋风中时，绷紧的神经才慢慢放松。他举目远眺，只见苍穹下，朝霞在天际燃烧，壮观而艳丽，金黄的田地慢慢褪变成荒芜，大自然向人们肆意展示着它的博大和无穷神力。一低头，沈万三正好旁观了一朵野花的凋零，花瓣一片接一片飘落，撒满一地。他心中感慨不已，世间万物，从繁茂到凋零，都带着万般无奈和痛苦的凄美，命运不知被谁人掌控。

　　盐民造反，沈万三不知不觉置身其中。他虽然没有拿起刀枪直接参与，但给造反的盐民提供了粮食，现在又接收了盐帮的盐，不去贩盐都不成了。此时沈万三还不知道张士诚打败了元军，只觉得无法预测这次与盐帮命运的交集，自己又将面对怎样的结局。

　　在沈万三伤秋的同时，所有货船都过了闸门，从大江转入锡北运河。重回船上后，沈万三也从漫无边际的遐想中回到现实。眼下最要

第六章　富贵险中求

紧的是如何处置这几船盐，盐虽然是老百姓生活中不可或缺的东西，但朝廷明令禁止私贩。在泰州，因官府衙门刚被盐帮毁了，官员们不敢惹事，所以暂时还不会查私盐；在长江上也还安全，官府的人没有盘查。现在，十船盐在窄窄的运河上运行，实在太显眼，若遇到官府稽查，私盐被搜缴去且不说，自己还有可能坐牢。

沈万三的运气不错，一路上都没遇到什么阻碍。到了姑苏城下，他犹豫着要不要把盐运进城，放到"陆记"的仓库里，但立刻否决了："不能进城，这样有可能害了'陆记'。"沈万三于是继续前行，货船全部驶往周庄。

沈万三回到家里，褚氏低眉敛目走过来，轻声说道："相公回来了，孩子们天天都念着爹呢。"沈万三答应了一声，就去了厢房。只见厢房里堆满了大大小小的麻袋包，他伸手捏了捏，是谷子。他这时候才想起自家种的百多亩稻子来，没想到已经收割入仓了。

他去沈家老屋问娘是怎么回事，王氏气愤地回答："亏你还好意思问，你一出门就是几个月，全靠褚氏在家打理，三个孩子、百多亩地，全都给你管得好好的。这么能干的媳妇到哪里去找，你却亏待人家！"

沈万三心想，褚氏真有这本领吗？用聚宝盆给帮工发工钱，她是怎么做的呢？他又问："娘，那些帮工的工钱都结了吗？"

"你那点小把戏，褚氏早看穿了。不过，这招还真管用。有一段日子，我每天都帮你往铜钵里放钱。褚氏一早把账算好，帮工每日领工钱，一文无差，他们干起活来比哪一家的帮工都卖力气。"王氏回答。

"这倒好。不过，娘这么辛苦，为儿子操劳，是儿子让您受累了。"沈万三歉疚地说。

"谁叫我生了一个不顾家的儿子呢，吃苦受累是自讨的。"她瞪了沈万三一眼，接着说，"真正受累的是褚氏，你如果还有良心，就对褚氏好一点。"

沈万三敷衍地点了一下头，说道："我以后把一部分生意放在周庄做。还有，我想把银子浜与这边连起来，免得娘两头跑。"

沈万三把从江北运回来的盐放到老屋，然后开始找买主。他首先想到了师兄葛德昭。他的"陆记"粮油杂货店是甪直第一店，在昆山也是数一数二的大店，沈万三给杂货店一次送去五十引盐。

葛德昭经手过不少大生意，但一次性收这么多盐还是首次。"我今天终于见识到了比我吃的大米还多的盐。"他对沈万三说，"这是一门好生意，但引盐不相离，买卖盐要有官府的盐引（商人缴纳盐价和税款后，官府发给商人用以支领和运销食盐的凭证），私卖的风险太大了。"

"风险大不大要看时机。"沈万三说，"官府虽然对盐管控得很紧，运卖都要有取盐凭证，但官府为了增加盐税收入，滥发盐引，不断提高盐价，剥削百姓，盐民受害尤深。眼下多地盐民起事，官府平叛已自顾不暇，哪有闲心查对盐引？再说，查严了，还担心引发暴乱。你偌大一个粮油杂货店，卖的就是柴米油盐酱醋茶，不会没买盐引吧？如果有个别官员要查私盐，也只是找借口捞点好处、中饱私囊而已，葛师兄肯定能应付过去。东家以前不是教导我们，做生意要对时机有基本判断吗？人人都可以做的生意肯定不是好生意；相反，这个看似冒险的生意恰恰是好生意。"

葛德昭被沈万三说服了，更确切地说，他是接受了陆道源"因势而动，顺势而为"的观点，只要沈万三一提到这个，葛德昭就没有不同意的事。

自此，沈万三在甪直有了第一个私盐贩卖点后，又到嘉兴设了一个自己的店——"沈记粮店"。他在嘉兴城有个购漕粮时结识的朋友，他让这个朋友帮忙打理粮店。沈记粮店既为他买卖粮食提供方便，也是一个私盐贩卖点。

第六章　富贵险中求

办完这件事后,已经到了年底,沈万三回周庄过完年,又北上润州和维扬。润州原本是盐帮的一个分舵,沈万三到润州后,便去分舵"取经"。这个分舵原是张氏老二张士义主持的,沈万三到了那里才知道张士义已经战死,现由张家老四张士信主持。

张士信与沈万三有过一次交集,也算是朋友了。他听沈万三说明来意后,笑道:"这贩私盐哪有什么经验呀,要说有,也不过就两个字——关系。"

"那具体是怎么个拉拢关系法?"沈万三问。

张士信说:"这个说起来就复杂了。所谓'天下之赋盐利居半',朝廷管控很严,设置的衙门也多。在维扬有两淮都转运盐使司衙门,主官是都转盐运使,下设运同、运副、运判等官职;在盐场有盐课提举司衙门,主官为提举,盐场还有具体管事的司令、司丞、管勾等。另外还有批验所。每个环节的管事都要紧,都得跟他们有交情。"

"这么多官员,要疏通关系不容易吧?"沈万三更加疑惑了。

张士信笑了笑,说道:"不可能买通所有人,得看你被卡在了哪个环节,把这个环节的主官疏通就行了。都转运盐使司的都转运使是不容易买通的,但买通其手下的同知、运判等并不难。在盐场买通提举就成。"

"买通官员,盐商能有什么好处呢?"沈万三再问。

"这么跟你说吧,盐商买通都转运使司的官员是希望他把大引(约合四百斤)盐按小引(约合二百斤)收税,并不通过批验所批验,直接去盐场提盐。这属于比较合法的。如要走私,可先找都转运使司买少量批验盐引,然后到盐场买通提举,他可以不收盐引,让你直接以官价从盐场拿盐。这个官价相当于官府付给产盐亭户的工钱,非常低廉。"

"既然可以通过贿赂盐场提举拿到官价盐,那还买盐引何用?"沈万三还要挖根问底。

看透财富的巨贾：沈万三

"买少量盐引，是为了掩人耳目，免得在搬运和销售中被人告发，没有自辩凭据。"张士信解释道，"即使被人举报，只要盐商手上的实物不超出所验盐引的数额，批验所就不容易查出问题来。如果是告到路府州县衙门，他们就更查不出问题，盐商自然能化险为夷。"

"那你们盐帮的私盐都是这样贩运的？"

张士信摇了摇头，认真地说："我们如果这样贩盐，那还能叫盐帮吗？"

沈万三不好再多问，便对张士信说："我想买五十或一百盐引，不知张四哥可否帮忙？"

"区区百引，不值一提。"张士信说，"明日咱们就过维扬，你只要让我那个北蛮朋友快活一下，以五十引的价，差不多就六百两，买个一二百引应该没问题。"他这是提醒沈万三准备好银子。

沈万三爽快答道："那好，就按张四哥的意思办。"

第二天，张士信带了一个兄弟陪沈万三前去。在餐桌上，他把沈万三介绍给了都转运使司的官员。酒足饭饱之后，沈万三如愿以偿地拿到了盐引。

之后，沈万三又到维扬，前去拜见岳丈。四年没见，沈万三见了岳丈，不知该叫岳丈还是姨父。不过对方在惊喜之余也没在意称谓，他给沈万三泡了一杯茶，二人坐下来话家常。

"我们还是长外孙茂儿满周岁时去过一趟周庄，一晃四年过去了。听说你们又有个小儿子，只可惜，路途太远，你岳母身体又不怎么好，我又不得闲去看看。"

"岳父不好这样讲，本该是我们晚辈来看望您二老，只因我在别人店铺当伙计，身不由己，还请二老多见谅。"沈万三客气地说道。

"听说你在江左首富陆家做事，还当了掌柜，生意应该做得不错吧。"张老丈想跟他聊点轻松的话题。

第六章　富贵险中求

提到做生意，沈万三就有一肚子话要倾诉。为了做生意，他吃了多少苦，受了多少罪，连他自己都说不清了。他甚至没能见上爱妻最后一面，每每想起，不知有多心痛。张老丈并不知道女儿已经去世，沈万三也不多提，只管往好处说。"陆家这些年来确实很风光，不过陆老爷已经退隐，'陆记'的生意都交给我和另外一个掌柜打理，因此我们不得不整天忙活。我这次来，就是想看看岳父的粮油杂货生意做得如何，看看我们能不能合伙做点什么。"

张老丈轻叹了口气说："我做生意快二十年了，可不知为什么，一直没有好发展，只能维持微利不亏。尤其是近两年，生意越来越难做。物价飞涨，进价高，售价没提高分文，购买的人却越来越少。"

"这可能与时局有关，眼下兵戈四起，那些从事生产的劳力都去打仗了，物品生产就少了，又因打仗要耗费很多物资，所以物价上涨是必然的。一打仗，老百姓就没有正常的劳动收入，买东西的人自然也就少了。不过，打仗也给会做生意的人带来机遇，买卖打仗需要的物资，虽然有些风险，但生意肯定会好。"沈万三说。

"我老了，不奢望有大机遇，顾自家的一点小生意都力不从心了，宝儿一点都不能帮衬我。他已经二十出头了，既没成家，也不干点正经事儿。我想让他去你那里做事，跟着你学点生意门道，你看怎么样？"张老丈恳切地说。

"只要他愿意，去我那里做事情肯定没问题，眼下就有件事情让他做。岳父刚才说，货品进价高，我现在就可以给您提供一千石稻谷和五十引食盐，先不用付货款。让弟弟去一趟周庄，然后随货船回来。您看可好？"沈万三一直对亡妻心怀愧意，这算是微不足道的一点补偿。

"好，真是太好了。什么时候去？我让宝儿准备准备。"张老丈激动不已。

沈万三跑这一趟，一切如愿以偿。他拿到了盐引，敲定维扬的粮油食盐销售点后,才心满意足地打道回府。

第二节　再操运输业

至正十五年(1355年),淮东地区遭遇大面积春旱,春粮严重歉收。江南春粮收成稍好,但丝绸布帛、手工艺品、瓷器等物品在本地市场大幅降价,北运的运河水路又不太畅通,海运则被方国珍及地方势力控制,"陆记"的生意因此大受影响。

沈万三回周庄,把一千石稻谷和五十引盐用两艘船装好,让内弟张小宝随船带回去,他也坐这趟货船到姑苏城下上岸。快两年没有见到陆大小姐了,他想象不到见了面会是怎样一番情形,他把想说的话在心里复述了好几遍。

陆道源退隐以后,苏家的家丁、伙计只有几个人请辞离开,大部分来到姑苏城。陆家别院是前后三进院,两边以厢房相勾连,像北方的四合院,只是两边没有完全封闭。现在别院里有十七八人常住,院子里比以前又热闹了许多,但也少了几分清雅之气。

沈万三低头进了院子,不想迎面撞到一个人,抬眼一看竟是程大管家,他轻声惊呼:"太巧了,在这里遇到程大管家,别来无恙啊。我有一件很要紧的事要跟大小姐商量,正好请您帮忙参谋参谋。"他顾不上跟程大管家寒暄,就一把拉着他,生怕他跑掉似的。

程大管家说:"沈掌柜不是在家守孝吗?有什么要事,把你急成这样?"他已经告老,今天也是来找大小姐商量事情。

沈万三无奈说道:"我早背负了不孝骂名,守孝,我是在心里守。"

二人来到客厅,大小姐便从里屋出来。沈万三作揖,再微笑地看向大小姐。她精神很好,眼眸里光芒四射。她一见到沈万三,就对沈

第六章 富贵险中求

万三说:"沈大掌柜真是稀客了,今天是什么风把你这位贵客吹来了。"她语气戏谑,半真半假,沈万三自然是懂的。

因有程大管家在场,所以一些话不便说,于是,三人坐下来谈正事。这时,绿荷端来几杯茶,沈万三瞟了她一眼,暗道:这丫头长成俊秀的大姑娘了。他看着手中的茶,便从茶叶引出话题,说道:"今年的春茶还不错,只可惜卖不出好价钱来。"

程大管家接过话头说:"岂止是茶叶,丝绸布帛更是大跌价,原因就是不能大批量运出去销售,本地供过于求。"

"战事一起,民不聊生。如果不能异地转售,再好的茶叶,再金贵的绫罗绸缎在本地都卖不出高价来。"陆大小姐说。她在生意场上历练了这些年,远识、近谋皆不亚于一流的商人。

沈万三见大家的看法一致,心里很高兴,直接说出了他的计划:"迫于眼前的形势,我们必须寻找新商路。据我了解,近些年来海外贸易很活跃,我认为'陆记'也应该在这方面想想法子。我个人设想,往庆元(今宁波)定制五六条海船,试探海上商路,再往江州(今九江)定做楼船,跑跑内江和近海。"

"沈大掌柜既有远见又有魄力,比我想得更长远。我完全赞成。"陆大小姐说,"只是这意味着一笔庞大开支,现在'陆记'丝绸和珠宝行一时难以凑到足够多的现钱。如果把两个行铺的活钱全抽干了,生意势必大受影响。"

程大管家说:"根据前些年造船的行情,仅造六艘海船就要银两过百万,再考虑到两艘楼船的造价及物价上涨等诸多因素,直到船只打造完成下水,费用至少得一百五十万两银,而且打造时间也得十个月以上。"程大管家素有"江左银算盘"的美称,打得一手好算盘,不仅算起账来非常麻利,且对各行业的行情也了如指掌。

"程大管家最懂行,看您身子硬朗,恳请您留下来帮帮我,不知您是否赏脸？"沈万三说。

程大管家谦逊地说："沈大掌柜抬举了，我那点算盘拙技都过时了，还没有你心算快呢。看行情，你很多时候都比我看得更远、更准。再说，你眼下要解决造船本钱的问题，我能帮上什么忙呀？"他知道，早在至元二十一年（1284年）朝廷即颁布了《官本船法》，其中规定"官自具船给本，选人入番，贸易诸货，其所获之息，以十分为率，官取其七，所易人得其三"。也就是说，朝廷是支持海外贸易的，官府为商家提供船只，只是使用官船必须缴高额赋税。后来朝廷又因财政不支，鼓励沿海有能力的大户造私船，但同样得到官府办证纳税，发船十纲，给予证明文件，由官收税，私贩的货物充公。沈万三说自筹资金造船，明显是要走私逃税的。官府虽然对走私打击严厉，但险中求富的人越来越多，加上朝廷腐败无能，官府的管制打击越来越弱。

这时，陆大小姐说："造船的本钱只能找葛掌柜借贷，他把卖粮和旧船的钱都放在钱庄里面，可以活兑。"

沈万三无奈地笑了笑，说："葛掌柜卖掉粮食和旧船是为了保住'陆记'的老底子不遭兵祸，他把钱看得极紧，就连他的杂货店流动资金短缺，他都舍不得拿点出来，而我想动用他上百万的巨资，恐怕不是一般的难。"

"大小姐这么大力支持你，葛掌柜应该会顾全大局。"程大管家说，"但在海运上投进这笔钱，风险确实不小。第一，海船一时半会儿造不好，造好了还要把码头要回来，把海外贸易的路打通；第二，路打通后，要与海外的客商做熟，至少得跑两三趟。一来二去，也得两三年时间。"

程大管家的话像给沈万三泼了一盆凉水，难题确实很多，如果不考虑得更周全一点，就有可能把陆家的老底子全赔光。造船太费时间，

第六章 富贵险中求

那就买现成的,他早就知道泉州造了很多福船,并且足够大。难度最大的问题是怎样把海路走通,因为沿途有很多势力控制着海路。常熟的曹氏原本把持着福山港,如今又租用了陆家在刘家港的码头,可以说是江左海运的最大霸主。太仓殷九宰及其子殷绍宗、顾瑛以及徐氏、刘氏等都是实力非常强大的海商。吴淞江的郑白鹤及其家族,也是长江入海口一带海外贸易的大户。东海鄞县(隶属庆元路)的夏荣显、夏荣发兄弟,千户之家吴家、韩家、戴家,也是一方霸主。还有朱道仙、孙天福、陈宝生等一度称霸于东南沿海一带。

沈万三觉得自己的计划还不成熟,还要再细细琢磨,但他进军海外的决心毫不动摇。一旦做出了重大决定,即使面临再大的困难,他也要迎难而上。他想先把钱筹到,便请陆大小姐与他一起去甪直,说服葛德昭贷银子。

就在沈万三筹划再操运输业,并准备加入海外贸易行列之时,他的盐帮朋友张士德率一支义军从通州(今属江苏)渡过长江进入常熟。沈万三猛然发现这是一个可以借势而起的良机。于是他请葛德昭召回万通粮行的原班人马和熟悉的帮工,用最快速度为义军筹集粮食。这次的义军是被江北的饥荒逼过来的,他当然知道他们最需要什么。

一个多月后,沈万三竭尽全力为张士德的义军筹到五千石大米,这对于勒紧裤带与元军作战的义军来说,无疑是雪中送炭。

至正十六年(1356年)正月,张士德攻取常熟城。沈万三立刻进城去见张士德,并作为东道主款待几个义军首领。在酒酣耳热之时,沈万三对众人说:"沈某准备再操运输业,一来可以为义军运输物资,二来也可实现海外贸易的梦想。这要仰仗各位帮忙,把江左的水路运输控制权拿过来。"

几个首领异口同声地表态:"沈老板要拿哪些码头,我们兄弟义不容辞,马上去拿。"

沈万三说："我知道兄弟们的能耐，但这里的码头大都由官营转成了私营，不能强取，还是谈判为上。沈某只想借助义军的威势，增加一些谈判的筹码。"

张士德说："沈老板的生意经他们哪里晓得，你就干脆跟他们说要怎样做，让他们去做就是了。"

"其实事情也简单，只要借给我几个人去跟福山的曹氏和太仓的顾氏谈判，盘下他们管控的码头就行了。"沈万三说。他坚信，在兵荒马乱之际，这两家水上运输霸主不可能抓住码头不放，甚至巴不得尽快把码头盘出去，自己完全可乘势低价买入。商场上，常会出现这样的现象：多数人在身逢乱世时颠沛流离，甚至家破人亡；但也有少数人在乱世中善于利用时势变化，实现个人奋斗的目标。

张士德说："这点小事，沈老板何须客气！还有没其他什么事可让兄弟们效劳的，尽管开口。"

沈万三稍稍犹豫了一下说："三哥这么豪爽，小弟也就不客气了。我已经派人去泉州谈购买福船的事宜了，如果顺利，能买到六艘大福船。原来陆家船队的水手只有八九十人，显然不够用了。不知三哥的队伍里，有没有一些有远航经验的水手，到我这里来帮忙？"他看了看张士德，接着说，"这个请求有些过分，你如今打仗也正缺人手，而借你的水手又不是只用十天半月。"

张士德想了想，说道："也不碍事。诚王（即张士诚）马上就要攻打平江了，有的是人马。只是我队伍里有远航经验的水手不多。"

沈万三于是请张士德挑选二十个技艺高超的船员帮他训练一批新水手。沈万三对舵工则要求更高，要"识地理，夜则观星，昼则观日，阴晦观指南针"，只能慢慢培养。

同年二月，沈万三带了七八个义军兄弟直接去福山与曹氏谈判。正如沈万三所料，曹氏正在为两年前花大价钱收购陆氏粮店和船只码头而懊恼不已。他们还没来得及理顺一些事情，义军就打来了，曹家的那些粮食、船只和码头极有可能被义军无偿征用。正当曹氏一筹莫展之际，沈万三出现在他面前，曹氏如遇救星，马上同意沈万三的谈判条件。一笔天文数字般巨大的交易，仅一盏茶的工夫就谈妥了。不过，尽管是以最低廉的价格成交，但沈万三也无法一次性支付巨款，最后只能立下契据，以三年为期，分期付款。

在顺利拿下曹家码头后，沈万三再往顾家。顾家自顾瑛祖父以来，三代都是和陆道源一样的典型儒商。顾瑛的父亲崇信释道，放弃了家长的责任，因此顾瑛十六岁即继承家业，但他生活奢侈，常一掷千金收购古玩书画。从方国珍起事那年起，顾瑛又开始大规模修建私家园林，寄情于田园山水，似乎早有洗净铜臭之意。正值烽烟四起、群雄争霸之时，他更是无意于商界，因此沈万三去跟顾家谈判的时候，也几乎没费什么口舌。

在拿下两大码头的同时，一些本地的精品货物也在不断汇集于周庄。一切准备就绪，只待海船一到，就可扬帆出海了。沈万三坚信，成就大业要把握机遇，牢牢抓住适当的时机和转瞬即逝的运气。

第三节　越线展业，初探海路

至正十六年（1356年）二月，在沈万三与曹、顾两家谈判时，诚王张士诚攻进平江路姑苏城，改平江为隆平府。随后，义军又占领了松江及湖州、嘉兴等地。三月，张士诚以姑苏城北多宝桥西的承天寺为宫，自称周王，又改至正十六年为天佑三年。此外，他还设立大周朝廷的省、院、六部等行政机构，任命李行素为丞相、张士德为平章、蒋辉为右丞、潘元明为左丞、史文炳为枢密院同知、周仁为隆平太守。

沈万三闻讯，立刻从太仓动身去了常熟城，然后请张士德与他一道折回姑苏城，到承天寺拜见张士诚。一进正殿，沈万三就见张士诚端坐于太师椅上，表情十分严肃。

沈万三并没有跪拜，只拱手作揖道："吴江周庄沈富见过周王。"

张士诚站起来，打量来者片刻，爽朗笑道："原来你就是声名远播的沈老板，没想到你这么年轻。听三弟说，沈老板慷慨仗义，几次对我大军倾囊相助，本王很是感激。今我大周初立，国力尚弱，还望沈老板一如既往给予资助，大周绝不会亏待功臣。"

沈万三说："感谢周王抬爱，能为大周尽些绵薄之力，是在下的荣幸，在下定当尽力。"沈万三之所以急着见张士诚，是因他听到一些关于义军抢掠的传闻，担心城里"陆记"的行铺被抢掠。听了张士诚的话，他终于放心了。

张士诚率兵进城后，陆大小姐一直住在甪直。沈万三便自行去各行铺吩咐伙计们继续照常营业。然后，他准备去江州洽谈购买楼船一事。

江州的楼船制造兴盛于三国时期，经过千余年的演变和改进，楼船成为水师的大型战船之一，因船外观似楼而得名。正因为这种船似楼，所以由它改建而成商船非常豪华，虽不太适合航海，但在内河湖泊中运输货物很气派。

可是，很多事情往往出乎预料。就在张士诚的义军渡江南进的前后，在滁州的红巾军朱元璋所部也渡长江南进，克采石，下太平（今当涂），俘虏万户纳哈出。朱元璋也征募各种船只，改建战船和运输船，以装备他的水师。三月，朱元璋率兵攻取集庆路，改为应天府。沈万三并不知道朱元璋就是曾与他在破庙中有过一面之缘的朱重八，听闻红巾军南下和东进，沈万三便放弃了购买楼船的计划。

沈万三在三月下旬回到周庄。此时，各种准备运往海外的货物正在往周庄汇集，前一年年底动工修建的大仓库已基本完工，百多亩水

第六章 富贵险中求

田也在按农时耕种。还有，他的几个儿子全都进了私塾读书。当他知道这一切都是褚氏在打理后，心里莫名感动，对褚氏的感激之情油然而生。当天晚上，沈万三悄悄钻进褚氏的房间，在她进沈家两年后，沈万三与她有了夫妻之实。

那夜，沈万三觉得满身的疲惫都消弭殆尽，他四肢放松，感到自己不再孤独。他闭上眼睛想，一个商人靠跑单帮是无论如何也不会有大作为的，生意场上，很多时候都需要合作伙伴，还要有贵人相助；在家里也是一样，需要有贤内助。他甚至有了纳妾的想法。

到了四月，去泉州联系购买福船的人带回消息，购船事宜已谈妥，原本卖家要送船至沪上，因为江左和东海一带都在打仗，所以卖家最多只能把船开到福州洪塘，然后买家自己去那里交接。

沈万三立刻赶去福山港，从那里正在训练的水手中挑选出一百二十人，让他们随原陆家船队的几位船长去福州把新船领回来。然后他又安排伙计前往周庄，将货物分批运到福山和刘家港码头仓库。

安排好这些事情后，沈万三便进常熟城找张士德喝酒。他们去了名叫思蜀轩的酒家，二人心情都不错，开怀畅饮至微醺。沈万三要小解，便来到后院。这后院较宽敞，有一座小莲池，池中立着假山，池旁有几支不知名的花开得正艳，颇有几分雅致，但他寻不见茅厕。沈万三正踌躇间，忽然身后传来一声轻笑，他抬眼一看，是个十七八岁的女子，面容娇美，身姿婀娜，眼眸顾盼流转，巧笑嫣然。她知道沈万三在找什么，柔声道："客官看向左手边，需推门而入。"然后，又特意看了沈万三一眼，走了。

可就是她的这一回眸，便勾去了沈万三的神魂。一次不经意的相见，或许是宿命的必然。沈万三发现自己对这位女子一见钟情，在此后的一个多月里，他几乎天天光临思蜀轩。他知道了这位姑娘姓黎，是店老板的女儿，还待字闺中。她也知道了他叫沈富，是姑苏城的一个商人，久而久之，对他暗生情愫。她常躲过爹娘，偷偷去沈万三住的旅店与他幽会，他则一次次很大方地请一群人来思蜀轩吃喝应酬，目的是关照她家的生意。

是年五月底，沈万三购买的海船终于到了刘家港。他立刻赶往那里验收。泉州制造的海船自古就很有名，宋代徐梦莘在《三朝北盟会编》中记载："南方木性与水相宜，故海舟以福建为上，广东西船次之，昌、明船又次之。"其中，泉州的海船大且坚，抗风浪，耐远航。

沈万三的六艘船是当时最大的海船。据今人考证，沈万三的大船每艘全长二十八米六，宽十米六，可载六百人，总载量达二百吨。均三桅多帆，主桅高二十一米，既能充分利用风力，又能灵活变换受风方向，除去当头风，其他七面风都可利用。在茫茫大海中，风云变幻是寻常事，多帆则不必停船待风，可连续航行。船只的制造工艺也很精良，改平底为尖底。船舱隔板用十二厘米厚的杉木榫接而成，全船共有十二道隔舱板，分隔成十三个舱。船舷则为三层杉木板组成，结构坚固，两侧"缚大竹为橐以拒浪"，载人与货，"水不过橐"，既作为防船身碰撞之用，又是吃水线的标志。用鸟羽悬于桅顶以测风向，以铅锤测水深。大船上备有柴水船，即小艇。大船还配备了指南针以及航海图纹铜镜等。

新船令沈万三非常满意，也使他走向世界的信心倍增。不过，因没有经验，所以他决定先用一艘新船和陆家的两艘旧船做第一次航海贸易实践，目的地是日本本州。

六月，张士诚率主力占领常州路府治所（今江苏武进），挟江东叛将陈保二以水师攻润州，张士信在城内作内应。

在张士诚领兵西进之时，沈万三亲领商船向东。这一刻，他们谁也没有料到会遭遇同样失败的命运，折戟沉沙。

沈万三领海船从刘家港出发，入东海往东北驶往对马海峡。十多天后，商船接近对马岛。沈万三曾经海上追盗至此，尽管六七年过去了，

第六章　富贵险中求

但他对这一带还是有很深的印象。对马岛居中将朝鲜海峡分割为二，东水道称对马海峡，西水道仍称朝鲜海峡，主航道水很深，但岸线曲折，岬湾交错，暗礁密布，极不易航行。就在这段水域，商船遭遇了强雷雨袭击，又不便在峡口多停歇，于是沈万三下令冒雨穿越海峡。受西南风影响，他们原本计划穿过对马海峡，结果却驶向了朝鲜海峡。更糟糕的是，刚过海峡，商船又全都触礁。雷雨停后，船工们检查各自船只，新船未发现明显问题，因为新船的船舷木板是三层，即使有一层破损，也不会漏水，而且很容易用预先备好的木板替换。

然而，旧船禁不起这番磨损，船的左侧裂开几道长条口子，海水正汩汩往里灌。船长又清点了船工人数，竟发现有两人失踪。沈万三大惊失色，忙令再查。船损坏了还不是很打紧，只要把船上的货物转移到另两艘上去即可，但船工失踪，可是大事。大伙忙活了半天，船上各舱都一一查找了几遍，结果一无所获。有人建议沿来的路线在海里搜索，沈万三立刻让人把新船上的柴水船放下，往回搜索，两个多时辰后，搜寻者返回报告，未见失踪者的踪影。沈万三闻报，"咚"的一声跪在船头甲板上，猛地俯身将头叩在木板上，久久不肯起身。

但是事情已经发生，一切都无可挽回。因这次出海没有任命总火长，所以沈万三自己要承担主要责任，但现在还不是追责和自责的时候。他在船长和伙计的搀扶下站起来，下令尽快将旧船上的货物转移后弃船，然后让两艘满载的货船退向博多港（今福冈港）。

博多港位于日本九州西北的博多湾内，与高句丽的釜山隔海相望，是商贸繁盛之地。沈万三只好将船上的货物在这里处理掉。好在江南的丝绸制品、陶瓷和六安茶、龙井茶、天目茶在这里很走俏，货物很快销售一空。

按原计划，商船返回时，要带点外域货物回去，沈万三心情不佳，他不想花时间去挑选了。在即将离开博多港时，他突然想到了正在与元军作战的义军，于是决定给他们带点有用之物回去。他搜遍了福冈全城，买到两千余把倭刀，每把刀在福冈售价一千多文。

沈万三在日本做生意的这段时间，张士诚与朱元璋的关系进一步恶化。早在红巾军攻占集庆时，朱元璋就曾写信，并让杨宪亲自送给张士诚。在信中，他叙述道："东汉初年，隗嚣称雄，现在足下也在姑苏称王，事势相等，我十分为足下高兴。与邻邦保持友好，各自安守辖境，这是古人崇尚的美德，我心里自然也很认同。希望今后我们能够互通信使，不被谗言迷惑，致使发生边界纠纷。"张士诚收到朱元璋的信后，不仅没有回信，还扣留了杨宪。

朱元璋见状很生气，在张士诚攻打常州、润州时，他也出兵东进。张士诚虽然拿下了这两个要地，但润州很快就被朱元璋夺去。张士诚只得退守常州，同时派兵攻打宜兴，朱元璋的部将耿君用在与张士诚争夺宜兴时战死，宜兴落入张士诚手中。因宜兴距离红巾军占领的溧阳很近，所以朱元璋便命令溧阳的红巾军和正在攻打常州城的徐达所部各抽调一支人马增援宜兴。

张士诚在不知道朱元璋要增兵宜兴的情况下，担心常州守不住，于是从宜兴分兵去增援常州。徐达闻报，在离常州城十八里的地方设伏，大败张士诚的援军，俘获其两员大将。宜兴因分兵后实力大减，结果被廖永安攻取。张士诚丢了宜兴，也未解常州之困。

迫于无奈，是年十月，张士诚派孙君寿前去向朱元璋求和，表示愿意和解。朱元璋一方提出的和谈条件是每年向红巾军运送二十万石粮食、五百两黄金、三百斤白银。

朱元璋在给张士诚的复信中又提出，让张士诚把被他扣留的将领杨宪放回，并且每年运送五十万石粮食至应天府。张士诚见朱元璋狮子大开口，便不予理睬。

没有得到张士诚的答复，十一月，朱元璋派汤和率两万精兵前往常州助攻，次年三月常州被红巾军攻克。张士诚这次出兵西进，不仅没有占据润州、常州，反而弄丢了自己的地盘，损兵折将而归。

第四节 南进北上，双管齐下

沈万三第一次出海探寻商路，付出了惨痛代价。一船二命的惨痛损失，给他留下刻骨之痛。他并没有气馁，反而越挫越勇，反思失败，吸取教训后，他决定全面规整商贸船队，按水师的标准严格管理；同时，对筹集货物的每个细节都严格监管。

然而，当时的局势急转直下。至正十七年（1357年）二月，继攻占宜兴之后，红巾军将领耿炳文率兵又拿下长兴；三月，徐达所部攻克常州；五月，张鉴、何文政攻下泰兴；六月，赵继祖等人攻克江阴。至此，周王张士诚的地盘仅剩下姑苏城及以南地区，北面仅剩常熟。更严峻的是，朱元璋并没有就此罢手，兵锋直指张士德占据的常熟，派出了红巾军第一战将徐达攻城。张士德可谓智勇双全，他坚守城池不出。徐达于是派奸细潜入城，散布谣言说姑苏城被围，周王张士诚命在旦夕。张士德无法验证消息真假，因救人心切，所以急率一队人马出城，结果中了徐达的埋伏。张士德逃跑时，因马受惊，本人连同马匹皆被徐达擒获。徐达随即将张士德押解至朱元璋的大本营应天府。

张士德被擒后，张士诚大为沮丧。朱元璋扣留张士德，用他交换杨宪，并招降张士诚。张士诚于是答应了朱元璋之前提出的和谈条件，并让沈万三筹集金银和粮食。沈万三准备妥当后，拿着张士诚的书信，又带上黄金、翡翠、玛瑙、珊瑚等赶去应天府，希望能将张士德赎回。

可谁知朱元璋改了主意，打下张士诚那么多地盘，他都不肯答应和谈条件，而一个张士德竟然能让江左富豪沈万三花大价钱来赎，那就更不能轻易将张士德放回去了。不但如此，他还派人极力游说沈万三，说张士诚不过是个苟且富贵的"自守虏"，不出十年，一定为红巾军所擒！朱元璋上应天命，下安黎民，正需要沈万三这样的经营奇才，若二人联合，一定能成就帝业！沈万三犹豫再三，最终没有答应。

沈万三买通狱吏，和张士德见了一面，二人在狱中抱头痛哭。张士德获知了朱元璋的真实意图，于是给大哥写去一封信，告知他：坚决不妥协，宁可投降元军，同灭朱元璋。之后，他在牢中绝食而死。

张士诚闻讯后悲愤万分。这时的大周军面临严峻形势，南有投降了元朝廷的方国珍步步紧逼，西有朱元璋大举进攻，最终他接受江浙行省右丞相达识帖木儿的"劝告"，投降元朝廷，当起元廷的"太尉"来。降元后，朝廷默许他和以前一样拥有军队、土地，但是每年要从海路输送十一万石粮食至大都。张士诚的降元举动让他的队伍中出现激烈动荡，那些一心反元的成员纷纷离他而去。

这时的沈万三也是丈二和尚摸不着头脑，如果说张士诚举兵反元是义举，他全力资助算是行义的话，那么他现在还要不要继续资助张士诚？如果资助，还算不算行义之举？他为此纠结了很久。

这个时候，发生了两件事情，促使沈万三作出了选择。达识帖木儿在杭州与将领杨完者有矛盾，他与张士信合谋，私下召来张士诚的军队准备干掉杨完者。张士诚知道后，不仅不阻止，还派史文炳偷袭，杀了杨完者，占据了杭州。也就是说，张士诚降元只是权宜之计。

另一件事情则是张士信给他带来的一份惊喜。一年多前，张士信与长兄张士诚攻占常州路之初的一天早晨，有个女孩从润州逃到常州，请求张士信庇护。张士信吃了一惊，经询问方知这个女孩就是无锡富户朱家的大小姐朱丽娘，她曾经被人拐卖到集庆，是他和沈万三一起把她解救回家的。张士信疑惑地问："朱姑娘怎知来常州找我？"

朱姑娘说："红巾军攻占润州时，爹娘正在与官府衙门的一个贵

第六章　富贵险中求

族官员谈事，结果和那个官员一起被红巾军抓了，他们扬言要杀头。爹娘设法让我独自逃出来，我本想逃往姑苏城去找恩人，但到了常州后，才知道往姑苏的水路被封了。我又听说占领常州的义军是张将军，我便来碰碰运气，希望张将军能将我带去姑苏城，找到恩人沈富。"

张士信本是贪财好色之人，他对朱姑娘也有几分喜欢。听罢，说道："朱姑娘何必冒险去姑苏呢，不如就跟着本帅，本帅定能保朱姑娘万事周全。"

哪知朱姑娘神色一凛，说道："我相信张将军一定不会苛待小女子，但我已发誓，务必要找到恩人。张将军如果不愿帮这个忙，我只能告辞了。"

张士信与沈万三交情匪浅，他转念想，不能乘人之危，强占了朱姑娘。于是，在常州城陷之前，他将朱姑娘带到姑苏城里，安置在姑苏驿馆。张士诚降元后，张士信即被派往嘉兴任职，未能与沈万三谋面。直到沈万三在嘉兴筹粮时，二人才得以见面，沈万三也就知道了朱丽娘投奔之事。

得到这个讯息，沈万三立刻从嘉兴赶回姑苏城，来到朱丽娘暂住的姑苏驿馆。当见到沈万三向她走过来时，朱丽娘像受惊的小鸟一般飞扑过去，轻轻伏在他的肩上，哭得梨花带雨。她楚楚动人的模样让人怜惜，她哭诉的遭遇更让人动容。一位富家千金，因为战乱不仅变得一无所有，还先后失去双亲，现在独自一人无处安身。沈万三一边轻抚着她，一边安慰道："现在好了，有我沈富在就不会让你再孤单，也不会让你再吃苦漂泊。"沈万三为朱丽娘在姑苏置办了一间房子，金屋藏娇。

他安顿好朱丽娘后，又去见张士诚。他向这位新任太尉请缨，愿意承担一半漕粮的筹集和运送任务。不过，他要求官府提供至少三十只平底船。张士诚二话没说，满口答应。

沈万三为何只愿意承担一半任务呢？一是他担心自己筹不到十一万石粮食，因朱元璋东进，江左的不少富庶之地被红巾军占领，筹粮难度加大；二是他想试探官府对此事的态度。近两年，江浙行省北运的漕粮不及以前的十分之一，朝廷如果仍不重视的话，他便就此放手不做了。

至正十八年（1358年）七月初，在福山港码头，装载五万余石粮食的漕运船队准备起航。这是一个阴雨天，浓雾锁江，四处白茫茫一片。江岸微风轻拂，细雨淅淅沥沥飘洒下来，沈万三的脸上愁云密布。这是他第一次独立组织漕运，心里多少有些不踏实。

这时，一群官员走过来，最前面是张士信，紧随其后的是平江路新到任的总辖官苏日勒和克、万户府的字日帖赤那，还有总管府副总管及两个千户。他们的到来，让沈万三即刻收起脸上的阴霾。这些官员一齐出动，来督导这样一次规模不大的漕粮起运，足见官府的重视程度。

沈万三心里有了底，第二年就继续"奉诏运粮"，并包揽江左全部的漕粮运输，并一直持续到至正二十三年（1363年），在把持漕运的这五年里，他早已赚得盆满钵满。

在这次漕粮起运后半月，沈万三又亲率远海商贸船队从刘家港出发，向南驶向茫茫无际的大海，这次出海的预定目的地是红海东岸的阿拉伯半岛。六艘福船全都满载货物，主要有丝绸锦缎、茶叶、陶器、工艺品四大类。这次船队的组织非常严密，从总火长、船长到大工、碇手、亚班、工社等，每人的分工都非常明确，大家各司其职，又相互配合，一路上乘风破浪，一帆风顺。

船队经过东南亚半岛和菲律宾群岛，再向西穿越马六甲海峡，入印度洋后横渡到达波斯湾、阿拉伯海、红海。船队沿途到达地方有马八儿、须门那、僧急里、马兰丹、占城、爪哇、真腊等国，每到一地，沈万三卖掉一些货品后，又会购置国内稀罕的海外物品，如香料、珠玑、翠羽、犀角、玳瑁、琉璃、镶宝石的金银首饰等。只要是有利可图的商品，他都尽量搜罗。

沈万三就此开始了"竞以求富为务"的对外贸易活动，往后近十年，

第六章　富贵险中求

他每年都会派商贸船队出海。不过，他自己并不是每次都亲自去。在此之后，他只亲自主持过两次海外贸易，一次是去日本、高句丽及琉球，一次是去更远的东欧和非洲东海岸。

因商船带回的洋货大都比较金贵，普通百姓消费不起，沈万三便将生意沿长江两岸向西扩展。那些地方虽然还处在战火中，但对物资的需要更急迫。尤其是蒙古军和官僚贵族，他们对一些高档品很是偏爱，这使沈万三的冒险更易得到高回报。明人孙迩在笔记史料《云蕉馆纪谈》中说，沈万三"尝为海贾，奔走徽、池、宁、太、常、镇富豪间，辗转贸易，致金数百万，因以显富"。

沈万三做海外生意，也带动了江左地方的经济发展。张士诚在此后数年间，借势扩张地盘，据地两千余里，北逾江淮，西至濠泗，东达至海，南连江浙，俨然江南一国。沈万三充分利用这片富庶之地发展事业，建立起自己的商业王国。仅丝绸布帛而言，他建立了以苏州、湖州、临安、嘉兴、松江为中心的种桑、养蚕、缫丝、织染生产链和丝绸产区，并辐射常州、润州、维扬等地。沈家在周庄也是"产益广、赀益饶"。当时流行三首民谣：

朱张死去十年过，海寇凋零海贾多，南风六月到岸酒，花股篙丁奈乐何。

琉球真腊接阇婆，日本辰韩濊貊倭，番船去时遣碇石，年年到处海无波。

熏陆胡椒腽肭脐，明珠象齿骇鸡犀，世间莫作珍奇看，解使英雄价尽低。

平地起高楼

第七章

第一节 观前修大街

在张士诚率部进入姑苏城之初,全城人心惶惶,私下传言说,张士诚的军队肆意抢掠财物,奸淫妇女;而且张士诚杀人如麻,嗜喝人血。一些权贵带着家眷与金银细软逃走,百姓也纷纷奔逃出城,商家关门,房子、铺店不惜亏本待沽。

但沈万三觉得张士诚和他的义军不至于像传言中那样凶残无道,他相信这个贫苦盐民出身的首领不可能任意欺压平民百姓。加上他在与张士德交往的过程中,发现他们都是善良、讲义气的侠士,他自己进姑苏城与张士城第一次见面,就认定张士诚是英雄豪杰,跟着他干,定能成就一番事业。

于是,沈万三让城内的几家"陆记"行铺继续营业,并把陆大小姐接回来打理生意。然后,他围着姑苏城转了一圈,想把待沽的万元酒楼、汇元钱庄、利民粮油店等店铺买下来,然后将它们改头换面。

陆大小姐不安地问:"时局动荡,商贾避祸唯恐不及,你却反其道而行之。你确定要买吗?"

第七章 平地起高楼

沈万三却胸有成竹地回答:"机不可失,要买。所谓商机,就是一旦发现买卖时机,则学古代商圣'趋时若猛兽鸷鸟之发',当机立断,才能与时仰俯,获得大利。"

看着沈万三兴奋不已、自信满满的样子,陆大小姐不忍心说丧气话,她相信沈万三的眼光是很独到的。"既然大掌柜已作出决定,若劝无益。你要把所有环节都想好,既要有成事的决心,也要做好承受失败的心理准备。"这样,城内二十几家商铺陆续被沈万三纳入囊中。

这时,张士诚派人来传话,大周朝初立,需要资财,请沈老板指点生财之道。他的话很明显是暗示沈万三拿钱为大周出力。可这需要多少钱?沈万三就算是金身,也承担不起这巨资呀,怎么办?

沈万三思来想去,他虽出不起这么多钱,但可出主意,他建议张士诚自己铸钱。沈万三对张士诚说:"钱是权力的附庸品,有支配金钱的能力,也就有了钱。"张士诚认为他的主意不错,马上决定铸铜钱,并以大周朝廷名义下旨,派出几批人四处搜集废铜旧锡以铸钱。不久,不仅民间的各种铜制品被搜刮一空,很多寺庙的铜佛像也被毁掉。经过一番折腾,至正十七年(1357年)初,张士诚的大周"天佑通宝"在江左地区作为法定货币开始流通。"天佑通宝"有小平、折二、折三、折五四等钱值,背以篆书记值,正面则一律书以秀丽端庄的楷体"天佑通宝"四字。

创业之初,百废待兴。张士诚采取了一系列政治、经济措施,使百姓"有土有财,既富且教"。他把北园两片荒地全部种上粮食作物,并减免当地农民一年的赋税。沈万三也一道出钱出力,全力安顿百姓,扶持农桑。

然而,张士诚的王位还没有坐稳,就遭到来自西面红巾军的猛烈攻击,南面的方国珍和元军也趁势向张士诚逼压过来,以致大周军"步骑不敢出……舟师不敢溯大江"。张士诚不得不派人到元朝江浙行省御史台中丞海牙那里去请降,行省左丞相达识帖木儿获知,派出参知政事周伯琦到姑苏城对张士诚大加"抚谕",张士诚表示甘心向元朝称臣。朝廷封张士诚太尉一职,准许他继续保留原来的军队。

因此,很多人还没有来得及认识大周的"天佑通宝"是何物,它就变成了纪念货币,成为赏玩物件。张士诚也由高举义旗的周王变为了元朝廷的太尉。

沈万三不善政治,想破了脑袋都没想通为什么会这样。但是,商则告诉他,只要张士诚的"势"还在,就可借势赚钱。接下来的形势正如他所料,张士诚在元朝廷的扶助下占据了江左大片富庶之地,沈万三借势在这片土地上建立起了自己的商业王国。正因如此,他于至正十九年(1359年)为张士诚立了一块纪功碑,名为陵平造像碑。此碑置于北寺塔脚下一高亭内。碑文刻的是张士诚迎接元使伯颜的场景,其画面自上而下可分四层:第一层,在缭绕的祥云中,并肩站着十二人,身后有华盖七顶;第二层为重檐歇山顶正殿,殿前有月台,殿后旗幡招展,殿中三人面南端坐,中为王者,两旁为大臣,另有东西两楹列案,置壶觞肴核,各坐二人,又有两掖,也各坐二人;第三层,东西配殿中各坐三人,殿前月台围以石栏,有甬道通正殿,置一巨瓶,内插珍宝;第四层,月台前一马盘旋起舞,众多武士披坚执锐,持旌牵马,威武雄壮。

据记载,此碑琢工精细,构图严谨,从图文所展示的情境中足见立碑者的良苦用心。但据说张士诚兵败后,沈万三惧怕惹祸,遂磨去了碑额题字。

在姑苏古城中心有一条叫"王府基"的小巷,后世称作"皇废基",这里是张士诚王宫所在地。王宫北面隔一条热闹的街市,有一座宏大庙宇,名"玄妙观"。沈万三每次去王宫都刻意从玄妙观前路过,而每次走过玄妙观都能唤起他少年时代的回忆。曾几何时,他在观前廊柱下露宿一夜,做了个奇怪的梦。梦中,饥肠辘辘的他说他日成为有

第七章 平地起高楼

钱人要把玄妙观前的这条街全买下来。一晃十余年过去了,他想该是实现梦想的时候了。

能准确地预测生财,这是商贾永不干涸的生财源泉,也是经商者必备的能力之一。精明的商贾都懂得"人弃我取,人取我弃"的经商法则,在姑苏城的房屋、商铺和货价一个劲往下跌,有的已远远低于成本价却仍无人问津时,沈万三审慎地分析了大环境的有利因素,认为张士诚的大周会大力扶助他,并准确预见张士诚会受元军和朱元璋的双重牵制,姑苏城内会成为比较安全的地方。沈万三凭借敏锐的观察力和准确的判断力,不仅使原来的"陆记"商铺坚守在城里,还鼓动葛德昭买下了汇元钱庄和利民粮油店。后来,葛德昭自己又开了一家名为"十八缸"的酒坊。

又经过一段时间的细心观察,沈万三发现,玄妙观处于苏州古城中心,香火旺盛,香客往来如云,观前日常聚集着大量商贩、艺伶,使得观前的这条街道显得十分狭窄,经常拥堵。他想,如果把观前小街巷向两边扩展,以石板铺为街路,然后在街道两边修建商铺以兴商贸,既方便行人车马,又可招徕生意,岂不是一件大好事?

沈万三做了一个简单的规划,马上就开始行动。他几乎不做选择地买下了玄妙观前街的所有商铺,又从润州句容的句曲山上运来了茅山石,铺平了观前的街道。茅山石被人们称为"水石",色泽与修桥之石相异,又与古城的原有风貌相宜,街道铺成后,神韵毕现。然后,他又在街道两边修建了大小各异的商铺。这些商铺看上去像民居,使街道保留了姑苏城精妙绝伦的水陆并行双棋盘格局,而且不同于其他商业化的街道,这里多了些超凡脱俗的香火气息。

观前街竣工之日,街上人流如织,众人无不夸赞沈万三的胆识与气魄。陆家大小姐也毫不掩饰她的欣赏之意:"真是春风人情会做生意。"沈万三谦虚地笑了笑说:"君子生财,取之有道。这样的好事我不做，也总会有人做，我只不过一想到就动手做了。"

从商业的角度看，观前街布局合理，看重稳定客流，且有坊有铺，有些坊中也包括了店铺。沈万三把建成的店铺一部分租赁给客商，一部分留给自己做生意，庙宇旁的乐坊还可以供四面八方的客人前来娱乐休闲。多重措施下，他修建街道和商铺的本钱一两年就能赚回来。

沈万三还垄断了城内粮食和食盐销售。泰州三十六个盐场，只有两个由元朝廷控制，其余皆由张士诚掌控，实际上由沈万三经营。粮食主要产区，如苏州、湖州、嘉兴、常州的春夏粮食都由沈万三购销。并且，他将丝绸行、珠宝行、瓷器店等改建成临街铺面，形成夹街店肆格局，使封闭的市坊有了新突破。

不久，沈万三资助张士诚修建了姑苏盘门水陆城门，陆城门分内外两重，内外两道城垣构成长约二十米的方形瓮城，这是一座适应水乡城市的城堡建筑。然后，张士诚又在姑苏西城墙上增置月城，在城墙外、面对集庆方向的地方修筑了高台，用于军事瞭望。

张士诚虽是贫苦盐民出身，但占据姑苏城两三年后，就开始"遽自晏安，耽于逸乐"，想尽办法敛财，修建亭台楼阁。沈万三不得已成为"冤大头"，建楼阁大多是他买单。在沈万三和另外两个大财主的资助下，张士诚扩建了前代的景云楼、齐云楼。景云楼富丽堂皇，宏伟高大，有半个北塔寺那么高。站在楼上眺望，姑苏全城的景致尽收眼底。

然而，张士诚仍觉得两座楼与他的身份不配，他学吴王夫差，特意建造了香桐和芳惠两座楼阁。姑苏城也因此有了一条"桐芳巷"。后来，他又在阊门海岛里营造了专门的后宫，里面住着他的娇妻爱妾。为了往来方便，他开锦帆泾，使锦舟畅行无阻。锦舟皆用锦绣绢绸做帆，他常常携众多美女姬妾，乘锦舟嬉乐。

不过，张士诚从不欺压老百姓，甚至还为所辖地区的百姓做了许多好事，因此他在民间的口碑很好，并很有影响力。

第二节　周庄建华堂——大业堂

沈万三依靠张士诚的势力垄断了江左漕运、长江下游地区食盐经销，又把丝绸、瓷器、茶叶等生意做到了东南亚和北非、东欧等地。周庄作为货品存放中转地，成为沈万三苦心经营的最重要的储存周转基地。

至正十九年（1359年）一个寒冷的冬日，沈万三乘坐自家的船去刘家港，船行至吴淞江，远远看见一人在吴淞江上钓鱼。隆冬天气，竟然有人有这般雅兴，他觉得奇怪，便将船靠上岸去看。只见一位老道，"龟形鹤背，大耳圆目，须髯如戟"。原来，这位老道正是他几年前在甪直陆府内遇见的那位神秘"老神仙"张三丰。

沈万三大惊，不想自己会有如此偶遇，赶紧拜倒在地，称张三丰为祖师，然后诚心求教。张三丰知沈万三心性还未收敛，暂时不想收他为真传弟子，于是对他说道："你希慕大道，须弃功名，薄势利。你现在正不遗余力地追逐名利，就好比一架疾驰的马车，世上没人能让它顷刻停下，即使能，也会车毁人亡。"

沈万三虔诚地说："我真心想闻祖师传授道法，虽尚不能悟得大道真谛，但请祖师初引入门。"

张三丰神色肃然，沉思片刻，说道："我虽然不敢妄自泄露真传，但也不想缄默不谈道法。我已知晓你的真心，自当教给你一种实用之术。"张三丰所说的实用之术就是后世传言的"炼金术"。

沈万三如获至宝，回到周庄后便建了一座炼金坊。然后，他派人四处收集配方上的药物矿石，开炉炼金。可是，他按祖师所传方法整整炼了七七四十九天，结果在开炉时，熊熊大火不仅烧毁了炼金炉，整个炼金坊也化为灰烬。

沈万三苦笑一声，顿时明白，世上本无炼金术，祖师张三丰传授给他的或许只是资金积累之法。因此，在财富成倍增长之后，他把一部分钱用于扩大生产规模。他在周庄添置了几百亩田地，雇了上百个长工，又购置了十几艘货船，船队的雇员近千人。沈家船队从周庄急水江出发，有的沿京杭大运河北上经商，有的向东南出海贸易。优越便利的交通使得沈万三的船只奔行于内地和国外各大商贸城市之间。

由于内外贸易兼行，有巨量商品物流与庞大船队来往，沈万三迫切需要一个水域宽广、交通便利的地方作为扩张贸易的基地。周庄北边的急水江水面开阔，西连白蚬江，通京杭大运河、太湖，并远及长江中下游的徽、池、宁、太、常、镇诸地区，东经淀山湖通吴淞江，直达太仓，还可以直接出海。最重要的是，急水港周庄段串联起多个湖泊，水天浩瀚，可以停泊沈万三的庞大船队，便于巨量物资进出。为了更方便运输，沈万三把银子浜房前的那条小河挖宽掏深，使之能供较大的货船通行。沈宅门前大小船只的往来极其频繁，各种信息、报告、决断、指令、契约、银两都从这里进出，但往来人丁大多缄口不言，行色匆匆。这里显然已成为走私贩运的集散地。

中国人讲究藏富，太显露怕会遭遇不测。沈万三不以为意，在周庄添置田地后，又建豪宅，造园林，修仓库。一方面是子承父业，光耀门楣；而另一方面则是为了异地贩运，拓展其商业版图。

但是，无论是正史还是沈万三后人的祭文，都从未提及他经商的事迹。明代卢充耘在《故沈伯熙墓志铭有序》中称"其先世以躬稼起家。曾大父祐，由南浔徙长洲，见其地沃衍宜耕，因居焉。大父富，嗣业弗替，尝身帅其子弟力穑事……"明代翰林刘三吾在《故吴兴处士沈汉杰墓志铭》中也写道："祐始徙苏之长洲之东蔡村……时人以汙莱之地归之，

第七章 平地起高楼

祐躬率子弟服劳,粪治有方,潴泄有法,由是致富。"从两段简短的文字中可看出,其后人把沈万三成为巨富的原因归结为沈家从沈祐开始置田添产。从未言及经商,可能是因为受传统价值观影响,不愿把这位巨富先辈纳入"商末"之流。不过,这些记载也证实了沈万三在周庄置有大量田地和房产。他拥有巨资后,一方面继续辟建宅院,另一方面把周庄建成了商品贸易和流通的基地,把江浙一带的丝绸、陶瓷、粮食和手工业制品等从这里运往外地,开始了他大胆"竞以求富为务"的对外贸易活动,使自己迅速成为"资巨万万,田产遍于天下"的江南第一豪富。沈万三将贸易赚下的一部分钱购置田产,另一部分钱作为经商的资本。实际上,沈万三以垦殖为根本,分财以扩张资本,大胆通番,一跃成为巨富。

沈万三曾经对母亲王氏说过,要把周庄老宅与银子浜连为一体,当时他母亲以为他是异想天开,可不到十年,沈万三就把沈家在周庄的住宅扩建成了东西两个院落。东院是他父亲沈祐迁至周庄不久后修建的老住宅,西院便是沈万三发家之初建造的新宅。这所院落共有五个院子,结构紧凑,前后呼应。他还修了大小桥梁十余座、仓库九座、园亭四座,从老宅一直延伸到银子浜。当然,最引人注目的是他修建的周庄第一华堂——宝海楼。

在修宝海楼之前,沈万三的弟弟沈贵听说哥哥要耗巨资建楼,特地从他居住的黄墩赶回周庄,规劝哥哥说:"建造富丽堂皇的豪宅供自己享受,会招人嫉恨。炫耀财富的人,容易树大招风,最后惹祸上身。与其用那么多钱修豪宅,不如替乡里多做好事。现今镇子里的有座总管桥坍塌了,你出钱修缮,乡亲们念及你的好,留个好名声,比自己贪图享受更有益处。"

沈万三看了弟弟一眼,冷冷地说:"我已为乡里修造了好几座桥,难道每座桥都要我出钱修吗?你要好名声,怎么不自己拿钱出来修呢？"沈贵听了无言以对，气冲冲地走了。

沈万三比照镇上房舍的特点，历时三年设计建造了自己的园林住宅。这座豪宅仍旧坐落在银子浜，占地总面积达六十亩，最外层是七百二十丈周长的正方形墙垣，与普通墙垣不同的是整个墙垣由内外三层组成。明代学者孔迩在其所著的《云蕉馆纪谈》中记载："山既富，筑垣，周回七百二十步，垣上起三层，外层高六尺，中层高三尺，内层再高三尺，阔并六尺。垣上植四时艳冶之花，春则丽春、玉簪，夏则山矾、石菊，秋则芙蓉、水仙，冬则香兰、金盏，每及时花开，远望之如锦，号曰绣垣。垣十步一亭，亭以美石香木为之，花开则饰以彩帛，悬以珍珠。山尝携杯挟妓游观于上，周旋递饮，乐以终日。时人谓之磨饮垣。外以竹为屏障，下有田数十顷，凿渠引水，种秫以供酒需。垣内起看墙高出里垣之上，以粉涂之，绘珍禽奇兽之状，杂隐于花间。墙之里四面累石为山，内为池山，莳花卉池养金鱼，池内起四通八达之楼，面山瞰鱼，四面削石成桥，飞青染绿，俨若仙区胜境。矮形飞檐接翼，制极精巧。楼之内又一楼居中，号曰宝海，诸珍异皆在焉。山间居则必处此以自娱，楼之下为温室，中置一床，制度不与凡等。前为秉烛轩，何取？何不秉烛游之义也。轩之外皆宝石，栏杆中设销金九朵云帐，四角悬琉璃灯，后置百谐卓，义取百年偕老也。前可容歌姬舞女十数。轩后两落有桥，东曰日升，西曰金明，所以通洞房者。桥之中为青箱，乃置衣之处，夹两桥而长与前后齐者，为翼寝妾婢之所居也。后正寝曰春宵涧，取春宵一刻值千金之义，以貂鼠为褥，蜀锦为衾，氍绡为帐，用极一时之奢侈。"可以想见，宝海楼是怎样的豪奢华丽。

不过，这座宝海楼最初称为"大业堂"。现存的周庄"沈厅"是清朝的沈本仁在大业堂基础上改建的，起名"敬业堂"。既然敬业堂是由大业堂拓展而来，那么也就可由敬业堂推想出大业堂的大致模样。

敬业堂位于周庄富安桥东堍南侧的南市街上,坐东朝西,七进五门楼,大小房屋共有一百多间,分布在一百米长的中轴线两旁,占地两千多平方米。敬业堂整体建筑风格集中体现了江南水乡的特点,构筑起了"轿从门前进,船自家中过"、弯曲勾连的水景,章法参差,尽显礼乐韵致。

沈万三发家之初,扩修了周庄的房舍,即故居;而后重点建设银子浜,将大业堂作为沈家的商务中心。现今人们所见到的周庄依然保留着元末明初的一些特色:依河成街,桥街相连,高墙深巷,水阁飞檐,河埠廊坊,过街骑楼,穿竹石栏,临河水阁,一派古朴幽静。人们认为,周庄"以村落而辟为镇,实为沈万三父子之功"。

第三节 九娘楼

在至正十八年(1358年),朱元璋占据了江左、浙右的大片富裕之地后,被小明王韩林儿授为江南等处行省平章政事。其时,朱元璋拥有十万大军,但处境仍不容乐观,其东面和南面是元军,东南是张士诚,西面还有徐寿辉。虽然同是反元武装,但张、徐二人同小明王互相仇视,算不上友军。朱元璋只得一边与张士诚争地,一边抵挡徐寿辉东进。

或许是老天特别关照朱元璋,关键时刻徐寿辉的内部发生叛乱。先是徐寿辉麾下大将倪文俊谋害徐寿辉未成,逃奔黄州,投奔了自己的原部下陈友谅。陈友谅又是野心勃勃之人,他乘机杀死倪文俊,并于至正十九年(1359年)底挟持徐寿辉,攻占了宁靖、采石(朱元璋此时已占领此地)。陈友谅认为应天也唾手可得,于是又杀了徐寿辉,在采石称帝,定国号为汉,改元大义。如此,原本占据应天的朱元璋面对的大敌就变成了陈友谅。

　　至正二十年（1360年），朱元璋把刘基请至应天担任谋臣。刘基针对当时的形势，向朱元璋提出避免两线作战、各个击破的策略。朱元璋接受刘基的建议，乘北面小明王、刘福通的红巾军主力牵制元军之有利时机，先将兵锋指向西面的陈友谅。

　　张士诚见朱元璋的主力都去对付陈友谅了，便借助元军的力量，收复了江左的大部分失地，然后又向南、北扩张。张士诚本无大志，他举兵起事也只是想成为一方霸主，过几天舒心快乐的日子，因此在轻松得到富庶之地后，他就感到心满意足了。陈友谅邀他一起攻打应天，他置之不理，而是在姑苏城内乐享安逸，整日歌舞升平。

　　常熟被张士诚收复后，沈万三想起一个人——思蜀轩的黎姑娘，于是专程去常熟寻她。思蜀轩酒家还在，但听说黎姑娘很快就要出嫁了，沈万三着急起来。他急忙去找准备娶黎姑娘的关财主，他对关财主说："黎姑娘在两年多前就与我私订终身，我们已有了夫妻之实，你关家还能娶她吗？"

　　关财主一听气得火冒三丈，大骂思蜀轩的黎老板不厚道，叫嚷着要退婚。沈万三又对他说："娶黎姑娘是关家提出来的，怪不得黎老板。不过，关家在此地也是有头有脸的人家，事情传出去总归于声名有损。不如这样，关家的聘礼我如数赔你。对外你就托词，因为战乱，关家想照顾黎老板即将倒闭的酒家，所以才说要娶黎姑娘，现在常熟光复，黎老板的生意渐好，至于黎姑娘，关家就不娶了。"

　　关财主知道自己得罪不起沈万三，既然他给面子，不买账肯定说不过去，只得忍气收了沈万三赔付的五百两银子，放弃迎娶黎姑娘。

　　沈万三说通关家后，才去向黎老板正式提亲。黎老板知道沈万三年轻有为，是一方豪富，自然是一万个愿意。黎姑娘却恨沈万三别有用心，她质问沈万三："你坏我名声，是何居心？"

第七章 平地起高楼

沈万三忙给黎姑娘赔礼道歉："是我错了。我是真心喜欢姑娘，不舍得你嫁与他人。我要娶你。"

黎姑娘说："你说喜欢我，那这两年怎么看不见你？思蜀轩经营困难，我全家人衣食堪忧的时候，你在哪里？如今你突然出现说要娶我，谁能相信你是真心的？"她说着，眼泪扑簌簌地掉下来。

沈万三忙不迭地解释："这几年，我一直海内外跑生意，的确没有照顾你们，但我心里是时刻想着你的。我今日专程来常熟就是为了你。"

黎姑娘早知道沈万三已娶妻生子，自己嫁过去，也只能做妾，她幽怨地说："我虽不是什么名门闺秀，但也不能不声不响地随便嫁人。你要娶就明媒正娶，哪怕是做妾，这喜事也要风光大办。"

沈万三当即应承下来，回周庄就开始做准备。三天后，沈万三结十里彩绸，请三班鼓乐，迎娶黎姑娘。婚典安排在银子浜大业堂举行，热闹的场景让褚氏及乡里众人羡慕不已。褚氏到沈家好几年，别说是办婚礼，就连让他给自己一个身份，他也是一百个不情愿。银子浜的大事小情，褚氏都出过大力，她能干、勤劳，能力十分出众。羡慕归羡慕，她是绝对守本分的，多做事少说话，她自己是什么身份不重要，只要沈万三能视儿子沈金为己出，她就心满意足了。当然，新娶的黎氏人品也很不错，知书达礼，生性活泼，又温柔体贴，据说还烧得一手好菜。

沈万三在周庄风光纳妾，消息很快传到了姑苏城，这下他又遇到了大麻烦。要知道，在姑苏城还有两个大问题需要他解决：一是陆大小姐，他到底是迎娶还是入赘，依然需要一个决断和说法，陆大小姐已经待字闺中多年，并且属意于他；二是他在城里还有金屋藏娇的朱丽娘，这件事情也很棘手，因为朱丽娘已经为他生了个女儿，取名沈线阳。朱丽娘生了女儿后，便找来自己的一个同乡李氏照料。糟糕的是，沈万三与李氏也有关系，现今李氏已是大腹便便，后来生下沈万三第四子沈春鸿。

按理说，沈万三已是一方豪富，让这些妻妾儿女过上豪奢生活也毫无问题。只是这几个女人在沈家如何排位，他自己也搞不清楚。最纠结的当是如何对待陆大小姐。且不说他与她有十余年的交情，也不说他的发迹与陆家有莫大关系，只说陆道源舍得把自己的独女托付给他照顾，单凭这份信任，他就应该给陆大小姐一个合情合理的交代。

经过反复思量之后，沈万三打算就在姑苏城与陆大小姐成婚，至于是入赘还是迎娶，不必再纠结。陆大小姐在心里也早已把沈万三当成了自己的相公，只是要顾及陆、沈两家的名声，"例行公事"而已。

当沈万三提出完婚时，陆大小姐对他说："对婚事，我从未想过大操大办，但在城里结婚，你的那些朋友肯定会来道贺，难免会搞出些动静。周王自据姑苏以来，日益骄纵，仿效当年的吴王建楼馆，纳美人，整日享乐，奢侈无度。他所建馆舍楼台全都是几个新生富豪资助的。我担心你与他们同流合污，浸染了奢靡之气。我虽然出生于富贵人家，但从小受爹娘教诲，敦崇俭朴，犹恐习奢。爹娘拥有财富巨万，却一个素食信佛，一个隐身修道，真正视名利如粪土。我不奢求你能像爹娘一样看轻名利，但我希望我俩能找一个比姑苏清净的地方安安稳稳成个新家。你怎么对待其他妻儿我不管，我们也都不必再为名分烦恼。"陆大小姐说着将头轻轻靠在沈万三肩上。

沈万三听了陆大小姐这番肺腑之言，甚为感动，沉思良久后说道："大小姐的高远境界，令我望尘莫及，也使我受益匪浅。我会在合适的时机考虑进退。"说着，他一把将她揽入怀中，"眼下要紧的是寻觅一个好地方筑我们的新巢。"

随后，沈万三经过一段时间仔细勘选，终于找到一个他认为安置新家的不二之选——吴江盛泽。他选择这里的理由有三：其一，师父陆道源经商从汾湖迈出的第一步正是盛泽，师父曾在这里做蚕丝生意，现今师父去世，在此建楼可作纪念；其二，盛泽距离陆大小姐娘亲所

第七章 平地起高楼

建佛堂的汾湖很近,距离周庄也不太远,在此安家,既不算他入赘陆家,也不属她嫁到沈家,可算是他们共同建造的新家;其三,盛泽风景秀丽,气候宜人,又是交通便利的风水宝地。

盛泽古名"合路",为古吴越国界。这里地处湖嘉平原,土地肥沃,非常适合蚕桑与农耕,是"日出万绸、衣被天下"的"鱼米之乡""丝绸之都"。

那天,沈万三坐着小渔船来到盛泽,映入眼帘是古朴小桥、涓涓流水、袅袅烟雾,被环绕其间的小村庄悠然入画,恍如仙境。不远处传来吴侬软语的吟唱声,他仿佛回到了童年时的南浔沈家漾,浓浓的乡情油然而生。他想,如果要找块人间清静之地,那这里再合适不过了。

沈万三准备专为陆大小姐修一座楼,最初构想是与湖光山色相映,和明月琼楼相衬。可是盛泽地处平原,一马平川,且地势较低,附近连山的影子都见不到。没有名山却有好水。他想到维扬的明月楼,"留云笼竹叶,邀月伴梅花",然后又想到唐代诗人杨汉公的诗句"溪上玉楼楼上月,清光合作水晶宫"。他决定在盛泽西北郊的湖畔建楼。

为了建楼,沈万三在盛泽与嘉兴交界处开设了两口砖窑,用来烧制琉璃瓦、墙砖和瓷器。人们称这个地方为"前窑""后窑"。后来有人讽刺沈万三豪奢,作诗云:

> 吴兴沈秀称大豪,金银气焰熏天高。
> 一门食指动千万,制造特仿河滨陶。
> 前窑突兀半空起,后窑相距不二里。
> 钩汝官哥姑勿论,夸多斗靡可知矣。

不久,一座黄灰色楼房拔地而起。楼柱有竹梅浮雕,底层和二层走廊前,上下各有石砌藻饰的三个拱形廊檐,远远望去,宛如六片巨大的、永不凋落的花瓣嵌在屋前。楼旁绿树掩映，流水潺潺，蜂歌蝶舞，犹如仙境一般。

因为当地人传言楼里住着沈万三的九姨太陆大小姐，所以人们也称此楼为"九娘楼"。后来，乡民把这里的地名也改成"楼下"，陆大小姐也被人们称作"陆九娘"。

沈万三为了给陆大小姐增添雅兴，又从远处移来红梨树，点缀景致，使这里的风光更加绮丽多姿。每当夕阳西下，这一带便显得分外妖娆，成为一道别样的风景线。此地的渡口又因此得名"红梨渡"，此湖也被称为"红梨湖"。

陆大小姐对眼前这片宽阔清澈的湖泊十分中意，从此居住于此，泛舟赏花，吟诗作画。

在当地人的印象中，贤淑的陆九娘富而不骄，平易近人，乐善好施，乡人对她多有赞誉。据说，陆九娘亡故后，被葬在谢天港的中山桥塊。

在近代沈云撰写的《盛湖杂录·名媛纪略》中，对沈万三的九姨太也有过这样的记载："九娘，沈富第九房妾，世系腹出无考。富豪奢无度，九娘知其将败，请居别墅。富许之，乃筑楼于我镇之楼下。究心绘事，所画水仙翩翩有出世相。殁后，葬中山桥畔，冢旁岁生水仙，去之复生。"这些评说都是后人口口相传的。沈万三自己则称九娘楼为"阆苑楼"，把它比作神仙居住的地方，其初衷就是要在此处与陆大小姐过神仙一般逍遥自在的日子。清朝时，钱云来盛泽登临九娘楼，也曾写有一首《妆楼》诗：

可有村人拾坠珰，曾闻楼上艳新妆。
春风不异分湖路，只是无谁问海棠。

第七章　平地起高楼

第四节　南胜坊、北胜坊

沈万三答应与陆大小姐一起过一段清闲日子，可他的商人本性难移，每次出门多则半年，少则三月有余。有一天，陆大小姐请沈万三陪她赏景，突然吟出唐代诗人刘得仁的《贾妇怨》一诗：

> 嫁与商人头欲白，未曾一日得双行。
> 任君逐利轻江海，莫把风涛似妾轻。

诗中描述的商妇虽然觉得丈夫重利而不注重自己，但不敢轻视江海，因为天气恶劣的时候，丈夫外出经商，她们更是担惊受怕。沈万三听后，自然知道陆大小姐的用意，也回应了一首唐代诗人刘驾的《贾客词》：

> 贾客灯下起，犹言发已迟。
> 高山有疾路，暗行终不疑。
> 寇盗伏其路，猛兽来相追。
> 金玉四散去，空囊委路岐。
> 扬州有大宅，白骨无地归。
> 少妇当此日，对镜弄花枝。

沈万三借此诗来悲叹商人辛苦一辈子，时刻都忙着逐利，但即使赚到了钱，结局也很凄惨，商人的命运注定如此。此时的沈万三还没想到，这首诗也将是他命运的写照。

陆大小姐听了，更加伤心，又吟起唐代诗人王建的《相和歌辞·公

看透财富的巨贾：沈万三

无渡河》：

> 渡头恶天两岸远，波涛塞川如叠坂。
> 幸无白刃驱向前，何用将身自弃捐。
> 蛟龙啮尸鱼食血，黄泥直下无青天。
> 男儿纵轻妇人语，惜君性命还须取。
> 妇人无力挽断衣，舟沉身死悔难追。
> 公无渡河公自为。

此诗中的商妇对丈夫的执着虽然难以理解，甚而有些怨恨，但埋怨中更多渗透着深沉的爱。陆大小姐借此表达对沈万三的担忧和爱。

沈万三落泪了，再吟道：

> 百尺竿头五两斜，此生何处不为家？
> 北抛衡岳南过雁，朝发襄阳暮看花。
> 蹭蹬也应无陆地，团圆应觉有天涯。
> 随风逐浪年年别，却笑如期八月槎。

沈万三找不到合适的诗句来回应陆大小姐，只得搜肠刮肚地诵读了唐代吴融的这首《商人》。诗的大意是商人诉说常年奔波在外，不得与家人团聚的艰辛。沈万三想要表达的意思则是要想百尺竿头更进一步，就得四海为家。

就在九娘楼建成未久，沈万三又敏锐地发现了商机。有一天，有几个过路商人到九娘楼来讨茶水喝，沈万三便跟他们闲聊起来。商人们跟他讲，盛泽位于吴江的最南端，东连沪上，西濒太湖，北望姑苏，南接嘉兴，地理位置非常优越，实为行商要道。只可惜，这一带连间

第七章　平地起高楼

像样的茶肆都没有。沈万三听他们说得在理，过后便动起了心思：京杭运河南端从村子东面而过，有不少商人来这里采购蚕丝，北边的商人去嘉兴、临安后，返回时总爱到这里歇脚。这让沈万三想到"一行通百市，一市容百行"的商则，《管子》里曾说："处商必就市井。"《唐会要》里也说："关必据险路，市必据要津。"盛泽正是这样的"要津"。沈万三灵机一动，立马准备在这里建房兴市。

开设商铺是中国古代最普及也最易行的投资方式之一。沈万三可以在繁华的姑苏城整修街道，开发商铺，在这里当然也能做到。他仿照姑苏观前街，开辟南北两条街市。史载，沈万三在盛泽建南胜坊、北胜坊，以兴市廛；设南书房、北书房，以居女眷……而前窑、后窑二村又置碗窑处，斜桥北塊更有洗碗池、万三井。

北胜坊建在荡北，南胜坊在荡南。两坊间的作坊既加工，也销售。沈万三用了一年多时间建成了两条街市。这里主要是经营日常生活用品的铺子，如绸缎行、米行、织染坊、酒坊、茶肆，以及售卖木器、铁器等的店面。

陆大小姐见沈万三的心还是静不下来，便直言相劝："相公修盖了这些店铺，难不成是想把这里变成第二个姑苏城吗？"

沈万三嘿嘿一笑说："我看着这么好的地方空悬着，心里莫名难受。眼下修成了商铺，让别人来做生意，我不用操心就有利可图，又能帮助那些经商无门的人，一举两得，何乐而不为？"

"相公你难道真的只是闲不住吗？你做事情从来都是深思熟虑的。"陆大小姐继续激他。

沈万三却深情地说："还是你了解我，也望你原谅我没兑现承诺。"他原本是真心想在这个清静之地修身养性的，但是他来这里没几天，就发现盛泽是京杭运河沿岸的重要枢纽，可以将他在各地开设的商铺勾连起来。他在嘉兴设有粮油店，"陆记"原在临安也有丝绸分号，如果再把盛泽建成一个真正的集市,实际上就等于将临安、嘉兴、湖州、苏州这几个粮食和丝绸的重要产地连成一线,筹集和运输货物也更为方便。正所谓"水乡成一市,罗绮走中原",只要这条路畅通无阻,货源就会滚滚而来。况且盛泽也是能提供大量丝绸的产地,享有"日出万绸""衣被天下"的美誉。

沈万三开建南胜坊、北胜坊不久,就听说方国珍一方面把他在闽浙的不少地盘拱手送给了朱元璋,以示投靠的诚意,另一方面,他又再次投靠元朝廷,被授为江浙行省平章政事。方国珍蛇鼠两端,时而为官,时而为盗,不断设法抢夺张士诚的地盘,让张士诚防不胜防,非常恼火。沈万三也担心自己在嘉兴等地的生意会因方国珍势力扩张而受打击,因此他加快了在盛泽建集市的速度,这也是他必须预备的一条后路。

据《盛泽镇志》记载,至乾隆年间,盛泽有三条街、五条坊,南、北胜坊是其中的两条。人们还把盛泽称为"小苏州",这都与沈万三兴建南、北胜坊有密切关系。后世有人写诗云:

建坊置井事迢迢,洗碗池荒傍小桥。
闻说当年陶穴地,至今村落尚呼窑。

设馆延名士

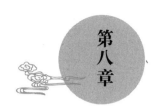
第八章

第一节　高酬延请王行

元朝廷一直鼓励经商，并对各种宗教、文化采取相对开放的政策，因此，半个多世纪里，不同民族的商人、军士、探险家、宗教人士穿梭往来于元帝国辽阔的国土上，大大促进了文化事业的发展。千年古城姑苏私塾林立，书院众多。周王张士诚虽然出身盐贩，读书不多，却对读书人极尽礼遇。《明史纪事本末》中记载，张士诚"持重寡言，好士，筑景贤楼，士无贤不肖，舆马居室，多厌其心，亦往往趋焉"。江浙一带的知识分子纷纷前来投靠，施耐庵、鲁渊、刘亮、罗贯中、陈基、陈维先等人都曾在张士诚帐下任职。

其中，施耐庵的祖上与张士诚是老乡。施耐庵自幼聪明好学，延祐元年（1314年）考中秀才，泰定元年（1324年）中举人，至顺二年（1331年）登进士，不久任钱塘县尹。他因替穷人辩冤纠枉，遭县官训斥，遂辞官回家。早在至正十六年（1356年），张士诚便召施耐庵入幕府，施耐庵抱着建造"王道乐所"的宏远计划欣然前往，为张士诚献了许多攻城夺地的计策。其时，张士诚为了发展教育、整饬民风，颁布了《州县兴学校令》，张士诚认为"风化之本系人伦，贤才之兴关学校。今者豪杰并起，相与背叛，良由父子、夫妇、兄弟之道失序，故君臣之义不明，廉耻道丧，王纲解纽，实在于斯。凡属州县，聿稽前典，务选明博好礼之士，朝夕讽诵以修明伦序，以兴起贤能"。定都隆平府后，张士诚在统治区内继续推行经济和文教改革。

元朝时的官学和私人书院的山长、教授皆由官府调选、聘请和任命，有些山长、教授本身就是官府的行政官员。由此，元代书院的官学化是元代书院的显著特征。张士诚在隆平府设立学士院，开办弘文馆，招纳各地将吏子弟、民间俊秀，为入学者提供日常饮食和津贴。

江左经商创业之风甚浓，然而，这里的读书之风也没有丝毫减弱。沈万三很重视子女的文化教育，十分懂得知识的作用。他虽鼓励儿孙做官，却希望子女们都有很高的学问，至少能够与其他商人周旋，以继承自己的家业，使沈家家业常青。沈万三用了三年时间在周庄建起了书院、私塾馆舍，让子女和乡民的子弟入学。他自己则广泛同当地文人雅士交往，结识了不少名士，并常请他们到私塾、书院给孩子们讲学。

有一次，沈万三到张士诚的王宫里办事，正好遇上施耐庵与张士诚谈兴学之事。沈万三见缝插针，对他们说："不才在周庄建有一个非常漂亮的园林式塾舍，但正缺良师教授。不知周王和施先生有没有合适的人选？"

张士诚说："本王求贤若渴，张榜四处招募贤士，都没有招到足够多的人才，你倒好，还来我这里'挖墙脚'。"他想了想，又说，"你财力雄厚，还怕找不到名师？"

沈万三看出一旁的施耐庵神色有些异样，回答道："大王有所不知，高洁之士都看重清誉，视金钱如粪土，我的钱财再多，也不一定请得到良师。"

施耐庵听出沈万三这话是说给自己听的，于是笑道："周王之言

第八章 设馆延名士

不无道理，名士受清誉，但也有温饱之需啊。不过，看在沈老板诚心的份上，施某倒是愿意给你推荐两人。"

沈万三很高兴，问："请施先生赐教，是哪两位高贤？要怎样去请？"

施耐庵说："这两人都是江南名士中的后起之秀，一个叫王行，一个叫高启。王行字止仲，号半轩、楮园。幼年家境贫寒，父亲王懋在苏州阊门徐氏开的药店中卖药。王行异常聪明，十岁时就成为父亲的得力帮手。东家发现他天赋异禀，遂让他尽情取阅家中收藏的经史百家诸书。他可谓学富五车，并有教授生徒的经验。高启字季迪，是个小有名气的诗人。说到他的才华，不妨给你讲个他的趣事。在他十六岁时，参知政事饶介看中了他，一心想拉他入幕，但高启不想做官，便去青丘过闲散的日子。到十八岁时，他还未娶妻。当地有一个富绅叫周仲建，有个如花似玉的女儿正待字闺中，这让高启动了心思。有一次周仲建生病，高启便借机去探视。周老爷早知高启有才，于是以《芦雁图》为题，让高启作诗。高启笔走龙蛇，一挥而就，写下'西风吹折荻花枝，好鸟飞来羽翩垂。沙阔水寒鱼不见，满身风露立多时'一诗。周老爷看了高启的诗，非常满意地说：'是子求室也！'后来便将自己的女儿嫁给了高启。不知沈老板觉得这二人如何？"

沈万三觉得这二人都是理想人选，一时难以选择。这时，张士诚开口道："高启你就别惦记了，本王都请他不来。"于是，沈万三便决定高酬延请王行。

王行知识渊博，诗文俱佳。他来周庄后，教授子弟非常用心。沈万三的几个子女和三四个乡民子弟都入私塾读书，识文写字，习经史，学六艺。王行讲课清楚明白，学生容易理解掌握。在学生理解的基础上，他再让学生轮流复述。复述清楚明白的，得到表扬；讲解不清楚的，再学习，再讲解。所有学生都真正理解才算完成一篇课文的学习任务，然后再学新课。他因材施教，不怕劳累，学生们一年内便大有长进。

后来，私塾的学生人数不断增加，王行的教学任务愈加繁重了。学生的水平参差不齐，天资禀赋也各有不同，王行只能起早贪黑地对学生分别指导。他白天辅导授课，批改文章只能利用晚上的时间。沈万三晚上有空时，常去看他。有一次，王行正批改沈旺的习文，夸赞他文章写得好，沈万三听了很高兴，吩咐账房额外给了王行白银一镒（在当时为二十两或二十四两）的报酬，王行推辞不掉，只好接受。

后来，每次不管儿子的文章是好是坏，只要一写出来，沈万三就连口称赞，并且拿出大量白银酬谢先生。屡次无端的赠予让王行觉得自尊心受到伤害，便决定辞职。临走前，他低声嘀咕了一句："如此炫耀财富，早晚要倒霉的。"

王行无缘无故辞职，沈万三不明就里，但私塾、书院还得办下去。于是，他又去找施耐庵想办法。没想到，这时施耐庵也遇到了麻烦。他看中了张士诚王府中的侍女红萼，二人感情已到了如漆似胶、难分难舍的地步。可是施耐庵已人到中年，不愿舍弃脸面跟张士诚要人，想到沈万三与张士诚的关系至为密切，便想请他出面说情。沈万三一听，顿时觉得为难，他对施耐庵说："周王的性情，你我最是了解。你想要他给你什么珍奇宝物都可以，但绝对不能打他女人的主意，这个忙恐怕我帮不了。"

施耐庵急切地问道："难道一点办法都没有吗？若没有红萼姑娘，我下半生将索然无味。"

沈万三考虑片刻，说道："办法只有一个，那就是让红萼姑娘假装掉进水里淹死。不过，此法很冒险。"

"什么？"施耐庵一时愣住，但他很快就明白了沈万三的意思，也愿意冒险试试。

是年三月初三，张士诚的两个宠妃吵着要到城郊踏青。他因与几个幕僚商讨军机，不能同往。于是，他让红萼等一班侍女陪两个宠妃

第八章　设馆延名士

出外游玩，另选派了五个侍从随行保护。

一行人分乘两艘客船从内河绕行入阳澄湖，然后驶向湖东莲花岛。湖光山色让人陶醉。他们在岛上的重玄寺（今重元寺）内游览，先拜观音，再登重玄寺阁，众人皆被眼前美景吸引，流连忘返。午时，一班人从阁上下来，有人又建议去湖中游玩。

可就在众人欣然登船前往的途中，红蕚不小心从船上失足落水。众人惊慌失措，过了好一会儿，一个宠妃才叫几个侍从下水去打捞。结果却连尸体也没找到。

张士诚的两个宠妃回去后，向他哭诉了前后经过。张士诚听了非常生气，把两个宠妃大骂一顿。不过，生气归生气，他并没怎么惩罚她们，毕竟死的只是个侍女。

至于打捞时找不到红蕚的"尸体"，则是沈万三的计谋。他事先就跟红蕚讲好，让她在船刚离开莲花岛时故意落水，而他早准备好一只小篷船候在一旁，待红蕚落水一刻，他便潜水将她带到小篷船一侧，乘众人慌乱之际把她推上船，再悄悄划船离开。

其后不久，施耐庵向张士诚请辞。据史料记载，张士诚居功自傲，独断专行，亲信佞臣，疏远忠良，施耐庵几次劝谏，张士诚都不予采纳，于是他愤然离开平江，并作《秋江送别》套曲赠予同在周王幕府的鲁渊、刘亮等人。后来，施耐庵与红蕚一起流寓江阴，在祝塘镇教书。实际上除教书外，他用了更多时间写书。

王行离开周庄后，在姑苏城北齐门另立一间私塾，继续以教书为生。沈万三和朱丽娘所生的长女沈线阳便在王行的私塾里读书，而李氏为沈万三生的第四子沈春鸿也准备入学。

沈万三始终很担心子女的教育问题。此时，他已经有了五子四女，共九个孩子。长子沈金已快成人，却没能上几年学，正妻张氏所生的次子沈茂和三子沈旺正是读书的年龄，黎氏生的次女和第五子沈香保也可启蒙了。三女、四女虽尚在襁褓中，但迟早也得入学。不管这些孩子是妻生、妾生，还是私生，也不管是男孩、女孩，他都希望他们能接受很好的教育，他决不让后代成为胸无点墨、无所事事的公子、小姐。因此，他又高酬延请了一位周姓名师来周庄执教。

第二节 名流盛宴之雅奢

张士诚没有什么雄才大略，却能够保境安民、礼贤下士，因此，他治下的苏州乃至江左地区在尔虞我诈、血腥杀戮的特殊年代，几乎成了文人们的世外桃源。文人们虽然往往自命清高，但也有不少人随波逐流。

在众多江南名士中，人们最推崇诗人杨维桢，将他誉为"江南诗坛泰斗"。据说，杨维桢二十岁时，赴甬东从师求学，为了替他凑足游学费用，其父不惜卖掉良马。杨维桢则节衣缩食，把钱用于买书。学成归来，父亲见到杨维桢带回大量书籍，欣喜地说："这比良马更难得！"从至正八年（1348年）始，江苏苏州昆山顾德辉发起主持玉山雅集，杨维桢便是这个圈子的精神领袖。

昆山顾瑛十六岁时开始经商，三十岁时，又弃商从文。他曾出资修建玉山草堂，及园池亭馆三十六处，又建藏书楼"玉山佳处"，以藏古书、名画、彝鼎、古玩等。他与杨维桢、柯九思等人往来甚多，多有相互酬唱之作。他还赞助了当时最重要的吴中文人集会——玉山雅集。雅集的开展大都有固定地点，主要是以一些富商、官员、知名文人的书斋、园囿为中心，雅集的绘画、诗作大多以这些园林景点为创作主题，或者就在这些亭馆中完成。

很多名士慕名而至，如至正十年（1350年）的一次雅集就在顾瑛的草堂中举行，他与顾元臣、于立、赵元于湖光山色楼雅聚，张师贤和吴善等不期而至。席间，众人以小瑶池、小蟠桃、金缕衣佐酒。吴善吹箫，陈汝言弹琴，众人以分韵赋诗，张师贤吟诗不成，罚酒两觥，赵元作画以记。赵元的山水师法董源、王蒙，有《合溪草堂图》《晴川送客图》《陆羽烹茶图》等名作传世。陈汝言琴画俱佳，主要存世画作有《荆溪图》《百丈泉图》等。杨维桢的《竹西草堂志》堪称经典，其诗文清秀隽逸，别具一格，因"诗名擅一时，号铁崖体"。

他们在宴集过程中，诗、酒、书、琴、画密切结合，显露出独特的名士气度，彰显了玉山雅集及时行乐的基本格调，故人们称之为"雅奢"。

好与名士交往的沈万三，应该说不属于顾瑛这个圈子。他只与顾家有生意往来，他曾从顾氏族长手中买下顾家的码头。有趣的是，顾瑛手书的散曲《山坡羊·寓兴》字画后来挂在了沈厅二楼的主人卧室，这是不是说明沈万三与顾瑛之间有某些联系呢？如果说有，那就是因为他们都生活在昆山，生活在同一个时代，也都是以走私通番兴商发家。并且，他们都为昆剧的发展作出过不少贡献。

《山坡羊》有很多首，顾瑛手书的乔吉作《山坡羊·寓兴》是这样写的：

鹏抟九万，腰缠十万，扬州鹤背骑来惯。事间关，景阑珊，黄金不富英雄汉，一片世情天地宽。白，也是眼！青，也是眼！

轻财结客、家富而不羁的顾瑛不可能把这首充满愤懑的散曲手书送给任何一个富商，因为此曲对富商含有讥讽之意，而沈万三当时被人们称为"沈万三秀"，是十分受人尊敬的。元朝将汉人划为第四等人，又将汉族百姓分为哥、畸、郎、官、秀五等，秀为最上等。沈万三秀，意为沈万三是最高等的巨富。

在沈万三结交的文士里也有画家，更多的是诗人、剧作家等。杨维桢、施耐庵、王行、陶宗仪、于立等都是他家的常客。沈万三附庸风雅，经常与这些文人名士在后花园舞文弄墨，吟诗作对。并且，每次书画一出，他就会出重金买下来，据《坚瓠集》载，沈家"藏古今书画无算"。顾瑛的手书通过这种方式落入他手中也未可知。

沈万三的宅院大厅里可容歌伎舞女十数人，后花园则更不必说。沈家迎来送往，门庭若市，一些地方官员和见识广博的大文人都时常被沈万三请来，官员有常州、平江、嘉兴路府总管及附近州县县令，甚至还有一些小吏，文士中则包括画家兼诗人倪瓒、诗人高启、小说家兼戏曲家罗贯中等人。

倪瓒一度在太湖四周漫游，交友甚广。罗贯中、高启等在他面前都属后辈，但他们有多次交往，并谈艺论文。倪瓒平易近人，生活闲散，他曾在《北里》一诗中描写过他的隐士生活：

> 舍北舍南来往少，自无人觅野夫家。
> 鸠鸣桑上还催种，人语烟中始焙茶。
> 池水云笼芳草气，井床露净碧桐花。
> 练衣挂石生幽梦，睡起行吟到日斜。

如此闲情逸致，仿佛置身世外，时间都已停止。这样的文士偏偏与商务繁忙的沈万三相交，足见沈万三也并非满身铜臭之人。

沈万三每次宴请，除了用山珍海味和醇酒美人款待之外，还以三班女乐助兴。在觥筹交错之余，沈万三让年轻貌美的女乐们演奏音乐，表演歌舞节目，以欢娱嘉宾。她们既是舞伎，又是乐师，很讨客人喜欢。这些高雅文士们，济济一堂，舞文弄墨，尽兴狂欢。

杨维桢在仕途受挫后，"筑元圃蓬台于松江之上，东南才俊之士造门无虚日"。他常受到沈万三邀请,因喜好声色,逢邀必来周庄做客。友人皆称他为"风月福人",他也不忌讳,还作了一篇《风月福人序》自嘲。杨维桢自况,正是"雅奢"文士乐观旷达的表现。

每次雅集,仅仅为沈宅担任守卫、打更巡逻的更夫就多达六十余人。据说,沈宅每举行一次"雅奢"盛宴,一个晚上就要喝掉十瓮酒,吃掉三十盘红烧蹄髈。沈万三高调显富,所用器皿皆金银所制,行酒用白玛瑙盘,连服侍的僮仆都穿的是绫罗绸缎。

其时,"流丽悠远,出乎三腔之上"的昆山腔成了雅士们的"心头好"。宴会上,演奏的也大多是沈万三和客人们都喜欢的昆曲乐调。昆曲向来唯美、素雅、脱俗,仿佛染了绿水迷蒙、杏花微香的气息,别有一番风味。文人学士争用昆腔创作传奇,习昆腔者日益增多。

沈万三这样的富商与文士交往,又极大地促进了江南地区文化的传播与发展。商人们普遍表现出对文化与文化人的向往与亲近之情。"志远大以振家声,事诗书以图久远",在江南富商中形成风气,富商们都不惜斥巨资争相打造私家园林,借此广揽名士,提高社会知名度。不少商人富豪的私家园林成为名流们聚集的场所,成为以"雅奢"为特色的江南民间文化酝酿、传播、发展的重要舞台。融入这种士商亲融的社会群体后,不少文士被培养出经济头脑,屡屡将自家资产变兑为钞,请沈万三代为附舶经营。

但是,并不是所有人都能看得惯和认同这种"雅奢"之风。沈万三的弟弟沈贵回到周庄参加过一次这样的"雅奢"宴饮,见兄长如此挥霍无度,就写了一首诗规劝他,诗中写道:

锦衣玉食非为福,檀板金樽可罢休。
何事子孙长久计,瓦盆盛酒木棉裘。

沈万三则不以为意，沈贵生气离开后，从此不再参与他举办的任何活动，甚至不愿再踏周庄半步。

第三节　靠山倒了之后

至正二十三年（1363年）正月，朱元璋致书蒙古贵族扩廓帖木儿（王保保），希望一如既往保持和睦关系，二月，张士诚部将吕珍进攻安丰。三月，安丰陷落，刘福通战死。朱元璋急救安丰，破吕珍军，挟带韩林儿南还，让他暂居滁州，其主力仍全力对战陈友谅。此时的朱元璋还装作与元朝廷合作，静静地等待时机。

南面的方国珍已经当了几年元朝江浙行省的参知政事，日子过得十分滋润。张士诚心里不平衡，向元朝廷讨要更高的官职，请封王爵，朝廷未准。因此，张士诚于是年九月再次反元，自称吴王，设置相应属官，并在城里另外建造了王府。张士诚以弟弟张士信和女婿潘元绍为心腹，麾下聚集了徐义、李伯升、吕珍、黄敬夫、蔡彦文、叶德新、陈基、饶介等人。元朝廷知道后，竟然默许了此事。

张士信新任浙江行省左丞相，前往嘉兴就职。他一到任，便把曾勾结他袭击杨完者的江浙行省右丞达识帖木儿囚禁起来。元朝廷再来要漕粮，张士诚也拒不发送。张士诚手下有个参军叫俞思齐，劝谏他说："过去我们是'贼'，当然可以不给大都送粮；现在我们是元朝臣子，怎么可以违抗朝廷旨意，不进贡粮食呢？"张士诚大怒，想推倒桌案，结果却扑倒在地。俞思齐看劝不动他，就装病离开。

此时，张士诚占据的地盘，南到绍兴，北超徐州，到达济宁的金沟，西边占据汝宁府（今河南汝南县）、颍州（今安徽阜阳）、濠州（今安徽凤阳东北）、泗州（今江苏盱眙），东边直到大海，纵横两千余里，

第八章 设馆延名士

带甲的将士达数十万。

不久，元廷的达识帖木儿被毒杀。从此张士诚便大权独揽，高高在上，恢复了昔日称大周王时的威风。张士信则成为浙江行省丞相，帮着哥哥打理军政要务。因吴地一带多年来鲜有战事，人口渐多，所以经济繁盛，储积殷富。张士诚与张士信两兄弟也逐渐沉迷于此烟柳繁华、温柔富贵之地。他们"自谓化家为国。以底小康，大起第宅，饰园池，蓄声伎，购图画，唯酒色耽乐是从"。张士诚变得奢侈骄纵起来，很少过问政务。他的弟弟张士信、女婿潘元绍更是贪婪敛财，金玉珍宝和古代的书法名画堆满了屋子，天天引美女歌舞助兴。他手下的将帅们做事拖拉，皆不肯服从命令，每当有战斗，不是在家装病，就是索要大量的田宅、封赏，然后才肯出兵打仗。他们刚到军中，就拉来营妓等在前线吹拉弹唱，或者招揽那些能说会道的闲游之士，聚在一起赌博、踢球，全不把军务放在心上。到最后打了败仗、丢失了地盘，张士诚也一概不追究责任。过后再有战事发生，张士诚依旧让他们领兵打仗。

张士诚也大受"雅奢"之风的影响。后来，他竟将朝中政事全委于黄敬夫、蔡彦文、叶德新等人处理。这帮文人不是舞文弄墨、空谈国事，就是争相对张士诚献媚吹捧，毫无治国本领。结果张士诚被这些满肚子风花雪月、歌功颂德之辈弄得整日昏昏然，以至于对岌岌可危的政治形势麻木不仁。为此，耳目众多的朱元璋曾非常鄙视地说道："我诸事经心，法不轻恕，尚且有人欺我。张九四（士诚）终岁不出门，不理政事，岂不受人欺乎？"

这位盐贩出身的好汉对占据中国最繁华富裕的鱼米之乡极为满足，并没有争夺天下的雄心壮志。他很想乐居福地，保境安民，不愿再冒太大的风险。他不知道，狼顾虎视之下，想单独保住一方基业，从而长享富贵是根本不可能的。

不久，在张士诚幕府效力的徐贲、杨基、张羽等文士纷纷离去，罗贯中也回老家去了。嗅觉一向灵敏的沈万三预感前景不妙，把一部分在姑苏城内的家产、资财转移到周庄银子浜，把生意全面收缩，同时把妻妾们也都归拢到周庄宅邸，一一安置好。眼看张士诚政权一步步萎缩，沈万三不得不思考，到底谁才是一代明主。

在做出决策前，沈万三有较长一段时间都在周庄陪着褚、黎、朱、李四位姨太太，闲情雅致甚浓。在四位姨太太中，沈万三最宠朱丽娘。据《云蕉馆纪谈》载，有一天明月夜，沈万三陪朱丽娘在宝海楼后的林苑闲步赏景，不觉来到探春亭旁。丽娘见有一枝古梅开着白色花朵，非常清雅秀丽，香味清幽扑鼻，向四周弥漫开来。她觉得白梅的颜色有些淡，于是脱下身上一件金翡衫加盖在梅树枝头，说道："此花香味已足够，只少了这样艳丽的颜色。"

这次赏花后没多久，朱丽娘便去世了。沈万三甚为思念丽娘，有时夜宿在梅树下，希望丽娘的神魂重现，有时白天长跪于梅树间，不停地祈祷。这样过了些时日，沈万三又在丽娘坟头建了一座"恩锁台"，在梅树旁置了"离思碑"。碑文写道："玉骨土融，百形皆幻。红脂尘化，万态俱空。构室见其情牵，树碑由于恩结。"可见，沈万三并不只是个逐利的商人，还是富人中少有的"多情种"。

就在沈万三回周庄消遣一年多时日后，即至正二十四年（1364年），朱元璋在应天自称吴王。此后，两个"吴王"开始了最后的较量。

是年，东吴王张士诚派遣其弟、丞相张士信攻袭朱元璋占据的长兴，朱元璋的两员大将耿炳文、费聚将他打败，掳获其将领宋兴祖。张士信非常气愤，增兵围城复仇。汤和自常州来援，与耿炳文联手合击，将他打得大败，张士信这才逃回平江。因长兴位于太湖之西，与平江隔湖相望，张士诚要利用水师西进，就非拿下长兴不可，所以他才一次次攻打长兴。

第八章　设馆延名士

至正二十五（1365年）夏，朱元璋将在湘、鄂、豫征战的徐达等人调回，商讨讨张之计，最后决定暂缓进攻北边的元军，集中力量扫清张士诚在江北的势力。徐达等人年前陆续攻克了泰州、高邮等地，然后将淮安、徐州、宿州、濠州等江北州县全部攻占，基本平定了淮东。

到了年底，在朱亮祖大军逼迫下，杭州守将谢五也被迫开城投降。如此，东吴的左右臂膀皆失，仅剩嘉庆、临安、湖州、苏州几座孤城，面临南、西、北三面被围的窘境。

在派兵出发攻打张士诚的同时，朱元璋派大将廖永忠"迎接"小明王，没想到韩林儿于半道淹死于江中。韩林儿之死，当时和后世不少人认定是朱元璋指使，但也有历史研究者认为此举实是廖永忠表功媚主。

至正二十六年（1366年）五月，朱元璋已经做好了讨伐东吴张士诚的最后准备。为了达到舆论效果，他让谋臣刘伯温执笔，写下一篇气贯长虹的檄文。这篇檄文在一开篇，就给张士诚"定性"，认为他致使"愚民误中妖术，不解偈言之妄诞，酷信弥勒之真有"。

面对江北和诸暨之败，以及朱元璋气势汹汹的檄文，张士诚都不太在意，又派出东吴水师的数百艘船溯流而上，去攻打江阴。江阴守将吴良、吴桢兄弟二人，率众将士严阵以待，朱元璋也从应天派兵来援，红巾军一番夹击，大败张士诚舟师。张士诚部仓皇退走，康茂才又追击东吴败军于浮子门，俘虏了东吴士卒两千余人。

是年八月初一，朱元璋告祭水神，祈求神灵护佑他的水师平安进入太湖，与张士诚的水师决战。

九月，朱元璋以徐达为大将军，常遇春为副将军，率二十万精兵集中围剿张士诚的东吴军主力。朱元璋亲至戟门，对将士发布谕令："毋妄杀戮！毋发邱垄！毋毁庐舍！闻张士诚母藏姑苏城外，慎勿侵毁其墓！"

朱元璋经过多年战争的磨炼，战术多变，他命二将先不要攻姑苏城,反而直击湖州,"使其疲于奔命,羽翼既疲,然后移兵姑苏,取之必矣"。

二将依计,徐达等率诸将从龙江出发,分别派李文忠趋杭州,遣华云龙赴嘉兴,以牵制张士诚的兵力。诸将苦战数月,终于在湖州周围大败东吴兵,大将吕珍及外号"五太子"的张士诚养子皆兵败投降,其属下的六万精兵皆降。湖州城中的东吴司空李伯升本想自杀"殉国",为左右抱持不得死,最后投降。

然后,朱元璋召回徐达、常遇春,商议下一步对策。徐、常二人建议直捣姑苏城。朱元璋见张士诚龟缩在城内,志在必得,但又担心直接攻城的损耗太大。因此,他本人倾向于围之,困之,让张士诚最终弹尽粮绝后主动出城投降。两位大将自然服从朱元璋的安排。

作出决策后,朱元璋几次派人到城内送书信,劝张士诚自动归服,但张士诚誓死不降。几天后,双方在旧馆激战。徐达采取围点打援的战术,双方展开一场拉锯战。常遇春出奇招,在夜间突袭乌镇,打跑了潘元绍,接着填塞旧馆附近的沟港,切断了东吴军从水上向旧馆运粮的通道。

张士诚多次从水陆两路进攻,均被击退。常遇春乘胜向盘踞在升山的东吴军发起进攻,连破六个营寨,张士诚方面的王晟、戴茂先后投降,徐义、潘元绍失败后并没有脱离战场,而是退到旧馆的东垒,与那里的东吴军会合。

十月三十日,徐达率所部主力向旧馆发动总攻,经过一番激战,一举攻破旧馆,夺取升山水师营寨,"五太子"及朱暹、吕珍等率六万余众投降。

徐达、常遇春乘胜攻下嘉兴和松江等地,不久,杭州守将潘元明也投降了李文忠,张士诚的主力军和战略要地丧失殆尽。张士诚本人仓皇中马惊堕水,几乎溺亡。侍从冒死把他救起,以肩舆将他抬回城中。

第八章　设馆延名士

围城三月不下，朱元璋不慌不忙，反而从应天府发书信勉励徐达："将在外，君不御，古之道也。自后军中缓急，将军便宜行之。"徐达接到指令后，更加有信心了，他仍对苏州城围而不打，张士诚在城中度日如年。

一晃大半年过去了。到了至正二十七年（1357年）秋后八月，徐达发起最后总攻。形势危急至此，张士信却丝毫不知愁，常在城楼上广开盛宴，遍摆银椅，与亲信左右饮美酒，食佳肴。仆从向他进献一个大水蜜桃，张士信欣赏了好一会，刚要张嘴吃，忽然城下发巨炮，恰恰打中张士信。张士信的脑袋被击中，当场死亡。

兵败弟死，张士诚仍旧顽强不退，指挥城中兵民抵抗，击伤不少吴军兵马。城破之前，张士诚曾对妻子刘氏说："我战败了，活不了多久，你有什么打算？"刘氏说："大王放心，我肯定不会辜负你！"张士诚宫中有一座齐云楼，是其妻刘氏所居。十月间，徐达给张士诚最后一击。城破之日，刘氏命人把张士诚的小妾全部赶到楼上，纵火烧毁齐云楼，然后上吊自杀。

张士诚的女婿、守将潘元绍等已投降，张士诚带领两三万残卒在万寿寺东街展开巷战，失败后，张士诚在门框上上吊自杀。时值日暮，就在他快要断气的时候，李伯升奉朱元璋之命赶来劝降，见状立刻将他解下，救活过来。张士诚旧将赵世雄上前号哭劝道："大王乃当世英雄，还怕不保一命吗！"

李伯升又叫张士诚的女婿潘元绍反复劝他投降，张士诚始终闭口不言。徐达得知后，便派人用旧盾牌将他抬出葑门，途中换成门板，将他抬到船上，送往应天府。其间，张士诚一直坚卧舟中，态度傲慢。李善长大声呵斥他，骂道："你这该死的盐枭，总有一日，我要扒了你的皮！"张士诚平白受辱，开口骂道："你这狗仗人势的家伙！神气什么，总有一天你也会落得我今天的下场，成为阶下囚！"

不久，张士诚被押送到朱元璋面前，两人见面后，朱元璋问道："你还有什么话可说？"张士诚说："这是何苦呢？我是吴王，你也是吴王，有什么可说的？天日照你不照我！"朱元璋甚怒，命武士鞭笞他，张士诚仍没有屈服。朱元璋只得令亲兵用弓弦将他勒死，焚尸后葬于应天石头城下。张士诚死时，年四十七岁。

不过，对张士诚之死，还有另一种说法说他是自缢而死，具体时间是至正二十七年（1367年）十月九日。有史料记载，朱元璋一直希望他投降，一再承诺会善待他，以此彰显自己的仁德。张士诚死前曾向朱元璋提出一个请求，在他死后将其尸身归葬于姑苏城下，且得到了朱元璋恩准。在张士诚死后第二年，沈万三冒死去见登基不久的大明皇帝，提出要帮张士诚了却这一心愿。朱元璋大怒，一个商人竟敢触犯政治大忌，扬言要立马杀掉沈万三。这时，刘伯温求情说，仁义之心不可负，何况君无戏言。于是，朱元璋不仅赦免沈万三之罪，还答应成全其忠义。经历了一番艰难磨折，沈万三终于用柏木棺材将张士诚葬于南京（此时应天已改称南京），石头城下的东吴军残尸则被装运回了苏州。苏州城内的百姓得知沈万三运回东吴军的遗骸，无不感动，自发地在道路两边跪祭。

张士诚死后很长一段时间，每逢七月三十日他冥诞的晚上，苏州一带的乡民都以烧地藏香为名，烧九四香、点地灯祭吊他。还有人写了一首《谒张王庙》，来悼念这位农民起义领袖：

> 十庙钟山黯夕阳，一龛犹自祀张王。
> 吴中花草怜焦土，海上风云忆故乡。
> 霸略已销黄蔡叶，盐徒曾起白驹场。
> 行人掬取春泉奠，疑带当年御酒香。

南京筑皇城

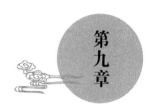
第九章

第一节 朱元璋的生财之道

至正二十八年（1368年）刚到来，应天城内外呈现一片繁忙景象。在南郊，不少民工在修整太庙和用于祭祀昊天上帝的圜丘祭坛。城内，三殿三宫即将落成，人来人往，好不热闹。原来，这是在为吴王朱元璋登基称帝作准备。

农历正月二十三清早，通往南郊的大道上戒备森严。半个时辰后，御驾便至南郊。公侯将相及诸臣，簇拥朱元璋登圜丘坛，行祭天之礼。坛上香烟缭绕，坛下鼓乐齐鸣。朱元璋面带喜色，快步登上祭坛，行了祭告礼。谋臣刘伯温高声诵读祝文后，文臣武将全体跪倒叩拜。祭祀仪式结束后，在群臣的"万岁"呼声中，朱元璋从祭坛上走下来。

祭礼完毕后，众人回城，城内新落成的宫殿中又是一片欢腾景象。朱元璋身穿龙袍，在群臣的注视下登上了雕龙宝座，群臣山呼万岁，再行五拜三叩大礼。朱元璋兴奋万分，接受众臣子及四方来宾的朝贺。登基后，朱元璋改应天为南京府，建元洪武，国号大明，定都南京城。就此，他完成了从苦行僧到开国皇帝的蜕变，史称明太祖。

大明初建，百废待兴。作为开国皇帝的朱元璋困于国库空虚，处理的第一件重要政务就是广开财源。他甚至想出一个苦法子，派人在南京的秦淮河畔规整原先的青楼妓院，统一改称"大院"。据说朱元璋亲自为这些大院题写对联，大张旗鼓地鼓励天下豪商巨贾到此消遣，为大明捐赞。他题写的上联是"此地有佳山佳水，佳风佳月，更兼有佳人佳事，添千秋佳话"，下联是"世间多痴男痴女，痴心痴梦，况复多痴情痴意，是几辈痴人"。

朱元璋改建大院的本意是鼓励有钱人消费，以增加国家税收，充实国库。在他的"号召"下，各地的豪商巨贾纷至沓来，一时间秦淮河上流光溢彩，游船画舫穿梭来往，桨声灯影昼夜不息。

可是，朱元璋万万没想到的是，天下商人纷纷到秦淮河畔寻欢作乐，当朝官吏也萌生了腐化享乐之心。他们趋之若鹜，每天下朝后的第一件事就是到秦淮河畔的大院去逍遥快活。这需要大把的银子支持，官员的薪俸十分有限，他们便开始受贿贪赃。国家税收虽有所增加，但各级官吏又掏空了国库。更有甚者，有的官吏每天上差必谈游艺烟花之事，心思完全不在工作上。朱元璋看到这一虚假繁荣的局面，大为震怒，立马下了一道圣旨："凡官吏宿娼者，杖六十，媒合之人减一等，若官员子孙宿娼者罪亦如之。"但上有政策下有对策，官员的腐化行为屡禁不止。朱元璋只得下令关闭大院，并查办顶风作案的官员，但秦淮一带的私人茶肆、妓院无法禁绝。

同时，朱元璋还想了很多其他的生财之道。有一天，他暂时放下政务，利用过年这段空闲时间到南京城内及周边微服私访。他随行只带了张焕一人，想听听百姓对他登基以来所作所为的看法，看看百姓的生活，让张焕将所见所闻记录在案。

在城内，他们看得最多的是春联。他见一群人围在那儿看门上贴着的一副大红洒金笺纸对联，那上面写着几个遒劲的大字："国朝谋

第九章 南京筑皇城

略无双士；翰苑文章第一家。"

朱元璋立即猜想到这是陶安的家。这副对联就是他亲手所写赐给陶安的，他听围观的人议论，说这副对联写得贴切且有气势，字也骨架非凡，不禁暗喜。

不一会儿，他们走到徐达的信国公府门前，见徐达的大门上，也贴着他亲赐的两副对联。一副是他早几年写给徐达诰文中的句子：

从予起兵于濠上，先存捧日之心；
逮兹定鼎于江南，遂作擎天之柱。

另一副是近日徐达挂帅北伐时赐予他的，上面写着：

破虏平蛮，功贯古今，人第一；
出将入相，才兼文武，世无双。

那门前也围满了，有几个饱学儒生指着对联上的内容议论徐达的功劳，然后夸奖道："这两副对联气势非凡，将信国公的经历功绩囊括无遗，可称得上全城第一！"

如果说赐给陶安的对联还不足以说明朱元璋的文采，那么这两副的内容则足见其功底深厚。人们所言不虚，因此他更为高兴。

他们一路观察，见街面人家确比往年要富足一些。朱元璋想证实这点，便随便找个借口问路，闯入一户平常人家，看见他们的饭桌上居然有鱼有肉，他心中不由得又是一阵欢喜。

继而，朱元璋两人转入一条小巷，他要看看小户人家挂的是什么对联。巷口第一家门上什么对联也没有。他想弄清是怎么回事，便让张焕在外面等，独自推门进去，与那家主人聊起家常。原来这户人家是个阉猪的,因为是屠户,所以没人愿意替他写对联。

朱元璋一听,觉得当屠户也是个正当营生,为什么不能贴副对联呢?于是他说:"不是别人不愿意替你写,而是他们没本事写。这样吧,你去借副笔墨,我来给你写。"

这户人家的主人又惊又喜,急忙从邻居家取来笔墨。这时,朱元璋酝酿已毕,他展开红纸,挥毫而就:"双手劈开生死路;一刀割断是非根。"

朱元璋叫家主把它贴到门上。过往的行人见到,无不驻足欣赏,称赞道:"这副对联写得巧妙,既切合家主所操之业,又无一俗字,雅致而有格调,真是大手笔。"

朱元璋听了更加得意,对张焕说:"张将军听听,朕本是田家子,未曾从师学文,但读书作文,顺畅自然,明白显易,胜似那饱学老儒许多,这难道不是上天为我授业吗?"

张焕本是武将,但心思非常活络,他立刻奉承说:"陛下的文思沛然如长江大河,一泻千里,真令臣下佩服得五体投地。陛下之水平,岂止是胜过那些老儒一筹,依臣下看,连那宋濂老先生也比不上陛下。"

尽管张焕有刻意奉迎之嫌,但朱元璋仍然很高兴。他不仅对自己能诗会文很自信,而且也相信老百姓是诚心拥戴他。

朱元璋正自鸣得意的时候,忽然一辆豪华马车从身边飞驰而过,溅起的泥水落到他的裤脚上。他忙问张焕:"车中所坐是何人?此人竟有如此奢华的马车,还胆敢在京城肆无忌惮地横冲直撞!"

"马车上有个斗大的'沈'字,料想是江南首富沈万三吧。此人在南京城有好几间商铺。"张焕回道。

朱元璋闻言,立刻想起了那个为张士诚归葬的富商,那个二十多年前与他有过一饭之缘的落魄行商。因今日特别高兴,所以朱元璋不愿破坏这难得的心境,只皱了皱眉头,没再多问,但他心里又想到一

第九章　南京筑皇城

个主意。

过后的一天，沈万三正在他开张不久的酒楼里张罗生意，忽然看见一胖一瘦两个人走进来，定睛一看，他吓了一跳。来者不是别人，正是大明开国皇帝朱元璋和御史中丞兼太史令刘伯温。沈万三顿时手足无措，不知怎样迎接这两位贵客。刘伯温见状，上前一步，靠近沈万三低声耳语道："陛下微服造访，莫要声张，只管像接待普通客人一样热情招待便是。"

沈万三诚惶诚恐，回道："草民即刻就把敝楼的招牌菜全部奉上，刘大人放心，保管让圣上满意。"

朱元璋随便找了张桌子坐下来，待沈万三让人上了一桌好菜后，朱元璋让他也坐下一起进餐。三人划拳饮酒，热闹了个把时辰，旁人看他们都以为是好友相聚，几人也都有了些醉意。散席时，朱元璋说要结账，并从兜里摸出一枚一文的铜币。沈万三连忙站起来说："最尊贵的客人光临敝酒楼，是沈某三生有幸，怎么能收贵客的钱呢！"刘伯温也在一旁笑着帮腔："这顿饭对沈老板来说如九牛一毛，不值一提，就让他做东请客吧。"

朱元璋一副不高兴的样子说："你们看我是那种吃白食的人吗？这一文钱虽少，但也是我的一片诚意。"

沈万三忙说道："我不能收贵客的这枚钱，甚至都不该提到'钱'字，不然，我实在心中难安。"

朱元璋却说道："怎么能不谈钱呢？我今日就是为这一文钱而来。现在我给你一文御钱，一个月后你再还我。但是，这一文钱放在你这里是要生息的，从明天开始，每天收一对合（翻倍），一个月后你可要连本带利地还我才行。"

沈万三心想一文钱能有多少利息呢？何况这是帮皇帝生钱，正是讨好皇帝的绝好机会，于是便爽快答应了。沈万三回到家里后仔细一算，结果让他大吃一惊。朱元璋所说的"每天收一对合"意思是今天的利息是一文钱，到了第二日就变成两文钱，第三天是四文钱，第四天则是八文钱……一个月后翻了二十九番，该还给皇帝五亿三千六百八十七万九百一十二文钱，沈万三哪里拿得出这些钱来。

这或许只是一个逸闻故事，但是沈万三确实知道朱元璋急需要钱。登基前所修宫殿不太理想，他想再修一座新宫殿，可国库里空空如也。沈万三揣摩圣意，痛快地捐出了白金二千锭、黄金二百斤。

朱元璋一心想搜刮富豪的财富，又十分关注百姓是否拥戴他，更关心百姓怎样生活。他深知，仓廪实而知礼节，要从根本上实现社会安定，就要让老百姓安居乐业、衣食无忧。洪武二年（1369年）夏，朱元璋又到南京周边私访。车驾从南京出行，一过长江，沿途就越来越萧条。已是四月天气，田野里却看不见几个下地劳作的人。田地一片荒芜，杂草丛生。他在一个村庄里停车走访，只见房屋破败，有的已经倒塌，周围长满了野草。他还看见一只狐狸在四处跳窜，见了人也不躲避。走遍全村，竟找不到一个人，最后还是在一个茅草棚里寻出一个断臂老人，一问才知，兵乱之后，这里的老百姓不是死便是逃，原先全村有五百多口人，现在只剩下他一个，他的家人也都饿死了。

朱元璋感到莫名的恐惧。大明建立伊始，中华大地经过近二十年战乱的破坏，南北方人口锐减，经济凋敝，百业不举，土地抛荒，粮食多有歉收，摆在这位新皇帝面前的民生问题十分严峻。

回京后，朱元璋召各地方官员来京朝见，对他们说："天下新定，百姓困乏，像新生的鸟儿和刚栽的树苗，拔不得毛，也动不得根。重要的是休养生息。"他让众臣专门讨论了一番，又亲自起草诏书，颁行天下。在诏书中，他鼓励农民复耕，开垦荒地。凡恢复种植的，不管耕种多少，全部减免三年赋税；避乱民复业者，听垦荒地，复三年。无论这田以前是谁的，现在谁开垦就归谁所有。奖励军民商屯田。军

第九章 南京筑皇城

屯实行较早，现又成立民兵万户府，实行军屯，部队且耕且战。部分军队被改成卫所，由卫所屯田，田地由卫所军士来耕种。民屯则是为了使人烟稀少之地的土地得到耕种。朱元璋采取了移民屯种的策略，让居住在人口多、土地少的地方的农民迁移到地广人稀的地方去。只要愿意移民，朝廷将给予优待，拨给迁移的路费、耕牛、种子，还减免三年税赋。商屯跟当时的盐引制度密切相关，朝廷为解决边远地区的粮草问题，就利用食盐专卖权（盐引）让商人把粮食运到规定的粮仓，政府随后给商人盐引，然后商人凭盐引到指定的盐场取盐，再到指定地域去销售。

无论是民屯还是军屯、商屯，均免去三年赋税，所垦之地归垦荒者所有。在全国范围内推广新的税收政策，具体是凡种麻的每亩征八两，种棉每亩征四两，种桑的免税四年，不种桑的要交纳绢，不种麻的要交布，但对苏松一带例外。

此时，明朝廷尚未发行货币，前朝的纸币已形同废纸，人们大都以金银和铜币作为流通货币交易，而金银铜又都集中在少数富豪手中，当时沈万三的银子比国库的还要多。由于他的一些生意被停，他的银子自然也就封存起来。在他以往的生意中，贩私盐收入占很大比例。大明建立后，这一块业务完全被切掉了。有的盐商为了解决成本问题，就雇人在边地屯田种植，把收获的粮食就地纳仓换取盐引。沈万三觉得这样做的利润空间太小，还在观望中。另外，他手中银子过剩，并不急于赚钱。因新朝的货币稀缺，所以他的银子自然能成倍升值。

是年秋，朱元璋取沈万三家租薄定额加赋，并任用沈万三之子沈旺为粮长，为朝廷效力。沈旺一年运六十万石粮至南京，得到朱元璋亲自召见，并赐御酒食而归，显赫一时。第二年，沈旺被荐为户部广积库提举，留于京师待用。因此，沈万三开始在南京城快速扩展商铺。

有一天，朱元璋召见沈万三，又要他每年"献白金千铤，黄金百斤",还命他在新建的宫殿四周造六百五十间廊房,养数十"披甲马军"。沈万三认为这是朱元璋对自己的信任,甚至幻想,朱元璋会不会跟当初的张士诚一样,给自己一点优惠呢?可是,这次沈万三的想法过于天真。朱元璋不仅没有给他优惠政策,还对他家在周庄的田产每亩征九斗十三升的重税。同时,朝廷对江南富庶之地都加收重税。这显然是一种抑商的手段。

由于常年的战乱,此时全国人口数只有不到三千万,为了增加劳力,朱元璋下令对人口、土地造册登记,并采取一系列措施。攻城略地后先保护人,除十恶不赦者外,赦免所有犯罪者;对待从军在外的将士,安置好其家属;因罪逃亡的,许其自首免罪,新克州县不许妄杀;需远途运送的粮饷,全由官府承担;各地灾情必须据实上报,不得隐瞒。

同时,朱元璋把嘉兴、湖州、杭州、苏州、松江的四千多户没有土地或土地较少的农民移到濠州种田,之后又把江南的十四万富裕户迁移到凤阳。朱元璋对苏松地区的老百姓征收重税,并大量迁徙这一地区的富民,可能是以此报复此前他们对张士诚的拥戴,又或许是指望他们到贫困地区带动地方经济的发展。当时全国税粮总计两千九百万石,苏州需交二百九十万石,占全国的十分之一。

为了确保农业、种植业稳产多产,水利和交通等基础设施建设也被提上议事日程。

一天,朱元璋感慨地对侍臣们说:"百姓是国之根本,朕每观《尚书》,至敬爱人时,不免感叹后世平常的君主都知道敬天之事,而敬民之事,却很少有人知道。他们自谓崇高,认为百姓皆是侍奉君上的,故威严日益加重,与民之恩德与尊重则一天天减少。之所以这样,全是因为他们轻视百姓。轻视百姓则必使他们离心离德,叛乱就会随之而来。想天下长治久安的人,必应畏民,爱民,以民为本。治国之要,民安则国安。"

第九章 南京筑皇城

李善长很善于揣摩上意,作为丞相,他适时建议在河南设司农司,专管计民授田。不久,其他地区也设置了相应的司农官。后来朝廷在中央设部后,朱元璋命吏部把荒地开垦数量、人口有无增加作为地方官吏的主要政绩加以考核。他希望自己在这方面的成就可以与前代明主相提并论:"斗米三钱,外户不闭,朕力行三年,可以臻兹。"

洪武三年(1370年)二月,朱元璋特地召见各地富民,告谕他们:"汝等居田里,安享富税者,汝知之乎?古人有言:'民生有欲,无主乃乱。'使天下一日无主,则强凌弱,众暴寡,富者不得自安,贫者不能自存矣。今朕为尔主,立法定制,使富者得以保其富,贫者得以全其生。尔等当循分守法,能守法则能保身矣。毋凌弱,毋吞贫,毋虐小,毋欺老,孝敬父兄,和睦亲族,周恤贫乏,逊顺乡里,如此则为良民。若效昔之所为,非良民矣。"

沈万三精明世事,一再主动逢迎朱元璋,想以此换得沈氏一族的平安。在一番审时度势后,他得出结论:"这年头不管是谁,都绕不开一个'钱'字。我沈某人最不缺的也是钱。钱能逢凶化吉,钱也能带来更多财富!"于是,他赶紧率领江浙大户向朱元璋的军队缴纳了数万石税粮,以示忠心。此外,他还偷偷地往朱元璋的"小金库"里存了五千两白银,以备他不时之需。正所谓"率土之滨,莫非王土",在封建社会,皇帝才是真正意义上的富有四海,他自然懂得这个道理。

沈万三一边资助官府建设京城,一边不断扩建京城的私家宅院。南京城南有条马道街,那便是沈万三的住宅所在地,有几百间房屋。他家还有专门的养马处,堆草巷就是他存放草料的地方。龙泉巷是沈家的酒楼所在地,楼边有一口深井,因这条路是朱元璋去他酒楼时走过的路,故被称为"龙泉巷"。白鹭洲则是沈家花园。

其时,沈万三的长子沈金、三子沈旺、长女线阳、其妾黎氏已迁来京城。沈金刚完婚,也开始在京城置地建宅,并负责管理沈家在南京城的生意。次子沈茂留守周庄，管理沈家在周庄的生意和田产。其妾褚氏、李氏因在周庄住惯了，不愿进京，仍在周庄照料几个尚未成年的孩子。

第二节　筑城墙风波

洪武三年（1370年）春末，朱元璋下令关闭了太仓黄渡市舶司，并对海外贸易作出限制性规定。在沈万三的粮食、私盐、丝绸、通番贸易四大生意中，粮、盐两大块已被连根拔掉，而今海外贸易这宗最大的买卖也将被砍除，他心里十分焦急，便从盛泽赶到南京，想觐见皇帝。

沈万三刚到宫殿门口，一个宦官就过来告诉他："沈老板，你来得真巧，圣上正要传你入宫呢！"他进到宫殿内，行了跪拜之礼。还没待他说出关于禁海的事情，朱元璋就先开口道："你来得真及时，朕刚想要你资助修城墙，你就来了。"沈万三一听，立马把刚才想好的劝谏之词咽回去，改口说道："草民听闻圣上要扩建京都城墙，特来请旨，愿亲身服役，为大明出微薄之力。"朱元璋点了点头说："很好。那以你的资财，能筑城多少丈？"沈万三不假思索，脱口道："草民斗胆，愿与圣上对半筑城。"朱元璋一听，极其不悦，但他掩饰着心头的不快，淡淡说道："有这胆气固然好，但朕看你能筑全城的三分之一就不错了。你就从正阳门（洪武门）修到水西门吧。不过，朕把丑话说在前头，筑城事关国家社稷安危，半点马虎不得，如果不合要求，不仅不奖，还得受罚。"沈万三肯定地说："圣上，草民保证如期交付，力求城墙坚固。若修不好，甘愿领罪。"话说出口后，沈万三又想了想，觉得自己有点夸口了。他知道，去年朱元璋填燕雀湖修建新宫时，附

第九章　南京筑皇城

近的一段城墙已经附带修过了，减去那段和部分完好的城墙，实际长度跟他将修的长度差不多，还是算对半修。但既然话说出口，就只得拼命去干了。朱元璋也看出他有些心虚，故意挑战说："朕与你同样期限，朕筑城完成之日，你也得完工。迟一天，督造官受罚，若迟三天，朕就要罚你。"

南京城墙东连钟山，西据石头，南贯秦淮，北带玄武，全长三万七千一百四十米，合七十四华里多。按朱元璋的筑城计划，仅造砖一项，便涉及一部（工部）、三卫、五省、二十八府、一百一十八县，另有三个镇。工程甚巨，耗资不菲。沈万三要修建正阳门、三山门、通济门、水西门等处以及廊房、街道、桥梁、水关、署邸等，困难的确很大。

从南京回到盛泽，沈万三一直忧心忡忡。他虽然在朱元璋面前立下豪言，但要说他一点不担心也不可能。这天晚上，沈万三闷头走进九娘寝房里，陆九娘见他眉头紧锁，好像在为什么重大事情为难，于是问道："相公是在为什么事情犯愁吧？不妨说出来，或许我能帮你分担。"

沈万三说："的确有一件让我很头痛的事情。出于家族安全的考虑，我答应为陛下承担三分之一的筑城工程，他却故意提了一些苛刻条件，我倒不是怕做不好，而是担心做好了也没有好下场。"

陆九娘沉思片刻，说道："这件事相公本来不该去凑这个热闹，因为这是官府的分内之事。你一个商人偏要出风头，这是让陛下颜面无光，因此不管最后做得好不好，都不会在陛下面前讨到好。但你既然接了这事，就不要太考虑结果，自添烦恼。只要一心一意去做，我相信相公能顺利化解。"

"听完你这番开导，我心里舒畅了许多。除了你，恐怕没有人能为我分忧了。"沈万三感激地说。

第二天，沈万三即赶赴南京，着手准备筑城。与建设皇宫比起来，修筑城墙是一项规模更加浩大的工程。这项工程的第一个难处，就是烧制坚实的城砖。沈万三到城郊打听能用的窑厂，最后找到一处古老的烧窑旧址，有两口被废弃的小土窑。他买下土窑，请来老工匠全面改造。然后，他招募了一些富有经验的熟练工匠，要求他们在最短时间内烧制出最好的城砖。

这些工匠都有独门的手艺和多年的经验，很快就捋顺了烧制大块城砖的整套流程。第一步是取土。烧砖需要合适的黏土，而黏土有很多种，仅取土就有不少学问。选好黏土后，还要用网眼细密的筛子过滤掉杂质，再放入水塘中浸泡一段时间。然后，把牛群赶入水塘中"踩熟"。第二步是制坯，即按要求尺寸制成生坯。第三步是入窑烧熟，即将砖坯晾干放入窑中，点柴火将砖坯烧透。第四步是铭文。先用石板刻字，再用高质量的布铺上，外面用木框，框内放泥，最后用铅丝刮去多余的泥土。铭文的内容包括注明府、州、县、总甲、甲首、小甲、制砖人夫、窑匠等责任人的名字。第五步是验收。从每批烧熟的城砖中任意抽出一定数量，用锤子敲击，未见掉渣，再由两名精悍强壮的专职人员相隔一定距离抱砖相击，如城砖不脱皮、不破碎、声音清脆，才算合格。

第一批城砖烧制出来后，沈万三又组织人手去山上采石。采石也有一定讲究，采石的人须从山上挑选出坚硬无比的花岗岩，运回来后，再打磨成规格统一的巨型条石备用。

仅烧砖和采石两项，就耗时一年多。沈万三对每批砖石的质量都亲自把关，从未懈怠。筑城开始后，沈万三一个人就再也无法兼顾了，于是，他便把弟弟沈贵、次子沈茂、徒弟兼准女婿余十舍都找来帮忙。他将所建四段城墙每段划分为三小段，让请来的三个帮手各负责一小段的筑造。

第九章　南京筑皇城

城墙的底基用碎砖、砾石和黄土层层夯实。然后在底基上用大砖垒砌内外壁，城墙内外两壁和顶部的砖缝里都浇灌一种夹浆。这种夹浆用石灰、糯米汁（或高粱汁）再加桐油掺和而成，凝固后的黏着力非常强，能使城墙经久不坏。

沈贵、沈茂、余十舍对每个环节都不敢马虎，起早贪黑地在工地奔忙。沈万三自己也经常与工匠们一起干。为了保证工程质量，他往返各段进行巡视，一发现哪里质量不合格，就立即返工重筑。

沈万三平时广结善缘，在地方上做了不少善举，因此在正式动工筑城后，很多人自发地从四面八方赶来相助，出力出策。加上他钱多料足，限期不到，一段城墙就完工了。尽管如此用心，中途还是出了些麻烦。

虽然沈万三实力雄厚，延请了一流的营造匠师，不仅速度快，还质量好，但是官府派出的检校常来工地故意制造事端，借此捞取油水，敲诈银两。沈万三不想被他们无止境地勒索，掏了几次银子后就再也不搭理他们了。结果，他被人告了御状。

朱元璋接到奏报，立马让太子朱标去现场核实沈万三到底是不是只顾赶进度而偷工减料、不讲质量。朱标一早就去查看沈万三修建的四段城墙，直到晚上才回宫。他回禀父皇说："沈万三负责的城墙段内，每伙民工都干得认真卖力，比官府召集的民夫要积极得多。从未发生什么偷工减料和消极怠工的事情。"

朱元璋不信，亲自带刘伯温前去查验，也挑不出什么毛病。但是，他存心要找沈万三麻烦，便陡然神色一凛，说："沈富，你犯了欺君之罪啦！"

沈万三莫名其妙，以为朱元璋跟他开玩笑，故意吓唬他，坦然问道："草民不知罪在哪里？"

朱元璋指着新建的城墙说："你造的这座城门比朕的金銮殿还高！"

看透财富的巨贾：沈万三

原来，沈万三凭着富甲天下的财势，想趁机显示自己的富有。筑造这段城墙和城门时，特地高出朱元璋所筑造的城墙。朱元璋又被这个商人压了一头，当然恼火，认为这是大不敬，应处以极刑。

刘伯温明白，其实不是城墙高，只是这一段地势较高，而城门的地势又很低，一旦建矮了，就与城墙不协调。皇上此举是象牙筷上扳雀丝，故意找碴儿罢了。他连忙解释、说情，朱元璋按捺下一腔怒火，下了一道饬令，要沈万三拆除重建。沈万三得到赎罪的机会，连忙拆除，日夜赶工。

可是，新的麻烦又来了。这段城墙扒掉后重建，很快就建好了，但城门每次砌起即塌，屡次修筑不成。消息传到朱元璋耳中，他觉得奇怪，派刘伯温前去验看。刘伯温来到现场，听人们说，此城门地基下有个专门吃土石的怪兽，扒掉城门惊醒了怪兽，它就把这里的土都吃了，这正是城门屡修屡塌的原因。刘伯温当然不信，但他总要给皇帝一个合理的解释。于是，他又到附近找当地人询问。

刘伯温来到街上，听到一群孩子嘴里唱着顺口溜："金陵城，金陵城，金陵有个聚宝盆，找到聚宝盆，再找戴鼎成，戴鼎成头戴聚宝盆，埋在城墙根，城门笃定建得成。"刘伯温一听，心中一动，若有所悟：这不是说将一个名叫戴鼎成的人顶着聚宝盆，一齐埋进城墙根就能建成吗？他禀明了朱元璋，随即领到旨意。全城开始寻找名叫戴鼎成的人，过了几天，终于在南门外找到了戴鼎成。

然后，朱元璋又让刘伯温去找沈万三借聚宝盆。聚宝盆本是没有的，但不管沈万三如何应答，都是欺君之罪。沈万三没有办法，只好以需要择吉日并斋戒四十九天后呈献聚宝盆才灵验为由，暗地里召集能工巧匠用黄金打造了一个聚宝盆，上面绘制各种吉祥图案，总算过了这一关。

据说借聚宝盆的时候，朱元璋曾答应当夜五更归还，后来为了不还聚宝盆，就下令南京城内严禁打五更。最后，将戴鼎成和聚宝盆一

第九章 南京筑皇城

起埋在城墙底下,城墙才不再倒塌。因此,这个城门又被称为"聚宝门"。

但是,沈万三万万没想到,自己做得最风光的一件事情竟然变成了祸根。

洪武五年(1372年)秋,张三丰又仙游南京,沈万三听到这个消息后又惊又喜,连忙把他请到自己在京城的别院。

"祖师怎么得闲来京城?"沈万三关切地问。

张三丰说:"看样子你正是春风得意时啊。贫道此来只因见你将有劫难,专程来点拨你。"

"劫难?祖师亲来,想必此番的劫难很棘手,可有法子化解?"沈万三忙问。

张三丰摇摇头:"神仙也难解,太迟了。"

"祖师不就是神仙吗,难道还解不了?"

张三丰盯着沈万三,意味深长地说:"我今天既不教你丹法,也不跟你讲大道,只跟你讲讲命数之理。"沈万三急切地望着这位老道,还是希望他能帮自己度过这个劫。张三丰对沈万三说:"人生于天地之间,从出生那一刻开始,便受到天、地、道的制约。人有命数,有生老病死,有吉凶祸福,这些都是理所当然。因为生老病死不可逆转,所以人不可不生,也不可不死,但可以不病,吉凶祸福之事可以通过修行得到改变。贫道认为,善恶皆自己所为,祸福皆由自己决定。因此,命数如何还是在于自己,而非天定。"

沈万三听得一头雾水:这就说完了?每次祖师都说三两句,于凡夫俗子而言,祖师的话真的太高深了。张三丰不再言语,临别,写了一首《别万三》诗相赠:

群雄扰扰尽征戡,我与先生把道谈。
今日东南王气盛,他年晤子到西南。

第三节 "白衣天子"之誉

南京城墙的修筑自至元二十六年（1366年）一直延续到洪武十九年（1386年），朱元璋用二十年时间修建了世界上最大的一座砖石城。南京城的修筑分为四个阶段：第一阶段，在钟山西南麓新筑宫城和改筑南唐以来的金陵城；第二阶段，向北拓宽旧城直到江边；第三阶段，建造聚宝门、三山门、通济门等主要城门，并新筑后湖城和各主要街道；第四阶段，建造外郭城。

沈万三所筑的那段城墙属于第三阶段，花了近三年时间。他所建城墙、城门底基均铺花岗石，上面砌统一规格的青砖，青砖缝隙用石灰和糯米浆浇灌加固。城墙高五丈多，城上宽二丈左右，铺石为道。正阳门、通济门、水西门上各修瓮城（围绕在城门外面的重城部分），城门上起造谯楼（即城门楼）。特别是聚宝门有两层城墙，每层各七个藏兵洞，城门四重。城门栏高二尺，长二丈，色黑如铁，据说所用石料均为从外国运回来的子午石。正阳门、通济门、水西门是南京城中最巍峨坚固的三座城门。

这一天，朱元璋领一班文武大臣来检验沈万三筑的城墙。他任意指了一处城墙，让侍从用锤使力砸击，只见锤落处，只现出一个小白点，城墙丝毫无损，文武百官惊讶不已。原来沈万三还让筑工们在砖墙外面用石灰和糯米浆包了一层，这样既美观又加固了墙体。朱元璋看了看沈贵和沈茂，满意地点了点头。

然后，朱元璋来到官府督建的城墙前，也任意指了一处城墙，让侍从同样用锤砸击，却见锤落砖碎，没几下，城墙就出现了大窟窿。墙心里尽是破砖烂瓦和松泥散土。原来，官府督造的城墙，有的地方

第九章 南京筑皇城

是犯人修造的,这些人虽然在督官的皮鞭下不敢怠工,但没怎么用心出力。

朱元璋见此情景,不由怒火万丈,他命令立即将督造官找来,严令他把城墙拆掉重筑。当重筑城墙开工时,他让军士把这个官员活活填埋在城墙中。在场的官吏见此惨景,一个个吓得直出冷汗,噤若寒蝉。

沈万三承建的工程比官府的工程要早三天完成,而且经过验收,也比官府建造的质量更好,这让朱元璋颜面尽失。南京筑城,对沈万三来说,是他生命中最重要的一页,也是他人生最辉煌的时刻,他因而洋洋自得。这自然更让朱元璋心存芥蒂。但沈万三毕竟有功,他有所不满也不能明显表露出来。况且,沈万三还"建南京廊房一千六百五十四楹、酒楼四座、筑城甓阶、造铁桥水关诸处,费巨万万计",他无论如何也得犒赏沈万三。于是,朱元璋便在新筑的城墙头设宴作为奖赏。

席间,朱元璋问:"朕让人借用了你的聚宝盆,却从来不曾亲眼见过,它到底是个怎样的宝贝?"

沈万三心想,哪有什么聚宝盆,不过是当年讨饭时,好心老者送的铜钵而已,但他不敢这么说,于是回答道:"藏在草民心中的聚宝盆是勤奋和机缘,靠勤奋可以发家,但不能成为巨富;只有勤奋加机缘,才能有大成就。草民从小在家务农,勤奋肯吃苦,却发不了家,后来因机缘巧合认识了师父陆老爷,他教草民从商的本领,又传授经验和技巧,这才让草民不断赚到钱。这些经验就是一个聚宝盆。"

朱元璋说:"有点道理。你这次筑城贡献很大。花了这么多银子,又舍了聚宝盆,你心不心疼呀?"

"师父常以道家法理教导草民,天有四时,春生冬藏,人有盛衰,泰终必否。财流如水,盆里装满水,就不能再装了,必须流出一些,然后才能再装,有舍才有得,所谓物极必反,草民认为也是这个理。"

沈万三谨慎答道。朱元璋似乎没挑出什么毛病。

朱元璋和富豪沈万三共坐在城楼之上饮酒，自然少不了引来百姓围观，在下面遥遥叩头。以阴谋诡计著称的胡惟庸，揣摩朱元璋的心思，故意安排人混在百姓中间，嚷着要见"财神"，争抢着给沈万三磕头。朱元璋强压着胸中怒火，装着若无其事地继续饮酒。

酒至半酣之时，朱元璋突然对沈万三说："古有'白衣天子'一说，号称素封，你就是个白衣天子。"

沈万三聪明一世，糊涂一时，再加上喝了不少酒，没有立即明白朱元璋的言外之意，还以为夸他呢。他得意地说："圣上是取笑草民，草民愧不敢当啊。"朱元璋闻言，心里又蒙上了一层阴影。

可就是这次"嘉奖"，给沈万三造成一个更大的错觉，认为朱元璋也喜爱钱财，因此他在京城修建豪华别宅、花苑和酒楼的时候，时不时寻找机会，以珍宝钱财向朱元璋献殷勤。朱元璋对此很厌烦，虽然拿他的钱为朝廷办了正事，但官员们会怎么想？况且，自己正在施展铁腕，反对贪腐，沈万三居然还不断"行贿"，于是他派人查沈万三的财富来源。一个商人如何致富，别人怎么能说得清楚？调查沈万三的人回来向朱元璋禀报，沈家致富的原因众说纷纭，但主要有三：一是躬稼养殖，一是出海通番贸易，一是陆氏赠财。没有人提到那只传说中的聚宝盆。

朱元璋听了汇报后，觉得其中必有不义之财，他还可能勾结贪官污吏以渔利，但朱元璋一时找不到惩办沈万三的借口，便先将江浙一带的守法商人向别处迁徙，将不法商人一一治罪。松江府的仇氏、叶氏、曹氏、瞿氏、吕氏、陶氏、倪氏等大族普遍因不法行径而遭到各种打击，有的甚至被灭族。

沈万三丝毫没有察觉自己已坐在火药桶上，仍因捐钱捐物、热心善事而受到各界人士的夸赞，他觉得脸上有光，很是得意。尤其是被

第九章　南京筑皇城

皇帝赐宴后，更是在家人面前屡次夸耀。他的养女兼儿媳扳环却不以为然，常以谑语相对。沈万三也不恼，一笑置之。说起扳环，就会让人联想起一段心酸往事。

二十一年前，褚氏在周庄沈家照顾几个儿子，沈母王氏见褚氏一个人忙里忙外实在辛苦，就找来丫鬟小月给她做帮手。这年的冬天特别寒冷，一天晚上，下起了鹅毛大雪，不一会就将周庄变成洁白世界。褚氏让小月去柴房取柴生火取暖，小月回来后，对褚氏说："有一串脚印至柴房前就消失了，也没见任何人，真奇怪！"

褚氏说："这有什么奇怪，眼下兵荒马乱的，有个把人从这里经过，很平常呀。"大家皆不在意，一夜无事，只有风雪越来越大。

第二天清晨，褚氏在一阵婴儿的啼哭声中醒来。她起床循声来到柴房，只见一个女人手扳着柴房的门板呆呆立着，胯下还有一个未剪脐带的婴儿。褚氏大吃一惊，赶紧叫来丫鬟小月，手忙脚乱地将产妇和婴儿一起抱扶进小月房内。进到温暖的房间，产妇和婴儿才捡回一条命。接下来怎么办，褚氏做不了主，便向沈母王氏禀报。王氏见这母女俩实在可怜，便暂时收留她们，等儿子沈富回来再作处置。

沈万三回周庄后得知此事，又仔细询问事情原委。产妇说，她姓赵，丈夫是张士诚手下的一名军士，在泰州战死了。她是从高邮那边逃乱过来的，原本准备回汾湖芦墟的娘家，没想到刚到周庄就临盆，慌不择路奔到沈家柴房，她折腾了一夜，扳着柴门环产下女儿。风雪中，母女俩差点冻死，幸亏被褚氏及时发现。

沈万三听了产妇的遭遇，心里说不出的难受，于是收留了这母女俩，并笑着对女婴说："你是你娘亲扳牢门环生下来的，就取名'扳环'吧。"在扳环满周岁时，赵氏想带女儿回娘家去讨生活。沈万三说，一个寡妇家，带女回娘家定不受人待见，怎么养得活孩子呢？加上他又很喜欢扳环，舍不得她被带走。因此，他给了赵氏一笔钱，让她独自去谋生，扳环则留下来做他的养女。

赵氏离去后，沈万三找算命术士给扳环算了一次命，术士说，此女是守财星投胎凡间，能兴家守财。沈万三虽然不信，但他对扳环更加疼爱。后来，勤快老实的沈金二十出头还没能成亲，于是沈万三就做主将扳环许配给沈金。

有一次，沈万三捐款修建了京城南门口的长安桥，又在几个小辈面前夸耀，扳环听了，半嗔半笑回敬道："公公好德行，确实是小辈们的榜样，儿媳愿意效法公公，也积德行善做好事。"

沈万三以为扳环在调侃他，微笑着问："那你说说，怎么个学法？莫非也要捐款造桥？"

"对，我已经发现了一个急需修桥的地方，我要自己造一座新桥！"扳环认真地说。

"你选中在哪条河上建桥呢？"沈万三问。

"这个暂且保密，到时给您一个惊喜。"

"既然这样，我也再选个地方造桥。不如咱们父女比一比，同日开建，桥建成之前互不通讯息，到时看谁最早修造完，并造得好。"

扳环也不客气，一口答应。她请好工人，清明节，别人都三五成群去上坟祭祖，沈万三翁媳俩却选这日同时开始造桥。一个多月后，沈万三造的一座单孔高拱石桥再有三天就可竣工，桥的造型美观，质量很高，他越看越高兴。他心想，扳环虽是女中巧手，但这造桥可是一项专门技艺，这次只是考考她的胆略，即使造不好也无所谓。他正想着，忽然传来一阵锣鼓声，接着有人来向他报喜：媳妇桥已经建成。沈万三忙带了几人去验看，只见一座三孔长桥横跨河上，拱桥扎实坚固，桥栏精致玲珑，非常漂亮，比他造的桥气派多了。更让人佩服的是，造桥费用未动沈家分毫，全是用的她的私房钱。

明代随笔札记《五杂组》记载："迤东有赛公桥，云沈（万三）

造数桥，自以为能，诮其子妇，子妇恚，自出己财钱为之，其宏丽工致，又倍于沈。故以'赛公'名也。"说的就是这件事。

第四节　犒军惹大祸

古语云："匹夫无罪，怀璧其罪。"沈万三修建城墙有功，又热心善事被人们赞誉，但是朱元璋并没有因此放过沈万三，他一心想治沈万三的罪，只是还没有找到机会和借口。

洪武十年（1377年），沐英随卫国公邓愈出征西南并任征西副将军，邓愈、沐英领兵至甘肃、青藏，分三路前进，进攻川藏，一直打到昆仑山并得胜而回。

是年底，沈万三刚从周庄返回京城，就听到这一喜讯，非常高兴。因为他与镇国将军沐英是要好的朋友，此战后沐英以军功被封为西平侯。他原本只想上折子或者写封贺信，表示道贺，但听说朱元璋想犒赏三军，沈万三便改变主意。他直接向朱元璋上折，说："雄师东征西讨，南攻北伐，屡建奇勋。将士劳苦，小民愿捐资犒赏三军。"

朱元璋终于找到了惩治沈万三的借口，于是他将沈万三召进宫来，有意刁难他说："西征大军有近百万，你能把每个人都犒赏到吗？"哪知沈万三豪爽回答："愿每个士卒犒金一两！"朱元璋听后惊讶不已，稍后怒道："虽是你的一番好意，但朕不需要你用钱来赏。"他心里立马起了杀掉沈万三的念头，对御史台的人说："一介平民，却胆大妄为，要犒赏天子的大军，必是借财势污长犯上的乱民，其罪当诛。"然后传令左右侍卫："把这个有僭越谋逆之心的家伙押入死牢待斩！"

马皇后听说了这件事后，立刻出来劝谏说："臣妾听说国家刑律专门用来惩治那些作奸犯科的不法之徒，而不是用来滥杀无罪之人。

一个老百姓富可敌国，这是他自己的不祥之兆，对这样的百姓，根本不劳皇上亲自动手，上天自会替您惩罚他。"

朱元璋听了皇后的谏言，心想："朕真要把沈万三杀了，不仅再不能从他身上榨到钱，那些有钱的地主富豪必将望风逃匿，或隐藏财富，朕又不能强抢豪夺，这样财路就全断了。现今国库还不充盈，而对百姓还要继续减免赋税，杀了沈万三害大于利。"于是，他说道："既然皇后为他求情，朕就免他死罪，但活罪难饶，将他流放至滇地，看他还有什么本事生出金银来。"

在监牢里，沈万三听了宣旨，不寒而栗。流放云南，那可是比杀头还难受啊。他知道，滇地当时还不在大明的统治下，朱元璋曾几次派使者去那边与梁王和谈，结果都被杀。明军多次西征，财力军力损失也不小，反而将元朝的残余势力逼逃到了云南。如今将沈万三流放去那样的蛮荒之地，生死由命，身体上的折磨不必说，精神上也将面临极大的摧残。

沈万三猛然感到金钱在权力面前是多么不堪一击，生命在权力的震慑下又是多么脆弱无力。"白衣天子"一夜之间从天堂坠入地狱。这时候，周庄的百姓听说"沈财神"被关进了死牢，纷纷进京城请愿，让朱元璋很难堪。没想到这个沈万三竟然比当朝新帝还受人爱戴。他这样一想，顿时火冒三丈，下令把请愿的人全抓起来，待罪论处。

沈万三从一个来探监的朋友口中得知消息，他不仅为自己悲哀，更加担心家人、乡民受牵连。他让朋友带出口信，不许妻妾子女来京城请愿，能逃就逃，只要能逃过这一劫，甚至可以改名换姓。他最担心的是在周庄的儿子沈茂，这个儿子耿直憨厚，勤劳节俭，他把家族荣耀看得很重，如果朱元璋要株连的话，沈茂首当其冲。

不过，事态的发展比沈万三预料的稍好。太子朱标天性善良，虽性格较文弱，但在大是大非问题上，从不向皇帝妥协。他最初听闻父

第九章　南京筑皇城

皇要诛杀沈万三等人，就强烈反对。后听说因母后劝谏，父皇赦免了沈万三的死罪，这才稍感心安。但接下来，他又听说父皇迁怒于来京请愿的老百姓，准备大开杀戒，他骇然痛哭，恳请父皇收回成命。朱元璋对太子的请求置之不理，并不许他入殿奏事。

快过年的时候，又有传言说，周庄镇上受沈万三案牵连者甚多，甚至说朱元璋打算尽诛周庄所有乡民。朱标更加慌张，却没有好办法劝谏父皇，以致几乎失去理智，以绝食相逼。这时，有一个名叫徐民望的读书人挺身而出，不避斧钺，冒死来到南京告御状。状子几经辗转，送到了朱标手上，这才让他有了面见父皇的理由。

朱元璋无奈，只得让太子觐见。朱标代表百姓，把状子呈给皇帝。这份诉状历数百姓千般苦难，讴歌朱元璋拯救百姓于水火，表达百姓对新朝皇帝的爱戴，要求圣上赦免百姓。与其说这是一张诉状，不如说是一篇赞颂皇帝功德的颂歌。朱元璋读了状子很感动，御书"尔是好百姓"五个大字，客客气气将告状的徐某送回，因此周庄全镇老小得救。沈万三的亲属中，直接受此案牵连的仅他的女婿余十舍，余十舍被流放潮州。

沈万三被关进大牢后，家人们都不敢来探监，他心里时刻记挂着他们的安危。在妻妾中，他觉得最对不起陆九娘。自己发家的根底是由陆家奠定，除了发妻张氏，陆九娘是他最早爱上的女人，但最迟才娶她入门，至今没生个一男半女，陆家如果就此绝后，他死了都没法向陆老爷交代。朱丽娘也是他很疼爱的女人，可惜到周庄后还没过上几年好日子，就香消玉殒了。还有褚氏、沈金、扳环、李氏及四子春鸿……他希望他们改名换姓逃走，留得青山在……

沈万三正躺在地铺板上想心事，突然牢门打开，走进一个人来。他坐起一看，惊讶不已，连忙起身作揖："原来是西平侯沐大人，罪人沈某诚惶诚恐。不知侯爷来此何意？"

沐英说："我只是受人之托，来看看沈老板。"

"沈某这样的待罪之人，哪个朝廷命官敢来看视？侯爷高贵之躯，敢冒险前来，实令沈某感佩不已！"沈万三激动难抑。

"我可不敢触犯龙颜，是太子殿下让我来的。沈老板知道太子殿下是慈悲心肠，鉴于你曾为朝廷做过些好事，他让我带一句话给你——滇地那边有卫所，到了就老老实实地屯田。我也不方便多言，你自己保重。"沈万三没来得及说一句感谢太子的话，沐英就走了。

太子朱标见过沈万三几次，对他的印象不错。沈万三虽然爱炫富，但并不是为富不仁之人，相反，他行善积德，造福乡里，他在百姓中的口碑很好。太子一向反对父皇滥杀无辜，这一次虽然因他母后出面没开杀戒，但把罪人流放到还没有官府衙门治理的地方去，他搞不清楚父皇所图为何。他问沐英，犯人被递解过去后交给谁。沐英告诉他，几年前，那边设有几个屯田的卫所。太子只是顺口问了一句，沐英便领会到他的意思，亲自到大牢来，特意给沈万三暗示：到了那边就去投奔卫所。以沈万三的精明，沐英相信他完全能理解太子的这番善意。

第十章 云贵见巨富

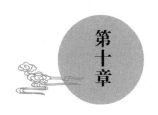

第一节 开矿筑路

洪武十年初春，刑部派差官押解沈万三前往滇地。闻讯赶来的周庄百姓和京城的一些市民涌到街口，为沈万三送行。在拥挤的人群中，沈万三发现了自己的小妾黎氏，一个劲朝她喊："回去！别过来，别过来！"

黎氏还是奔过来，抱着他号哭，直到差官强把她拉开。她想把肩上背着的包裹递给沈万三，里面有衣物和食物，但差官不准。沈万三悄声对差官说："我劝差官还是把包裹拿过来吧，这里面肯定有银子。"

待差官接过包裹，沈万三又对黎氏喊道："回去吧，照顾好孩子和家里，别为我担心！"然后，他在送行人的劝慰、惋惜、嘱咐声中走出城去。

再见了，聚宝门！再见了，南京！他在心里念叨着。

两个差官因为押解的是皇帝钦定的罪犯，一点也不敢大意，一路上谨慎小心，生怕有谁来劫人。待出城走了很远，沈万三小心地对差官说："两位差官，我建议咱们租辆马车，这样步行至滇地，耗时太久，恐怕误了时间。"

"你以为我们不愿意呀？可衙门不给钱，难道要我们自己掏腰包不成？"一个差官没好气地说。

沈万三说："要不然这样，你们先垫付出来，待返回南京后，去我的店铺里讨要，他们定会如数奉还。"

"你在京城的所有店铺早被没收充公了，哪还有什么店铺！"另一个差官说。

沈万三说道："这也没关系，你们可以去周庄找我的家人讨要。你们不是见过我妻子了吗？她是个通情达理的人，知道实情后，她会给你们钱的。"

差官说："没有你的授意，她会相信我们吗？她肯定会把我们当骗子。"

"我写封信让你们带回去，就当是送信的钱。"

"送信也要不了那么多钱呀。"

"这不打紧。你们就跟我妻子说，为了送这封信，特意租了辆马车，她绝对会一文不少地给你们，甚至比你们想要的还多。"

"难怪有人把你当财神，你还真是会做生意。"一个差官说。

另一个差官说："你不如给我们讲讲怎么经商做生意吧，一路上也好解闷。"

沈万三说："那你们知道何为商？何为贾？"

差官疑惑地说："商和贾都是指生意人，有什么区别呢？"

"'商'其实是指游走在各地的商人，拥有店铺、坐地经营的店家才叫'贾'，就是所谓的'行商坐贾'。古人早在《易经》中就说：'日中为市，致天下之民，聚天下之货，交易而退，各得其所。'这便是做生意。其实，做生意最重要的是懂得低价进、高价出，讨价还价。你们知道怎么把四文一斤的菜还价到三文一斤吗？我告诉你吧，其实

第十章 云贵见巨富

很简单。最好分两步走,先是还价到十文钱三斤,等到人家答应了,再还价到三文钱一斤……"

正说着,三人就到了一家马车店门口。差官去掉沈万三的手枷,让他换成自己的衣装,去与店铺老板谈租车生意。过了一会儿,沈万三回来对两个差官说:"我已经谈妥了,十两银。"两个差官果真掏出了盘缠。

随后,一匹瘦马拉着一辆破旧马车又上路了。一路上,三人有说有笑,完全没有解押犯人的紧张之状。他们沿长江南岸一路向西,不知渡过多少道河流、湖泊,翻过多少座山冈、丘陵,进入湘境。之后,再沿沅江而行,辗转一月,误入湘西。这一带崇山峻岭,道路崎岖,他们不得不弃车步行。听当地人说,这个地方土地贫瘠,穷人多赴川东或黔东地区,以作小贩、采药或狩猎为生。在荒山野岭中,瘴气很重,恶性疟疾流行,生活环境恶劣到极点,除当地的苗族人以外,外人很少去。就是有胆大的商人冒险穿越这片荒地,也多半客死异乡。这里早有"赶尸人"的传闻,赶尸人利用秘术,将荒野的弃尸带回家乡,让他们入土为安。

沈万三听了这些传闻,恐怖感油然而生,对滇地的生存环境更不敢想象。又一个月后,他们经遵义到了贵州七星关(今毕节)。

在七星关驿站,两位差官向人打听他们的目的地宣威卫所。当地知情人告诉他们,往西南去,即使能跨过六盘水,也只能到达威宁,因为再往南就是梁王元蒙势力占据的地盘了。宣威也没有大明的卫所,原有一个千户府,在大明派出的和谈使臣被梁王杀死后,千户府也撤走了。

这下两个差官为难了,进无处进,退又不敢退。两难之际,他们在驿馆遇上水西(今大方)君长、贵州宣慰使陇赞·霭翠及其夫人奢香。其时,贵州宣慰司是明朝廷在西南边陲的最高行政机构。因此,两个押解沈万三的差官便把他交给了宣慰使霭翠。

陇赞家族之祖在宋朝时从陕西南下入蜀，后又由蜀入滇。传至霭翠这一辈时，正是元明两朝交替的时期。宋朝末年，陇赞家族以鸭池河为界，分贵州为水东、水西两部分。早在洪武初年，水西彝族默部土司霭翠便率部投靠了大明王朝，并致力于促进西南边陲民族团结与国家统一。洪武四年（1371年），霭翠入朝，朱元璋将原顺元路改为贵州宣慰司，赐封他为贵州宣慰使。洪武八年（1375年），奢香与霭翠成婚，人称"奢香夫人"。奢香婚后成为霭翠的贤内助，经常辅佐丈夫处理宣慰司的政务。在与丈夫共同生活的过程中，奢香逐步增长了摄政理事的政治才能，逐渐以贤能闻名于水西各部，受到族人爱戴，被尊称为"苴慕"（君长）。

当得知差官递解的人犯就是京城大名鼎鼎、富可敌国的"财神"沈万三时，奢香夫人热情地接待了他们。以前，霭翠进京朝拜时，也曾听说过沈万三捐资修路修桥、修城墙廊廓、救贫济困、造福乡里的诸多事迹，对这位未曾谋面的富商十分钦佩。他与奢香夫人在驿馆设宴款待了沈万三和两位差官。

差官虽然职位较低，但毕竟是京城刑部派遣的人员，宣慰司按正常程序签了接收人犯的回单，两位官差也就能回去交差了，沈万三则被留在水西。

时年仅十六岁的奢香有识人之明，她简单询问了沈万三的基本情况后，便热情相邀："听说沈老先生不仅有经商秘诀，还有筑城修桥方面的丰富经验，不知老先生是否愿去顺元城（今贵阳）助我们一臂之力？"

沈万三说："多谢宣慰使夫人抬爱，在下感激莫名。不过，在下只是个小小的商人，且是谪戍之人，哪有资格承此盛情？况且在下对本地风土人情一无所知，又能提供什么帮助呢？"

奢香夫人笑道："沈老先生过谦了，滇黔之地没有谪戍之见，所有人都在为生存辛勤劳作，老先生从内地来，一路上的见闻想必不少，

第十章 云贵见巨富

肯定已经感受到滇黔是一个怎样的原始之境。老先生到了这里，只能委屈地做一个蛮荒之地的贫民了。夫君打算采取相应措施，改变本地贫困落后的面貌。"

沈万三说道："听夫人所讲，这计划必是庞大无比，恐怕要有众多专门人才协力相助。我是个跑生意的，可算不上专门人才。"

奢香夫人笑了笑，说道："沈老先生说得对。仅靠几人之力，仅凭一朝一夕肯定不能改变本地的面貌。其实，夫君第一次进京的时候，就向朝廷提出请求，希望朝廷派遣一批精通文化教育、农林经济、矿采运输的才士来援助我们，且我们也结识了不少名士，可又有谁心甘情愿到这苦荒之地来呢？凭我们对沈老先生的了解，您不仅是经商高手，也是城建和路桥修建的奇才，所以冒昧相请。希望您帮助我们通过修路、开矿打开原始的封闭状态，把荒僻之地与外界连接起来。"

沈万三被霭翠及奢香夫人恳切的态度打动，当即表态说愿意为当地发展尽微薄之力，便随霭翠夫妇去了顺元城。"贵州大开发"的第一次浪潮随即到来，沈万三在这次浪潮中充当了一个无名英雄。

宣慰司打算在遵义习水、七星关、赫章、清镇、安顺关岭等地开矿。这一带矿藏丰富，产地规模大，且矿石质量优、埋藏浅，易选易炼。沈万三并不懂采矿业，但他善于学习。他花了差不多三个月时间，把几个主要矿区都跑了一遍。通过实地考察，他从中发现了一些需要解决的问题。他发现这一带虽然矿产资源丰富，但是利用效率低。煤的产量很高，但很大一部分堆积在露天矿场，运输不出去，且煤在存放与运输中的损耗很大。尤其锌矿，出产较多，在当地却没有多少实际用处，解决的办法就是运往有需要的地方，但山路曲折，运输成本极高。

还有，各矿场都存在矿井开采巷道狭窄、矿工人数多、矿井塌方、瓦斯爆炸、矿井内部透水、火灾频发等隐患，解决办法除了减少挖采人数外，就是将开采巷道拓成双通道，即将进口与出口分开，形成环道。

这样做不仅便于人员和矿产进出，还可以减少事故的发生。沈万三的建议被采纳，在各矿场实施后取得了显著成效。在他的建议下，锌矿、铅矿的露天开采环境得到大幅度改善。

沈万三是理财的核心人物之一，让他头痛的是宣慰司财库的钱捉襟见肘，很多地方都急等钱用。虽"大明通行宝钞"已发行流通，且钱钞并用，但宝钞贬值太快，没有铜、银保值，白银成为稀缺货币。因此，沈万三贡献出从张三丰那里学到的炼金术，利用当地汞和铅藏量丰富的有利条件，炼制汞化银（实际即铅汞合金）。不过这种炼金术产能有限，且汞化银也无法完全替代白银。

在"羊肠险恶无人通"的贵州高原，开采出再多的矿物，也没法及时运往所需之地。当时只有两条路通往此处，其一是经关中、秦岭到达汉中，由汉中经由巴蜀到达贵州；其二则是从湖南出发，依靠湘江到达广西，再经云南到达贵州。无论是哪一条路，周围皆是层峦叠嶂，树木茂盛，几乎看不到人烟。高山密林之中，往往险象环生，若是没有当地人带路，过路的客商十有八九要迷路，且丛林之中常有毒蛇、猛兽出没。

奢香请来很多专业人士一起讨论，制定出修筑古驿道和大办运输业的计划。主修道路有两条，一条向西，经贵阳，过乌撒，达乌蒙（今云南昭通）；一条向北，经草塘（今瓮安县境）到容山（今湄潭县境）。由于霭翠政务、军务繁忙，这一计划便主要由奢香主导和主持，沈万三相当于幕僚出谋划策，不少事情还要亲力亲为。

洪武十四年（1381年），霭翠病逝，奢香代袭贵州宣慰使之职。此后，她大展拳脚，主持开辟的驿道成为纵横贵州以达云南、四川、湖南边境的交通要道，沟通了边疆与中原内地在政治、经济和文化上的联系，同时把贵州的矿产生意越做越大、越做越远。

奢香曾几次到南京，通过朝觐、禀呈政务、输赋、进贡地方物产和马匹等活动，加深贵州和明王朝中央政权的联系，"报施之隆亦非他土司所敢望"。沈万三本想托她去周庄看看，打探一下家人的消息，但又怕朱元璋知道后给奢香带来不必要的麻烦，他只能请她带去书信转交。得到的反馈信息比他预想的要好，他在边地的心情也越来越开阔。沈万三觉得这蛮荒之地有明净的天、轻柔的风，一点都不比京城差，他的心灵感到自由、富足，不再怕失去，也不再怕被毁弃。

奢香自从走出大山后，眼界开阔了，深感贵州远在边陲，贫困落后，决心"躬亲倡文明"。她摄职期间，多方结识中原内地的人才学士，招募商人纳米中盐，在普定、普安、华节、屋台、平越等地聘迎汉儒到贵州兴办宣慰司学，传播汉文化。她还招来能工巧匠，传授先进的耕织技术，开置农田，发展生产。在她的治理下，水西地区空前繁荣，彝汉融和，百姓安居乐业。中原经贵州通往川、滇、湘的通道被彻底打通，西南地区的经济开始得以快速发展，有利于中原王朝对西南地区的控制。

第二节　重开茶马古道

洪武十四年（1381年）秋，朱元璋任命傅友德为征南将军，蓝玉、沐英为左右副将军，都督胡海为先锋，率三十万大军南征。大军兵分两路，从东、北两个方向进攻云贵（时称云南行省）。

大军在出发前，朱元璋在帐前训话，特意向几位将帅面授机宜："云南偏僻遐荒，行师之际，你们当知其山川地势，以规进取。朕曾浏览那里的地形图，并向很多人咨询过，得到一些扼塞取之计策。你们应当自永宁（今四川叙永）先遣骁将率一军向乌撒（今贵州威宁一带），以阻断乌撒的援军；中军主力随后由辰沅入普定（今安顺），分别占据要害之地,然后进兵曲靖。曲靖是云南的咽喉,也是敌之重兵设防地区,你们务必审察形势,用智谋出奇制胜,否则曲靖很难拿下。取曲靖之后,三将之中,一人可以率精兵直趋乌撒,并会合永宁出发的先遣军一起行动。中军主力则直捣省府昆明,敌人多处受牵制,必然手忙脚乱,疲于奔命,我大军也就不难成功了。攻克昆明后,还可分兵直趋大理,其余小城寨则可遣人招降,不必苦战,以免造成太大伤亡。"

傅友德统率明军从应天北龙江口出发,沿江西上,三十万人马浩浩荡荡,旌旗蔽空,由长江直入湖广。然后,傅友德令胡海、陈桓、郭英、周必贤等率兵五万为北路军,由永宁经乌撒攻克可渡河。傅友德则自统二十五万大军,由湖广辰州(今湖南沅陵)、沅州(今湖南芷江)入贵州,攻克普定、普安(今盘州),降诸外族,进攻云南曲靖。

曲靖是云南的北大门,梁王知道明军将抵达曲靖,就把他的十余万精锐部队布防在曲靖的白石江南岸一带,并委任元行省丞相司徒平章达里麻为主帅,统领这支军队抵抗明朝大军。傅友德见梁王意欲顽抗到底,于是集中了大明优势兵力,打算与梁王主力决战。

这一天,大军行至离曲靖数里处时,突然天降大雾,笼罩四野,数米之内难以看清对面人的面目。沐英向主帅傅友德建议:"元军已陈兵对岸,扼制水面,这样的天气渡江于我不利。元军探知我军补给困难,绝不会想到我们敢快速深入。我们如果麻痹元军,绕开正面防御,从侧后奔袭必然会出敌不意,一举克敌。这应该就是皇上告诫的出奇制胜之计。"

傅友德毫不迟疑,下令大军只摆出渡江的样子,临江而立。达里麻果然拥精锐扼水上,要阻止明军渡江。沐英则另派数百人绕道至下游偷渡,到达对岸后鸣金吹角,大造声势。达里麻见状,还未搞清情况,便急忙调精兵回攻岸上的明军。这股明军且战且退,尽量拖延时间,掩护主力渡江。眼见元军阵形大乱,沐英拔剑发令,明军乘机过江。

第十章 云贵见巨富

明军渡江后,与元军展开激战。沐英施展手段,以铁骑直捣元军中路主力,彻底打乱元军阵形。蓝玉率部随后冲杀过来,元军大败,最终约三万人被俘,主帅达里麻也被生擒。

曲靖被攻克后,梁王就丧失了固守云南的信心,元军主力尽失,他料想昆明难守,便与左丞达的、参政金驴尔遁入罗佐山,后自缢而亡。沐英、蓝玉率部直逼昆明,昆明不攻而破。

明军占据昆明后,蓝玉派景川侯曹震、定远侯王弼、宣德侯金朝兴率兵两万余,分道进取临安诸路。仅百余日,盘踞云南的元朝残余势力基本被消灭。大明置云南左、右、前、后、普定、黄平、建昌、东川、乌撒、普安、水西、乌蒙、芒部、尾洒十四卫指挥使司。

洪武十五年(1382年)闰二月,朱元璋命沐英、蓝玉率兵西攻大理,同时诏谕乌蒙、乌撒、东川等官民:"尔等其洗心涤虑,效顺中国,朕当一视同仁,岂有间乎?"沐英所部再移军进攻大理,剿灭段氏势力。这一年,沐英率军返入滇池,与傅友德呼应镇压乌撒、东川、建昌(今四川西昌)、芒部诸叛军。自此,明军完全占领云贵之地。

洪武十六年(1383年),朱元璋下诏命傅友德及蓝玉班师回朝,按战功封颍川侯傅友德为颍国公,永昌侯蓝玉增加岁禄五百石,其女被册封为蜀王妃。其他有功人等也一并加官晋爵。

傅友德奏请,按惯例,应留心腹大将驻守滇黔。朱元璋经挑选,决定让他的养子沐英留守这里。

就在明军平定滇黔的两年多时间里,贵州都指挥使马烨制造了一起构陷贵州宣慰使奢香的恶性事件。

洪武十四年(1381年),水西一带大旱无雨,田间杂草丛生,民心疲困。奢香夫人奏报朝廷,请求政策优抚。朱元璋派遣武将马烨担任贵州都督,代表朝廷行驶军政管理大权。马烨为人好大喜功,为了追求功名利禄不择手段。为了自己的功名富贵,他故意制造事端,百般挑衅当地土司部族，想激起变乱，他再派兵镇压，借此立功。

马烨指使麾下兵士在开置普定驿时大肆杀戮平民，并强迫奢香交纳超出朝廷要求之外的赋税。可此时，贵州正遭大旱，粮食颗粒无收，百姓连吃饭都是个难事，无力缴纳多余的赋税，被逼得生不如死，随时可能爆发动乱。奢香夫人为了治下的百姓，她几次三番向马烨行文，陈述强征赋税不可行，可是马烨不但不听劝告，反而借口奢香夫人抗旨不遵，将她抓到贵阳，然后指使兵士脱光奢香夫人的上身，让其裸露身体，并鞭笞奢香的背部，希望借此惹怒当地百姓，逼他们造反。

奢香夫人忍辱负重，采纳部下刘氏的建议，"吾为汝诉天子，天子不听，反未晚也"。刘氏日夜兼程，进京求见朱元璋。在明代田汝成所著的《炎徼纪闻》中有如下记载：

> 刘氏遂飚驰见太祖白事。太祖召讯之，刘氏对曰："罗夷服义，贡马七八年，非有罪，马都督无故骚屑，恐一旦麋沸，反谓妾等不戢，敢昧死以闻。"太祖然之。还宫以语高后，且曰："朕固知马烨忠洁无他肠，第何惜借一人以安一隅也。"命高后召刘氏宫中，讯之曰："汝能为我召奢香乎？"刘氏曰："能。"即折简奢香，令速入见。奢香遂与其子妇奢助飚驰见太祖，自陈世家守土功及马烨罪状。太祖曰："汝等诚苦马都督乎？吾将为汝除之。然汝何以报我？"奢香叩头曰："若蒙圣恩，当令子孙世世戢罗夷不敢生事。"太祖曰："此汝常职，何言报也？"奢香曰："贵州东北间道可入蜀，梗塞久矣。愿为陛下刊山开驿传，以供往来。"太祖许之。乃召烨入朝议事。烨初不知所以，既出境乃知之。大恨曰："孰谓马阎王？乃为二妮子坑耶！悔不根薙楮为血海也。"既入见，太祖数其罪状，烨一无所答，第曰："臣自分枭首久矣。"太祖怒立斩之，以其头示奢香曰："吾为汝忍心除害矣。"奢香

第十章 云贵见巨富

等叩头谢。乃封奢香"顺德夫人",刘氏"明德夫人"。高后赐宴谨身殿,遣归赏赉甚厚,命所过有司皆陈兵耀之。奢香既归,以威德宣谕罗夷,罗夷皆帖然慑服。

构陷奢香事件一发生,沈万三就无法继续在水西待下去了,只得前往云南。他听说西平侯沐英驻守在昆明,于是决定前去投奔。

沐英在军帐里与他相见。二人寒暄一番后,沐英拉过一张藤椅让沈万三坐下,又亲手给他倒来一碗水。两人都坐定后,沐英才用略带惋惜的口吻说:"我们来迟了。这六七年过去,沈老板已是两鬓斑白,想来是吃了不少苦的。"

沈万三说:"吃苦遭罪倒不必挂怀,这里的环境远比我想象的要好,且我在贵州还遇到了贵人,这几年也算没有白过。"

"我也早听说沈老板一直在水西一带活动。大军入滇之初,我就曾派人去寻,但因时间紧促,无果而返。现今沈老板来得正是时候。"沐英看了看沈万三,接着说,"父皇有让我长守西南边陲之意,你知道,我打小就在军营里长大,开疆拓土自不在话下,但要长期驻守,治理一方,仅靠武力恐怕不行。何况云贵地处荒僻,少数民族居多,军民的生计得不到保障,长治久安是很难奢望的。沈老板有何良策帮助我让这一带变得富裕一点?"

沈万三说:"侯爷这样抬举我,只怕要让你失望。我人生地不熟,对地理物产、人情习俗也一无所知,哪能拿得出良策?"

沐英说:"听说沈老板在水西做得很不错,那你且说说在那里是怎么做的吧。"

"一句话,因地制宜做生意。"沈万三一谈起生意就格外兴奋,"奢香夫人是当地人,她知道当地有哪些物产丰富又值钱,并有成熟的总体设想,这样才能有条理地确定具体怎么做。"

"不如这样吧,你就在昆明住下来,好好帮我谋划谋划。"沐英提议道。

沐英居住在一个逃亡吐司的宅邸,沈万三被安排到这座宅邸的侧厢房。这样,沈万三又做起了西平侯府幕僚。

安定下来后,沈万三花了几天时间在周边走走看看,但没有发现什么商机。当时,昆明并非滇地的发达地区,滇地最发达的城镇是大名鼎鼎的古都大理。他听人说,早先有一条商路可经大理直通西域,但由于地方势力的袭扰,商道渐渐荒废。沈万三顿时兴奋起来,做长途异地生意可是他的看家本领。

他向沐英借了一匹战马,准备沿古道一路寻过去,做一次探险。沐英知道这条路多有艰险,沈万三这时已五十多岁,身体可能吃不消,况且途中难免遇上流寇盗匪,于是沐英叫来一个年轻侍从,给沈万三当向导兼陪护。沈万三不好拂了他的一番好意,欣然接受。

第二天一早,沈万三跨上战马,像一名气宇轩昂的出征战士,冒着小雨往昆明西面进发。昆明并不在古道轴线上,好在随他探险的侍从是本地人,又参加过平定大理的战役,在他的引导下,两人穿过河谷、丘陵、湖泊。这里复杂的地貌把沈万三搞得晕头转向,不过沿途景色格外迷人。小雨滋润着广袤的滇西高原,山川处处生机勃勃。红花白花、黄花紫花……漫山遍野似云似雾凸显娇娆,藏不住的风采随风摇曳,如梦如幻。

在第四天,他们终于拐上古道。在踏上古道的那一刻,沈万三就为大自然的神奇伟力震撼了。两边是逶迤起伏的苍山,烟雨在山间峡谷中弥漫,他们时而跨过清澈冰凉的小溪,时而攀越崚嶒,时而行走在满地松针和落叶的林荫道上。这是澜沧江最大支流漾濞江进入大理的一段路,峡谷风光让人叹为观止。

经巍山至大理,便是白族的聚居地,城内城外满溢着浓郁的白族

第十章　云贵见巨富

风情。沈万三的心思并不在自然风景上,他知道大理的铜、银器加工技艺首屈一指,但又不好贸然跟白族居民打交道,只能遗憾地离开大理,继续北上。

他们继续前往高原水城——纳西古城(丽江)。过了剑川,便入丽江境。这一带以纳西族为主,民居依山傍水,错落别致。古桥下流水潺潺,清冽透明,小河清澈见底,纤尘不染。两岸的纤纤垂柳,素雅娴静。

然而,在美丽迷人的景色中,他们迷路了。幸亏一个从思茅来的商人熟悉这条古道,可以做向导。他告诉沈万三:"你们的马不适合走这条道,再往前,山路崎岖,藏马是最适合走山路的,强壮稳健、能耐受高原风土。稍逊的云贵本地马也行,贵州马属于山地马,头小、颈长、肢长、腰身短,适合在山地快速行动。"

沈万三一直认为战马在任何情况下都是良马,跑远路最有优势,但听这位商人一说,才对山区的马有了新的认知。他兴致盎然,与这位商人一路走一路谈,很快与这位李姓商人成为朋友。

过了玉龙山,他们又走进一个神秘的世界——中甸(香格里拉)。"甸"为彝语,意为"坝子""平地",藏语则意为"心中的日月"。怒江、澜沧江、金沙江几乎并排经这里流向远方,险峰峡谷纵横交错,江河溪流源远流长,湖泊温泉星罗棋布,造就了这块神奇美丽的乐土。一路走过,他们看到了两山(碧罗雪山、高黎贡山)夹一江的奇景,有悬崖险壑、瀑布清泉、双峰耸翠,有阴阳洞天,有流霞晚照……

再往北,便进入横断山区,要走一段更加险峻的盘山路。横断山脉苍茫起伏,在悬崖峭壁间有一条极窄的栈道,下面就是万丈江水,有时遇到大风,马锅头甚至马匹会被突然刮落江底。盘山路宽处六七尺,窄处仅三四尺,有几次他们差点从山崖上掉下去。这是古道最险要的一段,是一条挂在悬崖上的生死线,要想穿越它,就要用生命去冒险。

走过盘山路，几人都大汗淋漓。前面就是德钦，梅里雪山遥遥在望。卡瓦格博峰下，冰斗、冰川连绵，犹如玉龙延伸，冰雪耀眼夺目。据说，日照金顶是梅里雪山的一大奇观。过了梅里雪山就真正进入了藏地，不过沈万三不打算翻越梅里雪山，而是准备打道回府。在此地，沈万三与李姓商人分别，临行前，两人约定年后在思茅相见。

历时五十多天，沈万三扎扎实实地在绵延千里的横断山脉高山峡谷里，在云南、四川与西藏三省交会的丛林草莽中的这条神秘古道上走了个来回。回到昆明后，他立刻向沐英提建议。

沐英虽贵为西平侯，但他白天一般都待在军帐里，这是他多年来养成的习惯。他让侍从给沈万三泡了茶，然后两人坐下来慢慢交谈。

"没想到沈老板你年过半百，居然还亲身历险，远涉数千里，不知有怎样的收获？"沐英颇有兴致地问。

沈万三说："我是个生意人，一年四季都在外奔波，就像侯爷习惯住在营帐里一样。要说此行有何收获，还真不少。最初，走在这条古道上，我们时时都在警惕遭遇危险，但走得越远，就能观赏越多高山峻岭、大江大河、林莽草原、野花湖泊，还能感受到隐匿在大自然中的奇观。什么危险都被我抛诸脑后了。我最初只是想到大理，结果一忘形，就到了德钦。"

"没想到，沈老板依然保持着少年情怀。"沐英赞道。

沈万三哈哈一笑说："侯爷，我之所以这样说，是因为很喜欢这条古道。真正有价值的是，重新打通茶马古道正是一条生财之道。"

沐英说："这条道据说已经废弃很久了，尤其是盘山路和铁索桥，重新打通想来困难很大。"

沈万三说道："的确，那里的水势汹涌、惊险多变，山路陡峭，路就设在悬崖峭壁上，我差点从那三尺多宽的盘山路上掉下去。反过来想，正是因为路难行，货物交易的利润才会大。如果是平坦大道，

第十章 云贵见巨富

那生意倒不好做了。"

"那有哪些生意值得去冒这样的风险呢?"沐英问。

"侯爷你看,就是这个。"沈万三扬了扬手中的茶碗,"茶,是滇黔取之不尽的宝贝。听人说,藏地民族可以三天无盐,但不可一日无茶。我当初在做通番贸易时,也发现不少番国人嗜茶如命,茗茶更是精贵得很,这是其一。其二,做盐生意。朝廷施行盐引制,其实里面的门道很多。"

"盐的门道我略懂一点,但朝廷明文规定,谁敢碰呀!"沐英说。

"朝廷不是说可用粮食换盐引吗?侯爷手下十几万人马,如果让他们去屯田,还怕没粮食?有了粮食就等于有了盐引,这不就合法了吗?仅以此两大货源为基础,就可把生意做大。况且,还可以把中原的丝绸、瓷器等物品纳入进来,那生意想做多大就能做多大。不过,若路修不通,一切都是空谈。侯爷,眼下需要你手下的军士先修筑道路,架设桥梁。"

"如此长的路,得动用多少人马?会不会得不偿失呀?"沐英有些心动,但还是很犹豫。

"路虽长,但并非每个路段都要修,我仔细勘察过了,仅需要把几处谷地的断桥架好,补填索桥上的横板,把盘山路窄的地方稍稍加宽,滑坡的地方打桩固牢就行了,算来不会太困难。商路开通后,思茅、西双版纳的茶叶都可销往藏地甚至更远的地方。生意好起来后,官府即可组织自己的商队,又可对道上的行商收税。再往深处想,还可以跟贵州、四川的商人合作,交易更多货物。"沈万三说。

沐英说:"主意不错,但我要考虑一下。这儿虽是天高皇帝远,但你知道我跟太子不同,对父皇不敢有丝毫违逆。不过,为求西南边陲的长治久安,发展经济势在必行。这样,我看能不能把沿途几个卫所的人马调用一下。"

沈万三一听，知道沐英已经接受了他的建议，兴奋不已。过了几天，沐英与自己麾下的几位将军商议后，决定动用五千人去修路架桥、重设索道，准备重新打通茶马古道。

沈万三打算抢先组织一支自己的马队，于是只身前往思茅，与李姓朋友商谈第一笔生意。沈万三倾其所有，购得十余担精品茶叶，与李姓商人的马队北上，再次到达德钦。这里是马帮运输并驻足的大码头。沈万三把十余担上品茶叶交给李姓商人，希望他能换回十五匹藏马。沈万三的眼光独到，这位李姓商人非常守信，从藏地返回后，就把十五匹健壮的藏马交给了沈万三。这样，沈万三回到昆明后，就招募"马脚子"，即赶马人，并建立起自己的第一支马队。

不久，这条茶马古道就畅通无阻了，到达藏地已不再是难事。沈万三坐镇云南，正式在茶马古道上做起了茶马生意。

为了照顾生意，沈万三绝大部分时间都守候在云南驿古镇。该镇地处交通要冲，扼滇西门户，为军事重镇，又因重开茶马古道后，成为最重要的物资中转站，沈万三便常驻于此。这里四季骡马嘶鸣，清脆的马蹄声踏破拂晓，马锅头一声高喊，长长的马帮队伍就上路了。数百年后，这里依然流传着一首歌谣：

> 三月里来三月三，赶着骡马进茶山。
> 普洱茶好人人爱，驮起茶叶走天边。
> 途中路过十里河，十里河水清幽幽。
> 河边有个千家寨，青山环抱古驿站。
> 流水小桥憩歇地，古今传奇故事多。

就在沐英、沈万三打通古道期间，奢香夫人因得到朱元璋的扶助，将以贵州为中心的交通运输通道建设完成。其中，一条向西，经水东过乌撒达乌蒙（今云南昭通）；一条向北，经草塘（今修文洒坪蜈蚣桥）、陆广（今修文六广）、谷里（今黔西谷里）、水西、奢香（今大方大渡河桥西北）、阁鸦（今大方响水小阁鸦）、归化（今大方双山归化）、毕节等九驿。云贵高原"鬼国山河改，皇华驿路存""九驿邮初置，三巴路已通"的局面基本形成。朱元璋曾盛赞"奢香归附，胜得十万雄兵"。

沈万三得知消息后，悄然北上，借助奢香夫人开通的这些通道，在贵州之南的安顺建起另一支马队，将生意向内地拓展。在安顺古城门前，每天都有进出的马队，他们或是归来，或是出发，或是中转，目的地为云南达乌蒙、四川成都及重庆、湖南、广西等地。藏区和川滇边地出产的骡马、毛皮、药材被大批运进内地，而内地盛产的茶叶、布匹、盐巴和日用器皿等生活物资也源源不断地被输入高原。

四川出井盐，而井盐价格特别贵。那时一些人家的灶台上，常常挂着一块用棉线拴着的井盐，烧菜时就提着线将盐放到锅里涮一下，权作放盐。沈万三抓住商机，又组建一支马队专门从粮食价格低的产粮区购粮，然后换成盐引到四川取盐，再经昭通往缺盐的地方贩运。这些商业行为在一定程度上解决了滇黔和西藏等地百姓的吃盐问题。

沈家马帮很快成为滇黔地区最有实力的商贸队伍，阵容庞大，高峰时期有三支马队，共二百多匹马。这段时期，沈万三经常奔波在昆明与安顺之间。他在水西的马队也许是贵州较早的、有规模的商贸运输队。

第三节　沐余联姻

洪武二十年（1387年）九月，沐英回京城述职时，奏请朱元璋说，"云南地产，安置屯田，令军士开耕，以备储蓄"。朱元璋同意了沐英的奏请。

于是，沐英令二十余万军士且戍且屯，每年以七八成屯田、二三成守城，屯田者半饷，守城者全饷，既解决吃粮问题，又稳固驻守。而屯田多产的粮食，则拿去换盐引。贩盐又成为沈万三的生意支柱之一。

因滇黔地区地广人稀，官府陆续从川、湘、赣及苏、闽、浙等地迁入一批百姓，他们开荒种地，采茶、制茶，促进了茶业的发展。此后，滇黔军民在沐英的统领下，开发当地资源，大大发展了滇黔地区的经济。朱元璋听闻奏报后，对这个养子大加赞赏："使我高枕无南顾忧者，汝英也。"

这一年，对沈万三来说，也可谓喜事连连。春上，他的众多家人来到昆明，其中有沈万三的小妾黎氏和小儿子沈香保、次子沈茂、长女沈线阳、女婿余十舍、长外孙女余惠刚等。看到这么多亲人突然出现在自己眼前，沈万三老泪纵横。

沈茂见到须发苍白的老爹，"扑通"一声跪倒在地，哽咽着说："孩儿对不起老爹，是孩儿无能，未能保住我沈家在周庄的家业。"

沈万三边搀起儿子，边说："怪不得你，钱财之事天注定。"他说完便把目光投向余十舍。女婿余十舍是最早受他牵连的人之一，被流放潮州，现今不知怎么来到了云南。沈万三见到他又惊讶又激动，上前紧紧地抱了抱他。这一抱别有深意，有几分亲热，又有几分愧歉。

待逐一问候过之后，沈万三走向黎氏，二人执手相看泪眼，互诉衷肠。沈万三关切地问起陆九娘，黎氏说："陆九娘还住在盛泽，照管着南胜坊、北胜坊的生意。但是，与其说是在做生意，不如是做善事。遇到买不起米的人她就给米，遇到买不起布的人她就送布，甚至讨米要饭的都可以到酒楼饱餐一顿。她的精神很好，时常写诗作画，在乡里享有美誉。"

"阿金和她娘，还有他媳妇扳环怎样呢？"沈万三又问。

"唉，扳环已经不在了。自从扳环过世，阿金和她娘也就不见了，

第十章 云贵见巨富

不知道他们母子去了哪里。"

沈万三听了,忍不住又落下眼泪。"那李氏和春鸿还好吗?"

"他们还在周庄,虽然周庄的财产全被没收了,但东坨和银子浜的房屋犹存,还有几亩薄田。他娘俩在银子浜,说一定要等到老爷你回去。"

"万幸啊,万幸。"沈万三长长地叹了口气,"只可惜,他们恐怕等不到我活着回去了。"

沈万三接着又问起儿子沈旺及另外三个女儿的情况,但黎氏只知道沈旺还在官府做事,对其他人则知之甚少,也说不出什么。

第二天,沈万三让黎氏和儿子沈茂、香保留在家,自己带着十舍、线阳、惠刚去沐英西平侯府拜谢。沐英治理西南,不仅军功卓著,且"处事宽厚,名播蛮中,为诸夷所爱"。因要长守西陲,他在昆明城北部翠湖附近的五华山麓修筑了西平侯府,刚整装完工。

沈万三这次拜访,一是来看看新修的西平侯府,恭贺沐侯爷乔迁新居;一是料想余十舍一家能安全来到滇地,定是侯爷从中斡旋,因此前来致谢。

西平侯府坐落在翠湖旁的五华山下,远远望去,规模宏大,气度不凡。待进了侯府,沈万三与沐英寒暄几句后,就把余十舍夫妇引介给他。沐英很随和地说:"早在京城时,就对二位有所耳闻,你们夫妇也可算得上传奇人物了。"

余十舍比沐英小八九岁,他在这位侯爷面前自称晚辈。他赞叹沐英的战绩,说:"西平侯南征北战三十余年,无一败绩,开疆拓土,战功赫赫,您才是真正的传奇人物。"

几人正在说笑之际,沐英的长子沐春跑过来跟沈万三打招呼:"沈大爹好。"话还没说完,他就发现沈大爹旁边站着一个十三四岁的少女,"风致端闲,宛然仙格",心里一颤,惊为天人。他装作不经意地问:

"这位妹妹倒是第一次见,请问芳名是哪几个字?"余十舍见这位公子眉宇间透着英气,于是代为回话说:"这是小女惠刚。"

沐春又盯着余惠刚细细打量,直看得她满脸飞霞。她刚满十三岁,哪里知道这位公子是何意?沈万三和沐英倒是看出些端倪,不过也不好明说。

待沈万三等人告辞后,沐春对他爹沐英说:"爹,我对刚才那个妹妹有意,我要娶她。"

"什么?你才娶了一妻,又想取小,是不是太花心了?何况那女子尚为孩童,且两家门户并不相当,我不同意!"沐英不假思索地反对。

沐春又说:"爹,我不是花心,您看我长这么大何曾轻浮过?前些日子,若不是您天天逼着我,我一个媳妇也不会娶。我是动了真情,刚刚那次会面,好像我前世就已经认识她一样。"

"你说得也是。不过,这得问问人家爹娘同不同意呀。"沐英哪里不知儿子的品行,他认定了的事就不会放弃,何况他说的确实是大实话。这几年,自己一直逼他成亲,他是在万般无奈之下才娶了一个并不喜欢的妻子。如今,他说喜欢沈万三的外孙女,或许是真心话。

"那你自己去跟十舍叔提亲,成与不成,全看你们俩的缘分。"沐英很干脆地说。

沐春却辩道:"儿女婚姻大事,不都是爹娘做主的吗?"

"你这臭小子,自己都选好了,还让爹娘给你做哪门子主,只是把爹娘当差役使唤吧!"沐英嘴上这么说,却拗不过儿子。

过了两天,他亲自到沈万三居住的土司庄园,见到余十舍夫妇,直截了当说明来意,看看夫妇俩是什么意思。余十舍说:"蒙侯爷和令公子抬爱,我们受宠若惊。若结成这门亲事,是余家高攀。不过,我们事前毫无准备,一时也不便答复,况且小女刚满十三,还不谙世事。要不,等两年,如果令公子还没改变心意的话,我们就答应他。"

第十章 云贵见巨富

"好,那就这么定了。"沐英很高兴,当即从腰间解下随身的一块玉佩,"咱们以此作定亲之礼,这个姻缘是圆是缺就看天意了。"余十舍夫妇不好多说什么,这门亲事就这样定了下来。

最近几年,沈万三的生意做得顺风顺水,日进斗金。其经营范围也不断扩大,只是他自己疲于奔波,明显感到体力和精力都越来越不济了。现今他的家人亲友来了这么多,至少可以帮他分担一些。他仔细思考后,对以后的生意做出了新的安排。他劝儿子沈茂、小妾黎氏带香保回周庄去,黎氏不肯。他又劝十舍一家先回京城,也都不听,他们执意留在滇地。沈万三无奈,洪武二十一年(1388年),他决定返回安顺常驻。

他对女婿余十舍和小儿子沈香保说道:"你们留下来也未尝不可,只是在这艰苦之地,你们两个只有两桩事情可以做,一是到沐侯爷的军营里去屯田,二是跟着我去贵州安顺当马帮。你们好好考虑一下,尽快拿定主意。"结果他们两个都愿意去当马帮。沈万三不希望小儿子香保和自己一样被生意纠缠一辈子,极力劝他去侯爷那里投军屯田,他娘也是这个意思。在爹娘的规劝下,沈香保只好同意投军。

沈万三与他们商量妥当后,便带一家人去西平侯府向沐侯爷辞行。进了侯府,沈万三讲明来意,沐英大感疑惑:"沈老板在滇地干得这么好,怎么突然想去贵州?"

沈万三说:"我需要过去把那边的马帮往内地延伸。有奢香夫人在,贵州的运输业发展得很好,我要借助这个有利条件把马帮变成一个既能水运又能陆运的运输大帮。"

沐英有些不舍,故意生气地说:"皇上流放你到滇地,你却要去贵州,这不是抗旨吗?"

沈万三苦笑道:"贵州也好,云南也罢,还不都在你的管辖之内,我又能跑到哪里去呢?再说,云南这边的马帮不撤走,只是我不住在昆明，免得两边跑来跑去。"

"要走你一个人走，其他人就留在昆明。"沐英依然坚持不放，"我虽然不能让他们富贵，但至少可保他们安定。"

沈万三说："非常感谢侯爷一番好意，但我们不能再给侯爷添麻烦了。再说，我已经把小儿子香保留在您这里屯田吃军粮了，哪能再得寸进尺？况且，我又不是一去不回，将来说不定还有叨扰的时候。"

看到沈万三去意已决，沐英也不好强留，于是设盛宴为沈万三及家人饯行。

宴席上，沐春得知沈万三一家人要走，顿时着急了，嚷道："不行！沈大爷，你还得把惠刚留下来，她可是我没过门的媳妇。"

沈万三看他着急的样子，哈哈大笑："我外孙女什么时候成为你媳妇了。想娶她做媳妇，你得先叫我一声外公。"

沈万三此话何意呢？只因他比沐英年长十几岁，在侯爷面前不敢妄自称长，所以一直以平辈相交。沐春若娶他的外孙女，自然得叫他外公，但这也意味着把沐英的辈分降了一级。

沐春哪里考虑这许多，很干脆地说道："叫一声外公还不容易？叫十声我都愿意！"

"好，看你心诚的分儿上，我同意了。"沈万三笑着说。

过了两年，沐英之子沐春和沈万三外孙女余惠刚正式举行婚礼。

沈万三自从把儿子沈茂、小妾黎氏和余十舍夫妇带去贵州后，一直在安顺的旧州、天龙堡、云山堡及贵阳、福泉一带经营以马帮为主的运输生意。

屯堡附近有一条古街，堪称"石头的瓦盖石头的房，石头的街面石头的墙"。整个镇子的建筑物也大多是用石头砌成，街巷交错狭长，两端筑有圆形的石拱门。天龙屯、云山屯等屯堡的形成，是军事需要和商贸需要叠加的结果。

第十章 云贵见巨富

因古镇地处西进云南的咽喉之地,所以镇子上有不少屯军,其将领是沐英麾下姓陈和姓郑的两位军官。在他们的关照下,沈万三及家人、亲友很多年一直在古驿道上跑马帮,是当地最有钱的富商。穿过安顺的那条滇黔古商道,曾多次被山洪冲毁,又多次被沈万三修复。因为有这条驿道,所以沿线许多人都愿意到沈万三的马帮找事做。沈万三还沿驿道修建了许多古桥,至今依然还能找到不少遗迹。

至少有五年时间,沈万三带领家人及好友子弟从事马帮贸易,将贵州的茶叶、中药材等农产品销往云南、西藏,甚至更远的地方,并把京城风俗、服饰礼仪等文化传到贵州屯堡地区。在茶马古道重操旧业,继续经商,是沈万三被流放后无可奈何的选择。谁也没有想到,这使他重获生机。或许,沈万三只是个普通商人,但他以智慧与情义再次写就了不朽传奇!

洪武二十五年(1392年)夏天,西平侯沐英听到皇太子朱标突然去世的消息,悲痛大哭,不幸患中风暴死在于明,年仅四十八岁。沈万三闻讯,连夜赶往昆明吊丧致哀。

此后,沈万三回贵州便放下所有生意,专心在福泉山下修道。

第十一章

三次遭打击

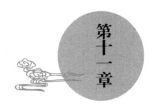

第一节 贪腐案中的小角色

朱元璋自从做了皇帝,时刻担心有人谋夺他的江山,担心自己的子孙不能永享江山,以至于每晚睡觉,经常"夜起窃听,四外无人声,方就安寝"。为了明王朝的长治久安,朱元璋决心采取强硬手段,不惜一切代价,扩充手中的权力,进一步强化中央集权制度。

朱元璋自小就受元朝贪官污吏的敲诈勒索,他的父母及长兄就是死于地主残酷剥削和瘟疫,因此他对腐化奢侈、贪官污吏深恶痛绝。他参加起义队伍后就发誓,一定要杀尽天下贪官。他即位后立刻掀起一场反贪运动,矛头直指中央和地方各级贪腐官吏。他从自己身边的官员开刀。明初的中书省下辖吏、户、礼、兵、刑、工六部,由于大量留用元朝的旧官吏以及一些造反起家的功臣,他们有恃无恐地贪赃枉法。朱元璋果断采取措施,对这些官员进行惩处。

洪武二年(1369年)中秋,朱元璋在奉天殿设宴款待群臣。名为宴会,实则每人面前只有一盘炒猪肉、一碗土豆炖山羊块,另外两盘均是蔬菜,再加一大钵葱花豆腐汤,酒也只是一坛绍兴老酒。群臣心

第十一章 三次遭打击

有疑惑,但都静观变化。

酒至三巡,朱元璋乘着酒兴对大家说:"孟子云'生于忧患,死于安乐。处天下者,当以天下为忧。处一国者,当以一国为忧。处一家者,当以一家为忧'。你们身担天下社稷之重,不可顷刻忘却警畏。只有居安思危,警戒盈满骄纵,才能常保富贵。古人常在座位右边放一个容易倾覆的敧器,就是以此提醒自己不可因骄盈而覆败。你们要慎之又慎!"

新朝肇基开国对于这批权臣来说是一个新的考验。朱元璋怕他们骄傲放纵,玩物丧志,担心他们停滞不前,甚至腐化招祸。

杨宪成为不听朱元璋警告而被杀的第一个贪官。云奇原本只是个从七品小官,但后来他做了密探,在皇命授权下,对朝廷官员展开暗中调查。

洪武三年(1370年)的一天,云奇带人来到杨宪家高墙外,他们推个独轮车,上面放着两个空桶。有几个衣着破烂的人在阴沟出口用大铁勺捞杨宅里面流出来的泔水。泔水很稠,里面有大量的剩饭、肥肉、浮油。云奇见他们先来了一步,便花钱买下这两大桶泔水。

云奇把自己的收获禀报给朱元璋,这在常人看来不过是一桩微不足道的小事,但朱元璋亲自过问,还带了几个御史台的官员一同去查看那两桶泔水。尽管发酵后的泔水有些酸臭,朱元璋还是拿起长柄勺子搅了几下,舀起一勺仔细验看,里面的剩物确实不少,鸡鸭肉鱼依然清晰可辨。朱元璋当场发怒,将长勺狠狠丢进桶里,问:"这是从右丞相杨宪家弄来的泔水吗?"

云奇非常肯定地说:"正是,陛下。是否还要继续查下去?"

朱元璋回答:"凭此就足以定他的罪。再查两天,朕倒要看看这些国家栋梁到底腐朽到什么程度。"他想了想,又对御史台的几位官员说,"你们也该行动了,先从四品以上的大人物开始,无一人可以例外。"

于是，南京城四品以上官员家中的垃圾桶、泔水沟都被查了个遍。很多平常不节俭的官员，一个个忐忑不安。

某一日，在奉天殿台阶下一侧，摆放了一排泔水桶，都是从二品以上官员住处淘来的。每个桶上都贴好了写着官员大名的白布条，排在最前面的就是杨宪家的。其后还有包括陈宁、费聚、陆仲亨等人家的。上完早朝后，朱元璋让文武百官一睹这一奇观。他面对文武百官，凛色说道："这就是各位家中扔掉的泔水，真是'朱门酒肉臭'！朕该对你们说什么呢？朕如果让那些吃不上饭的饥民来看看你们这些豪门望族是怎样骄奢淫逸、暴殄天物的，他们会怎么想？"

百官战战兢兢，垂手而立。朱元璋对侍卫说："把杨宪押过来。"

片刻之后，几个侍卫就把杨宪带过来，让他跪在皇帝面前。朱元璋说："眼前证据确凿，表明你奢侈贪腐，你可认罪？"在御使台列举的种种证据中，还包括一笔老账——包庇科考舞弊者。

杨宪连连叩头说："微臣有罪，有罪，罪该万死！"

朱元璋怒道："既然你罪该万死，那丹书铁券也就没什么用了，丹书铁券只能免你一死二死，却不能免你三死四死，何况是万死。今日朕就借你一颗人头来警示那些抗命不遵、胆大妄为的贪腐污吏，你觉得冤枉吗？"杨宪早吓得瘫倒在地。

最终，朱元璋赐杨宪自尽，籍没他的全部财产，不过，没有株连其家人。他的死党凌说、高见贤、夏煜等人也相继被处死。朱元璋对身边宠臣说："无论是杀杨宪，还是杀其他人，朕都是不得已而为之，他们是贪腐的坏榜样，必须杀一儆百。"

朱元璋杀鸡儆猴，希望各级官员引以为戒，他对新任的中央和地方四品以上官员都亲自考察，新官履任时，又赐给他们罗、绢、夏布和银子，连家属都减半发给，大概是希望杜绝官员贪腐。万没想到，

第十一章 三次遭打击

官场的贪污腐败却愈演愈烈。

洪武九年（1376年），朱元璋又严办了地方计吏预持空白官印账册至户部结算钱谷的一桩大案，史称"空印案"。此案中，虽多有冤情，但也充分反映出朱元璋的反贪决心和对国家财税的重视。

洪武十八年（1385年），御史余敏、丁廷举告发郭桓贪没钱粮。该案涉案金额巨大，对经济领域影响深远，为世人瞩目。

此案要从明初的户籍管理制度说起，朱元璋将全国的户口分为民户、军户、匠户三大类，并以此为基础征发赋役。户籍管理的核心内容为里甲制，规定每一百一十户为一里，其中选十户为里长，其余一百户分为十甲，每甲选出一户为甲首。里长、甲首皆轮流担任，十年轮换一次，主要负责管束所属人户，督促生产、调解纠纷，以及编造黄册等事宜。

黄册也就是户籍登记，每里一册，登载该里一百一十户的丁、口数以及年龄、财产状况。因该册必须用黄纸做封面，所以称为黄册。黄册每隔十年必须重新核实更新，写明十年来各户人丁、财产的变化，分列出旧管（上次登记数额）、新收（新增数额）、开除（减少数额）、实在（现有数额）四项细目，以便官府清楚地掌握户籍的变化情况，合理征发赋役。

明廷在各州县设置由粮长负责征解税粮的制度，这是朱元璋为了保证田赋收入的一项创新。宋元以来，粮户交公粮时因路途遥远，往往不亲自去州县，而是委托别人到州县政府交粮，并给予一定报酬，时间一长，就产生了专门的代理人，被称为"揽纳户"。揽纳户的素质良莠不齐，有些投机钻营，有些勾结州县吏胥从中舞弊、侵吞公私税粮。

明廷将每州县按征收粮额分为若干粮区，设定粮长。先行于南直隶和浙江、江西，有漕各省叫漕运粮长，其他各省叫赋役粮长，苏、松等府兼征白粮的州县专设白粮粮长。政府对粮长的待遇很优厚，如期解运税粮到京师的，朱元璋有时会亲自召见。

江浙一带的富户为了逃避徭役，往往将自己的大量田产分割，假托在亲邻佃仆的名下，称作"铁脚诡寄"。时间长了，这一做法蔚然成风，于是乡里欺瞒州县，州县欺瞒省府，奸弊百出，被称为"通天诡寄"。朱元璋知道这种情况后，便派遣太学生到全国各地，召集各村有威望的长者，亲自下到田间测量土地，然后绘制成图。图中标注着田亩所属户主的姓名、田亩位置、土质优劣、税则高低，以及田亩的四至范围，类编成册，作为赋税徭役的派征依据。因为所绘田图状若鱼鳞，故名为"鱼鳞册"。

黄册和鱼鳞册分别将赋税落实到每个人、每亩地，有效地保证了税收的覆盖率，充实了税源，但是并不能保证中间流通环节不出问题。

由于元代一些蒙古贵族把持各衙门实权，而自己又无力治理，常常把各项事务交由吏员去办，他们本人也任由吏员摆布，吏员乱政虐民的现象表现得十分突出，这就使得朱元璋对吏员加倍厌恶，而对这些吏员特予限制和惩治。他曾经叹道："官非真儒，吏皆奸吏。"

为了防止文书吏把持文案，上欺长官，下瞒百姓，朱元璋改革文牍制度，制定简约的案牍定式，颁行于各衙门，便于官员对吏员进行监督。

郭桓案发时为户部侍郎，朱元璋怀疑北平承宣布政使司和提刑按察使司官员李彧、赵全德等人官吏勾结，共同舞弊，吞盗官粮，便下令严查。同年三月，御史余敏、丁廷举告发郭桓利用职权，伙同李彧、胡益、赵全德、王道亨等贪污。朱元璋大怒，决定在全国各地严查，他令审刑司吴庸负责拷讯此案，指示要层层追赃，自户部到布政司再到府州县一查到底，并要求贪赃官员如数退赔。

最终的结果令人震惊，全国竟有十二个行省的官员涉入郭桓案，牵涉人员有礼部尚书赵瑁、刑部尚书王惠迪、兵部侍郎王志、工部侍郎麦至德等，涉案金额为精粮两千四百万石。朱元璋下令把受此案牵连的中央六部左、右侍郎以下，直隶和各省的好几万人关进监狱。

沈万三的两个孙子，即沈旺的两个儿子沈至、沈庄（伯熙）因为田赋问题先后入狱。

据载："洪武十九年，兄至以户役故。缧绁赴秋官时，伯熙亦获戾京师，适与兄同系狱。"兄弟俩在狱中相见，抱头痛哭。据说沈至入狱的原因是逃避赋役，其事不小，连补带罚，再加上两兄弟为了能出狱上下打点，花费钱财数目在几万两白银以上。这两人原本是沈家重要的新一代掌门人，沈家产业为此大受冲击。后世有人说，朱元璋之所以这般，一来是窥视沈家的财产，二来是为了防止这样的豪门突然造反。

总体而言，直到那时，朱元璋仍无意过分刁难沈家。洪武二十一年（1388年），根据朝廷命令，苏州府荐举人才到京师做官，沈贵之孙沈玠授户部员外郎，沈富的姻亲莫礼亦任户部员外郎，王公达任主事，张瑾、杨德彝任工部员外郎，徐衍任主事，龚达可任兵部员外郎，潘贤任主事，金伯中任礼部员外郎，李鼎任主事。沈氏家族一次竟有十人做官，可见这时他们仍受到朱元璋礼遇，过着优渥的生活。

洪武二十三年（1390年），礼部侍郎莫礼赐告归省，沈家隆重招待他。其"家屏去金银器皿，以缂丝作铺筵，设紫定器十二桌，每桌设羊脂玉二枚……行酒用白玛瑙盘，其斑纹乃紫葡萄一枚，五猿采之，谓之五猿争果，以为至宝"。看到沈家姻亲大肆铺张地款待自己，莫礼一下子感觉到扑面而来的危险，叹道："呜呼，一钗七十万钱，前辈以为妖物，与祸相随。今观沈氏之富，岂止一钗七十万而已哉！其受祸宜也。"说明直到洪武二十三年，沈氏家族仍在老家过着豪奢生活。

第二节　受党祸牵连

为了强化中央集权，朱元璋废中书省而改立三司，而这三司都"承宣"办事，皇帝的权力扩大，但问题也随之而来——那么多国家大事都要皇帝亲自过问，他忙不过来。于是，朱元璋想重组一个参谋班子和文秘班子，但因为没有清除种种障碍而一时无法实现。

与其说是障碍，倒不如说是潜在威胁。胡惟庸一案虽然让他的皇权得以稳固，但真正的勋臣并没有受到太大影响。朱元璋起于淮西，功臣勋贵也大多来自淮西，淮西政治集团的根基并未动摇。他对淮西集团想动而不敢动，只得以深究胡惟庸一党为名，继续究办奸党。

在处理胡惟庸案之初，朱元璋还有些顾虑。但他一直在等待机会，期望将威胁皇权的隐患全部清除。他广开言路，鼓励官民积极检举揭发逆党、贪官。他生性好猜忌，文武百官稍有过失，就会身陷囹圄，幸亏有马皇后总是从旁劝谏，这些官员们才得以幸免于难。

洪武十五年（1382年）八月，马皇后染病，药石无医。她预感自己来日无多，便嘱咐朱元璋要"求贤纳谏"，然后又把子孙叫到床前，对他们说："生长在富贵之家，当知蚕桑耕作之不易，当为天地惜物，且为生民惜福。"马皇后去世后，朱元璋悲恸不已，发誓再不立后。他让人收编皇后的美德事迹，印发宣扬。九月，朱元璋葬马皇后于孝陵，追谥她为孝慈皇后。从此，后宫妃嫔再没有人敢劝谏朱元璋，他的脾气变得更加暴戾。

洪武十八年（1385年），朱元璋接到举报，李善长的弟弟李存义和他的儿子李佑不仅是胡惟庸的至亲，曾与胡惟庸往来密切，而且有谋逆言行。谁都知道李存义的儿子娶的是胡惟庸的侄女，两家有姻亲

第十一章 三次遭打击

关系，他们往来密切实属正常。至于谋逆言行，主谋已伏法，且事情已经过去整整五年，如何对证呢？因此朱元璋对李存义宽大为怀，不管有没有罪，都免其一死。最终，他只是斥责了李存义，将其贬至崇明而已。这显然是保全了李善长的颜面，没有牵涉他本人。李善长对此反应较冷淡，没有特意谢恩或其他表示，这让朱元璋心里很不舒服。

朱元璋与李善长的君臣关系很微妙，他心里也清楚，对付李善长这样的勋臣，自然不能像对付胡惟庸那样简单。他还是隐忍不发，希望李善长自己悔悟。可李善长已经致仕，却一直待在京城，还很关心朝廷事务。若别人有所求，他也很乐意帮忙。朱元璋对此更是不满。洪武十九年（1386年）四月，有人告发李善长为一个犯罪的亲戚求情，这个人叫丁斌。本来，李善长为亲戚求情免罪属人之常情，朱元璋却下令严查，让他交代李善长是怎样为他托请的。显然，他针对的不是丁斌之罪，而是李善长的托请情节。经审讯得知，丁斌恰巧曾在胡惟庸家里供过事，他举报家主胡惟庸曾与倭寇有来往。再一查，查到了明州卫指挥林贤头上。而林贤一口咬定是受胡惟庸指使，胡惟庸谋反罪有了进一步的证据。朱元璋本想借此大做文章，可查来查去还是查不到李善长谋逆的直接证据。

然而，到洪武二十三年（1390年），接连发生的两件事情再次将李善长圈进了胡惟庸谋反案中。李善长在老家修宅邸，向信国公汤和借来三百名士兵干私活，汤和答应了，但他胆小怕事，同时向朱元璋禀报了此事。结果，京城吏民数百人受牵连。被弹劾后，李善长父子便免冠待罪。紧接着，一个叫封绩的人被捕，李善长北通蒙古的事又被揭露，又牵扯出陆仲亨、唐胜宗、费聚、赵庸等开国功臣曾"与惟庸共谋不轨"之事。

封绩原是元朝旧臣，后来归降大明。据说，胡惟庸任丞相期间经常派他往来于蒙、汉之间收集情报，他还曾替胡惟庸给北元嗣君送书信。他交代，在信中，胡惟庸对北元称臣，并请北元嗣君出兵为外应。

到了洪武二十一年，大将军蓝玉西征大漠时，在捕鱼儿海将胡惟庸暗通沙漠的使者封绩俘获。李善长因为害怕事情会牵累到自己，便将此人索要后藏匿起来，并未上奏。封绩此次被捕，多年旧案被翻出。此时，李善长家奴卢仲谦又落井下石，将李善长平素与胡惟庸往来的经过一一举报，其中有三次提及"谋反"。陆仲亨的家奴封帖木不但告发了陆仲亨与费聚，还把唐胜宗与赵雄也拖下了水。

朱元璋终于忍无可忍，决心彻底肃清党派。恰巧，钦天监太史禀明星象有异动，需要肃清朝中势力，一场空前规模的血腥屠杀便无可避免地发生了。首当其冲的自然是李善长，朱元璋给他定罪：善长元勋国戚，知逆谋不发举，狐疑观望怀两端，大逆不道，罪该处斩。但念及他时年已经七十七岁，又有多重身份和功勋，朱元璋开恩给了他一个体面的死法——赐死，留全尸。李善长一家七十多口人同时被杀，唯有一子李琪，因是临安公主的丈夫、驸马都尉，得以免死，流徙江浦。

既而，朱元璋又命锦衣卫究办李善长同党（或称胡惟庸逆党），只要与胡惟庸、李善长有关联的人都被治罪。申国公邓镇（邓愈之子）、吉安侯陆仲亨、延安侯唐胜宗、平凉侯费聚、南雄侯赵庸、江南侯陆聚、宜春侯黄彬、荥阳侯郑遇春、巩昌侯郭兴等，一并坐狱论死。

大约在同一年，受胡惟庸案牵连，沈万三的女婿陆仲和被扣上"胡党"的罪名而被满门抄斩。在朱元璋亲手编写的《大诰三编》里，陆仲和的罪行是有明确记载的。"大诰"里面提到，这位做了十八年粮长、"富甲吴中"的大富翁，除了被查出谎报水灾、荒年、熟年等外，为了撇清与"胡党"的关系，还贿赂府吏。结果难逃圣主明察，东窗事发，身亡家破，只有一个年幼的孙儿幸免于难。

第十一章 三次遭打击

第三节 政治布局的牺牲品

朱元璋自登基以来，就开始为江山永固进行政治布局。他敏锐地觉察到，"所任之人，不才者众，往往蹈袭胡元之弊"。他曾坦陈自己在元末目睹吏治腐败的感受："朕向在民间，尝见县官由儒者多迂而废事，由吏者多奸而弄法，蠹政厉民，无所不至，遂致君德不宣，政事日坏。加以凶荒，弱者不能聊生，强者去而为盗。"由此认识到"不禁贪暴，则民无以遂其生"，并下决心整肃吏治。登基后第二年，他即对百官宣布："但遇官吏贪污，蠹害吾民者，罪之不恕，卿等当体朕言。若守己廉而奉法公，犹人行坦途，从容自适。苟贪贿罹法，犹行荆棘中，寸步不可移；纵得出，体无完肤矣。"为此，他开始采取一些措施，以整肃吏治。

李善长等人被诛，标志着淮西集团文官势力基本被铲除殆尽，朱元璋接下来的目标就是铲除武将势力。不久，他作《昭示奸党录》布告天下，继续追查奸党。

这时，有几个人冒死站出来抗议，御史解缙、郎中王国用上表为枉死者喊冤。朱元璋虽然很恼怒，但无法解释他为什么要杀那么多人，也说不清楚其中到底有多少人是含冤而死的，因此他只能沉默。

见朱元璋理亏不吭声，太子朱标也几次劝谏父皇不要再开杀戒，应施行"宽通平易之政"，搞得朱元璋很恼火。一次，朱元璋命人找来一根长满尖刺的荆棘放到朱标面前，命太子去拿，朱标胆战心惊，不敢伸手。于是，朱元璋借此为自己大杀文武功臣进行辩解："汝弗能执与，使我润琢以遗汝，岂不美哉？今所诛者皆天下之险人也，除以燕汝，福莫大焉！"大意是说，朕杀掉这些人就像去掉荆棘上的尖刺一样，只有把修理干净的枝干（江山）留给你，你才能捏得住（坐稳江山），这不是很好的事情吗？朕所杀掉的都是很危险的人，这全都是为了你。哪还有比这更大的福气？这或许就是朱元璋的真正目的，但太子并不领情，又进谏道："儿臣以为，上有尧舜之君，下有尧舜之民。"朱元璋一听，猛地站起来，抓起榻桌准备砸过去，朱标见势不妙，闪躲避出。

其实，朱元璋更担心武将居功枉法、图谋不轨，他始终认为武将的危害远大于文臣。只不过政权初立，战事拖延日久，朱元璋不敢轻举妄动，仅做过几次试探。

军中第一个被清理的武将便是德庆侯廖永忠。据说在洪武八年（1375年）三月，廖永忠的家人（也可能是仆从）向御史台写了一封举报信，说廖永忠偷偷备制了一些只有皇家才能用的东西，有僭越不臣之心。因为事关一位侯爵、水师元帅，所以御史台将举报信转呈皇上。朱元璋本想亲自去廖永忠家查看，但他正在病中，因此就让人代查，结果确实在廖永忠家里查到了诸如床帐、器皿、鞍辔、靴、雕金钑花等有龙凤图样的东西。

当廖永忠被绑到朱元璋面前时，朱元璋说："廖将军，你一向胆大妄为，却不想你竟胆大到如此地步，你知罪吗？"

廖永忠跪倒在地，说："臣已知罪。可臣实为无心之举。"他是在当年的封赏大典上被点名批评的人之一，理由是"擅自揣度圣意"。正是他揣摩圣意，小明王才葬身江中，为朱元璋称帝扫清了障碍。这本是大功一件，为什么要受批评呢？廖永忠是能够领会的，因为他想到朱元璋前面去了。这么精明的廖永忠为什么要干出眼前这桩糊涂事呢，恐怕朱元璋也解释不清楚。

朱元璋说："廖将军做事常常是深思熟虑、滴水不漏，这次叫朕怎么相信你是无心之举呢？"

第十一章 三次遭打击

廖永忠听出朱元璋话里有话，知道辩解已没有意义，便说："罪臣听凭皇上处置。"

两个月后，廖永忠因"僭用龙凤诸不法事"，被赐死（另一说是廖永忠在狱中暴病而亡），年五十三。

廖永忠死后，朝里朝外反应都很强烈，很多人替廖永忠抱不平。朱元璋不曾料到处置一个非淮西嫡系将领会掀起如此大的波澜，为平息众怒，他让廖永忠的长子廖权承继了爵位。

除了德庆侯廖永忠，因违制而被治罪的还有华云龙，具体罪名是"僭用故元宫中物"。《明史》上没有说明华云龙的死因，只是含糊地说他"未至京，道卒"，在押解至京的路上离世。

接下来，朱元璋又做了一次冒险试探。

在军中，徐达是众望所归的领袖。其妻子谢翠娥（谢再兴次女）是早年朱元璋亲自婚配给他的。在徐达封侯拜相以后，她的身份也越来越高贵。谢翠娥与马皇后关系密切，两人几乎无话不谈，但她说话经常口无遮拦。

有一天，徐夫人与马皇后在宫中闲聊，徐夫人感叹道："想当初，朱家与徐家是同一个村子的贫苦人家，穷得连饭都吃不饱。如今，你们朱家坐稳了江山，荣华富贵享之不尽；而咱徐家也做了大将军，虽然不能与你们朱家相比，但也是万人之上了。回头想想，就像做梦一般。"

马皇后恬淡平和地说："谁说不是呢。幸得诸位公爷侯爷沙场拼杀，你我才有今日富贵。换作以前，我连想都不敢想，这一切都是命中注定啊，咱们姐妹就好好享受吧。"

两人正聊得开心，途经皇后寝宫时，徐夫人羡慕地说："皇后的寝宫可真大、真漂亮啊，简直就像人间天堂，哪像我们家那么小，一家子人挤都挤不下。"

马皇后听后，只是笑笑。进了皇后寝宫后，徐夫人又开始赞叹马皇后的凤冠首饰。

说者无心，听者有意。这些本是女人之间的闲话，却不知怎么传到了朱元璋耳朵里。这还得了，徐达岂不是有了僭越之心？朱元璋又想起谢氏的父亲叛变的往事，十分不悦。

大约是洪武十一年（1378年）夏初，朱元璋把在北方边境修城防的徐达召回，让他直接进宫觐见。朱元璋设宴为他接风。席间觥筹交错之时，他派锦衣卫到徐府杀了徐夫人谢氏。锦衣卫回来向朱元璋复命时，朱元璋酒至半酣，对徐达说：“你就放心吧，我相信大元帅是最忠诚可靠的，而且今后可以免除灭门大祸了！”

徐达闻言，惊出一身冷汗，酒醒了大半。酒席散后，他回到家里才知朱元璋派人杀了他的妻子。他羞愤难当，这可是杀妻之恨啊，作为一个身经百战、军权在握的大元帅，怎能忍下这口气？可是徐达转念一想，朱元璋之所以这样做，是因自己功高盖主，声名远播，皇上对自己不放心了。朱元璋是想借机检验这位大元帅是否真的忠诚，如果徐达怒发冲冠，举兵而起，必定是血流成河，大明江山很可能被断送，也有可能像他岳父一样，被迫而叛，那样更是殃及子孙。朱元璋敢冒这个险，是他相信徐达仍然值得信赖。朱元璋敲山震虎，意在提醒徐达，任何人有僭越言行，都将招致杀身之祸，甚至是亡族灭种。

经此事后，朱元璋一颗悬着的心暂时放下了，而徐达的心则悬了起来。君心难测，君命难违，徐达只能忍气吞声，何况妻子是叛臣之女，他哪敢为她出头。此后，徐达一改往日作风，显得非常低调，甚至意志也有些消沉了。

朱元璋虽把军中颇有威势的徐达镇住了，但边境还是战事连连，因此他决定启用更多年轻将领。

在初步平定北方后，朱元璋就曾先后两次派使者至云南议和，结果使者被杀，最后他决定出重兵讨伐，以武力平定边陲。洪武十四年，

第十一章 三次遭打击

朱元璋诏命傅友德为征南将军，以蓝玉为左副将军，沐英为右副将军，率步骑三十万，征伐占据云南的蒙元势力。

洪武十六年，西南边陲基本平定。这一年冬天，天象又有异动，太阴犯上将。朱元璋忙令钦监司太史等人来参议，众人讨论的结果是此象主大将之凶。未久，此兆果真应验：曹国公李文忠生病，朱元璋让淮安侯华中（华云龙之子）护理医药，可没几天李文忠便去世了，朱元璋追封他为岐阳王，立碑赐祭，备极哀荣。接着，徐达患背疽之病，卧床不起。朱元璋亲往探视，含泪慰友。之后，他又亲命太监送赐食至徐府。传说徐达吃了朱元璋送来的蒸鹅后，病情加重，于次年二月辞世。朱元璋追封他为中山王，谥武宁，配享太庙。朱元璋给予徐达很高的赞誉："受命而出，成功而旋，不矜不伐，妇女无所爱，财宝无所取，中正无疵，昭明乎日月，大将军一人而已。"并赐葬钟山（即紫金山）之阴。

军中接连失去两位大将后，北元开元王纳哈出又在东北挑衅。纳哈出盘踞在金山一带，不断引兵袭扰辽阳、辽东等城镇。洪武二十年（1387年）蓝玉为征虏左副将军，随征虏大将军冯国胜转战东北。春上，蓝玉进至通州，探知有一支元军驻屯庆州（今内蒙古巴林左旗西北），便决定掉头向西偷袭。蓝玉亲率轻骑急进，在大雪的掩护下，快速拿下庆州，杀死北元平章果来，虏获其子不兰溪而返，然后与大军会合，进至金山（在辽河北岸），包围了纳哈出。

纳哈出假意投降，蓝玉在酒席上故意试探其诚意。纳哈出眼见蓝玉的手下个个咄咄逼人，就想借故离开。常遇春之子、蓝玉的外甥郑国公常茂将他擒住。

辽河北岸的元军听说主帅被擒，惊溃逃散。明军以迅疾之势将他们中的大部分人拦住，获得百姓和将士约二十万人，还缴获大量马羊、驴驼及辎重。冯国胜遣使往京奏捷，但这次没有得到朱元璋的表彰。

因为将士中多有不法违纪行为，而且明军在班师时遭纳哈出余部的袭击，负责殿后的将军濮英被虏获，数日后自杀身亡。朱元璋批评主帅冯国胜"专为己私，不能抚辑降虏"，"窃取虏骑，为数不少，又娶虏有丧之女，使人忘哀成配，大失人伦"。冯国胜为求自保，将过错一股脑推到常茂身上。

朱元璋又批评蓝玉过于草率、冒进，未能谋定而动。虽然蓝玉挨了批评，但朱元璋还是让他取代冯国胜做了主帅，留大部分人马继续清除残敌。

洪武二十年（1387年）九月，朱元璋任命蓝玉为征虏大将军，唐胜宗、郭英为左、右副将军，率领十五万大军出塞西征，对北元势力予以最后一击。蓝玉吸取上次的教训，站在主帅的立场上更加全面地考虑问题，精心谋划后，决定稳扎稳打。可是，朱元璋闻报后却很不满，他给蓝玉写信说，蒙古人心惶惑，众无纪律，"度其势不能持久"。故而，他命蓝玉赶紧出击，"倍道兼进，直抵虏廷，覆其巢穴"。

蓝玉不理解朱元璋的意图，好在冬去春来，时节逐渐利于行动，他令主力由大宁进至庆州，然后派出一支精兵侦察敌情，他们很快发现了元军主力。在这青黄不接的季节，蒙古人正为粮草担忧，根本想不到补给更困难的明军会大规模进攻。蓝玉闻报，正想利用这一点以优势兵力来个闪电进攻。

洪武二十一年（1387年）三月，明军主力"衔枚卷甲"，日夜兼程，向捕鱼儿海（今贝加尔湖）一带潜行。

北元嗣君脱古思帖木儿与身边的臣子自以为明军不熟悉地形，难以找到水源的位置，绝不会这么快杀到，因而防备松散。这天早晨，元军正忙着整理鞍马辎重，准备向西北撤离，但天公不作美，刮起了大风，瞬时沙尘满地，白昼如晦，元军只得先找地方躲避。这时，风沙越来越大，蓝玉部将王弼率先头部队席卷而来。猝不及防的元军来

第十一章 三次遭打击

不及列阵，只得慌乱操刀应战。两军靠得太近，弓箭已失去作用，双方一阵乱砍乱刺，各损伤上千人。

双方正激战时，蓝玉主力已包抄上来。元太尉蛮子和太师哈剌章整顿兵马拒战，但不久就被明军击败，元军又死伤数千，蛮子被郭英当场挥刀杀死，余众遂降，哈剌章所部退十余里设防，几天后也被击溃，哈剌章本人下落不明。

脱古思帖木儿与其太子天保奴、知院捏怯来、丞相失烈门等数十骑遁去，蓝玉亲率精骑追击，可追了一路却不见人影，最终无功而返。脱古思帖木儿逃跑时遇上坡坎而坠于马下，顺势躲进草丛，逃过了明军的搜捕。

蓝玉一面遣人入奏，一面班师南归。为了奖励蓝玉的巨大功绩，朱元璋封蓝玉为凉国公，并夸赞他是"当朝卫青"。

自此，朱元璋一统天下的宏愿已基本实现。他拥有一支两百万人的庞大军队，用来戍边、驻防、以及偶尔平乱。朱元璋担心百姓养不起这支军队，便把他们分解到各卫所；他更担心没法安置那些功高盖主的将领们，怕他们居功枉法，结党谋逆，因此在处置了朝中结党营私的官员后，陆续颁发了《昭示奸党录》三卷。

朱元璋发现，蓝玉这两年与太子朱标走得较近，这是他不愿看到的，他担心憨厚耿直的太子被人利用。蓝玉与太子有关"燕地有天子气"的一次私密谈话也传到燕王朱棣耳中，燕王对蓝玉非常嫉恨，乘入京朝见的机会，到处散布说："诸公侯纵恣不法，将有尾大不掉之忧。"朱元璋听说后，对手握重兵的功臣更加疑忌。

汤和是一个精通人情世故的人，他洞察了朱元璋的本意，在朱元璋心情好的时候向他请辞："臣年事已高，无力再指挥军队驰骋战场，希望皇上恩准，让我返回故乡，为将来找一片容身之处。"朱元璋听了很高兴，同意汤和所请，解除其主要兵权，并让人在濠州为他修建府邸。过了一年多，府邸修成，汤和正式致仕。在他向皇上辞行时，朱元璋赐他黄金三百两、白银两千两、纸钞三千锭、彩币四十多套，其夫人胡氏也得到丰厚的赏赐。朱元璋还准允他每年进京朝觐。汤和成为军中得以善终第一人。

洪武二十四年（1391年），朱元璋命蓝玉统领兰州、庄浪等七地卫兵，追讨逃寇祁者孙，并平定建昌指挥使月鲁帖木儿反叛。此时，许多状告蓝玉的折子被呈到朱元璋面前，他非常生气，切责蓝玉，并将他的过错逐一刻在世袭的铁券上。蓝玉心里尤感不忿，在侍奉皇上的酒宴上口出傲语。

洪武二十五年（1392年），四川建昌发生叛乱，朱元璋派蓝玉率部前往讨伐。大军行前，朱元璋像往常一样想面授机宜，令蓝玉的左右侍从退下，但连说几次，都没人理睬。见朱元璋面露怒色，蓝玉才挥挥手，侍从便即刻离开。朱元璋心里很不是滋味，他想，自己虽算不上万民景仰的贤君，但也是开国之君，蓝玉的手下竟然对自己的命令置之不理，一旦天性仁恕的太子继承了皇位，他能指挥得动那些骄纵的大将吗？

就在朱元璋筹划怎样采取行动的时候，一个意外给了他极大的打击。洪武二十五年四月，太子朱标病逝。朱元璋做事筹谋一向严谨，他几乎把一切都设计得滴水不漏，唯一没料到的就是朱标的早逝。他从未考虑过另选接班人，这让他措手不及、心力俱疲。他在皇宫东角门召见群臣时说："朕老矣，太子不幸，遂至于死，命也！"这个六十五岁的老人当众大哭，其声如悲鸿。

朱元璋没有时间再去培养一个新的接班人了，但他清理"棘刺"的速度、程度却可以加快、加深。

洪武二十六年（1393年）一天早朝，朝臣奏完事后，锦衣卫指挥使突然奏告蓝玉谋反，朱元璋即令人将蓝玉当堂拿下，并由吏部严审。

第十一章 三次遭打击

吏部尚书詹徽逼蓝玉招出谋反事实及同党，蓝玉骂道："你詹徽就是我的同党！"话音未落，武士们便把詹徽也拿下了。

蓝玉的多桩不法之事被查实：锦衣卫指挥使蒋瓛告发蓝玉在私第蓄养家奴披甲，恐有谋乱意图；纳哈出之子察罕告发蒙古降将与蓝玉的来往之事，及"私元主妃"，致使该妃羞愤自尽；御史和地方官吏告蓝玉放纵庄奴恣意横暴，夺占东昌民田……唯有谋反之事似乎查无实据，但这并不妨碍定案。三天后的审讯结论是，蓝玉串通景川侯曹震、鹤庆侯张翼、舳舻侯朱寿、东莞伯何荣、吏部尚书詹徽、户部侍郎傅友文等谋划在皇上出宫时起事。朱元璋得到奏报，立刻下令将蓝玉凌迟处死。蓝玉家产被没收，三族全数被诛。

蓝玉被杀后，蓝玉的得力部将定远侯王弼心里开始慌乱，他对大将军傅友德说："皇上年事已高，杀人无常，我们没有活着的可能了。"结果，谈话被锦衣卫侦知。同年，这位被人称为"双刀王"、骁勇善战、屡立战功的侯爵被赐死。

颍国公傅友德曾是蓝玉的"上司"，蓝玉出事，他自然脱不了干系。朱元璋对他还费了些心机。傅友德曾经三易其主，经历了刘福通、明玉珍、陈友谅后选定追随朱元璋，三十多年南征北战，每战必身先士卒。论功劳，他不比徐达等人小，最有名的就是在甘肃的"七战七胜"，朱元璋亲口评价他"论将之功，友德第一"。傅友德还平定了云南、四川，功勋卓著。傅友德的儿子娶了寿春公主，女儿做了皇帝的孙媳妇，可谓满门富贵。

洪武二十七年（1394 年）十一月二十九日，朱元璋宴请文武大臣，当他走到宫殿门口时，他看到一个侍卫没有按照规定佩剑囊。经询问，得知这个侍卫是傅友德的儿子傅让，朱元璋怒火顿起，在酒宴上当众将傅让痛斥一顿。

傅友德一向很爱护自己的儿子，立即站起来向朱元璋请罪，并想为儿子辩解几句,但没想到朱元璋愈加愤怒:"你站起来有何话说?去把你儿子都叫过来,让他自己讲!"气氛因此一下子紧张起来。

傅友德耿直刚烈,知道朱元璋是故意刁难他,便怒气冲冲地起身,准备出门。朱元璋见他如此蛮横,更是火冒三丈,厉声说道:"干脆把你儿子的首级带过来吧!"

傅友德头也不回地走了。过了一会儿,傅友德提着一颗血淋淋的人头进来扔到朱元璋面前,朱元璋十分惊讶,斥责道:"你竟然如此残忍,莫不是记恨朕?"傅友德悲愤填膺,冷笑道:"你不就是想要我们父子的人头吗?今天成全你!"说完自己拔出剑,当场自刎。

傅友德的举动让朱元璋震怒,这种情形完全在他的意料之外。傅友德是军中第一个敢当面与他对抗的人。他立即传旨抄没了傅友德的家,将其家眷全部发配去辽东、云南,念及已故的寿春公主,勉强留下了驸马傅忠的儿子。

傅友德一死,宋国公冯国胜就知道自己也离死期不远了。他不仅是傅友德的"领导",很多时候也是蓝玉的"领导"。

冯国胜和他的兄长冯国用一起跟随朱元璋起兵,是有名的开国将帅,"诏列勋臣望重者八人,胜居第三",仅次于徐达、常遇春。

洪武二十六年的一天,冯国胜与他的小舅子因为财产纠纷发生争执,小舅子因理亏输了官司而心中不服,于是便诬告冯国胜在自家打谷场里私埋兵器,图谋不轨。此时朱元璋正鼓励百姓检举贪官污吏和逆党,自然不会仔细甄别这个状告是不是诬陷,他于五月给冯国胜下了敕谕:"朕命卿子出镇西鄙,近以家人不从所役来言于朕,朕察言观色,良由不得其所故尔,然小人略无怨言,诚可爱惜。自今以后,所从役者,使得从容足衣食,俾无窘迫,自然效力无怨咨,则家道昌矣。"

冯国胜看完敕谕便知道朱元璋给他单独下敕的意义是给他敲响警钟。冯国胜心生恐惧,上书向皇上解释。朱元璋派专人送信送酒,安

第十一章 三次遭打击

慰他:"你用不着再解释什么,只要你心里没事就好,别人说什么朕不会轻信,更不会追究。至于你以前的罪过,朕已原谅过多次,已是仁至义尽!以后你就老实待在家里,什么灾祸也找不到你的头上。"

冯国胜见了皇上的信,心里稍安。但没过几天,冯国胜就莫名其妙地死在自己家中。据《明史》载:"太祖春秋高,多猜忌。胜功最多,数以细故失帝意。"但对其死因未有记载。另有文献记载,"上召胜,饮之酒,归而暴卒"。

至此,蓝玉案株连蔓引,自公侯伯以至文武官员,被杀者约一万五千人。如此一来,对大明有重要影响力的开国勋臣集团已基本被铲除干净。

同时,厄运也真正降临到沈万三的后代们头上。洪武二十五年(1392年)正月的一天,顾学文去南京凉国公府看望在府内教书的同乡王行。王行从元朝末年开始,除了洪武十二年(1379年)短暂在凉国公蓝玉家坐馆外,长期在顾学文的小舅子沈达卿家任教,和顾学文认识三十多年。两人同处异乡,王行有意把他引荐给凉国公。在王行的安排下,一直想为家族财富寻求靠山的顾学文终于见到了蓝玉。王行向蓝玉介绍时,特别强调顾学文是江南首富沈家的女婿。蓝玉听说后,热情地招待了顾学文,吩咐准备佳肴酒宴招待顾学文。此后,顾学文多次带重礼拜访凉国公府。

蓝玉为朱元璋的江山立下汗马功劳,被封为凉国公,名震朝野,而且他的姐姐是开国元勋常遇春的妻子,外甥女是懿文太子朱标的王妃,很有希望成为未来的皇后。蓝家的地位看起来稳如泰山。正如顾学文日后承认的,"因见凉国公总兵多有权势,不合要得投托门下",在当时的顾学文看来,和显赫的蓝家拉关系总不会有错。沈家为了攀附权贵,想通过王行搭上蓝玉这艘大船,结果却被牵连到蓝玉案中。

顾学文原本在一个小镇任粮长。他家附近有个姓陈的人家,老爹在南京当官，儿子呆头呆脑，但其媳妇梁氏生得国色天香，而且喜爱文艺。顾学文爱慕梁氏已久，但苦于梁氏为有夫之妇，于是通过一个媒婆穿针引线，终于和梁氏勾搭成奸。不久，顾学文辱人之妻事发，陈家怀恨在心，想置之于死地，于是在蓝玉下台入狱后，陈家以沈家同蓝家关系密切为据，诬告顾学文与蓝玉图谋造反。

顾学文因此被捕，在严刑逼供下，招认曾收到蓝玉"钞一万五千贯"，为他购置粮米、绸缎等物，用来准备起事和赏人。在朱元璋敕命修撰的《逆臣录》第五卷中，详细收录了顾学文的供状。供状详尽，细节活灵活现，什么时间、见了什么人、说了什么，全都记录在案，可见当时大明朝锦衣卫罗织的手段。顾学文的妻族中沈旺、沈德全、沈昌年、沈文规、沈文矩、沈文衡、沈文学、沈文载、沈海等人牵涉其中。其中沈旺是沈万三的儿子，其他人都是沈万三的孙辈。另有姻亲、乡里七十二家也受此案牵连，要么被抄家，要么被流放，要么被诛杀。沈氏家族自此迅速走向衰落。

入仙的传说

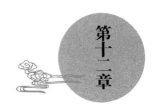
第十二章

第一节　体悟大道

沈万三在京城时，与祖师张三丰有个特别的约定，若干年后将在滇地相见，届时，张三丰将向沈万三传授丹道及大道之法。这个约定之所以奇特，是因为两人没有约定具体时间和地点。

一天，沈万三午睡，片刻入梦。恍惚中，他走进一座烟雾缥缈的殿堂，烟雾渐渐幻化成千奇百怪的形状，如一面轻盈的帷幕，如梦如幻地展示出一幅混沌世界的画面：有如苏绣杭缎繁花似锦，有如王城皇宫金碧辉煌，有如东海蜃楼，虚幻而美丽……沈万三正疑惑时，一个洪亮的声音响彻殿堂：弟子若悟得了此段故事之理，贫道便可与你践行二十年之约。

沈万三在梦中，想到头疼也不知梦中所见是何道理，一觉醒来，却幡然大悟，于是便往滇地赴约。此时，沐英已逝，沈万三住进了德胜驿等候。

清代道人汪锡龄在《三丰先生本传》中写道："洪武十七年甲子，太祖以华夷宾服，诏求先生，不赴。十八年，又强沈万三敦请，亦不赴……二十五年，乃遁入云南，适太祖徙万三于海上，缘此践约来会。"明代李浩所著的《三迤随笔·沈万三秀戍德胜驿》则记述："……定抄家流放罪，先充军辽阳。洪武十九年，拨云南总兵府。万三时年六十余，崇道，通奇门。洪武二十六年，张三丰玄素道长知万三寓德胜驿，而云游龙关，至驿馆与万三会。"

沈万三在驿馆静候，几天也没见到祖师的踪影，心中不免疑惑，没有约定时间、地点，祖师如何来见？他除了等待，也别无他法。一个月后，张三丰突然出现在驿馆中。

此时二人已经心灵相通，张三丰对沈万三说："贫道现要传你大道法，传法前要帮你静心，你先把《百字碑》读熟，默记于心。随贫道逐句念来。"

养气忘言守，降心为不为。动静知宗祖，无事更寻谁。
真常须应物，应物要不迷。不迷性自住，性住气自回。
气回丹自结，壶中配坎离。阴阳生返复，普化一声雷。
白云朝顶上，甘露洒须弥。自饮长生酒，逍遥谁得知。
坐听无弦曲，明通造化机。都来二十句，端的上天梯。

沈万三仅读三遍，就把这一百字牢牢记住。张三丰就此开始向他讲授大道法入门之理："夫道者，统生天、地、人、物而名，含阴阳动静之机，具造化玄微之理，统无极而生太极。无极为无名，无名者，天地之始；太极为有名，有名者，万物之母。因无名而有名，则天生、地生、人生、物生矣。今专以人生言之……知觉日深，血气滋养，岁渐长岁，则七情六欲、万绪千端，昼夜无休息矣。心久动而神渐疲，精多耗而代益急，生老迫而病死之患成，并且无所滋补，则瘵病频生。而欲长有其身，难矣。观此生死之道，人以为常，诚为可惜，然其疾

第十二章　入仙的传说

病临身，亦有求医调治，望起沉疴，图延岁月者，此时即有求生之心，又何益乎？予观恶死之常情，即觅长生之妙术，辛苦数年，得闻仙道。仙道者，长生之道也，而世人多以异端曰之。夫黄老所传，亦正心修身、治国平天下之理也，而何诧为异端哉！人能修正身心，则真精真神聚其中，大才大德出其中。"

其实人的一生，大多有过类似的体悟。年轻时，人们雄心勃勃，但最可怕的是有欲壑难填的贪心和恨天怨地的妒忌心，比如想当官，想发财，想得美人青睐，已得到的想得到更多，未得到的又不择手段地去争，但不管是谁，到老才发现争来抢去都是一场空。

张三丰继续讲："人生无常，没有永恒不变的相。一切事物都有两面，此即阴阳。二者的平衡是维持秩序的根本，自发地运行构成了物性。一切事物都在遵循道运行，如同天际的星云生灭。天心即无心。若是有心则有我意，则有我执，则生偏见，就难以维持阴阳平衡。天心不存在公道与不公道，公道只在人心。天将一切权限授予万物自身，这是无言的道，只有无言的道是无私的。人欲动而神好静，静到极致可通神明，万物都有各自运行的轨道，演绎着各自的生命历程，无须干涉……人的爱恨情仇到最后都将烟消云散，世间功名利禄到最后化成一抔黄土。唯有人的金丹大道，能永久存在。然而世人年轻时执着于爱恨情仇，中年时又执着于功名利禄，等到老年时方才想到益寿延年，妄想长生。欲求长生秘诀却不通门径，在世俗之中寻求良方，同类人中哪能有？其实真正的金丹大道每个人都有，那就是自己的精气神，这才是凝丹良方。要求仙道先全人道，积德行善，仁义礼信，忠孝两全，自然冥冥中有机缘加持。"沈万三在一旁听得入神，大有豁然之感。

据说，张三丰这一次整整讲了七天七夜。结束后，沈万三就决定随张真人去云游。他们经贵阳到了平越（今福泉），住在福泉山的一座道观里。此地幽静,适宜修炼,他们就定居下来,在此修身炼丹。当然,这或许只是个美丽的传说。

在张三丰著《云水集·将之云南先寄故人并序》中还有这样的记述:

> 余自洪武二年己酉至二十四年辛未,居武当二十有三年矣。其间著丹经,舒清啸,晦迹韬光,云来鹤往。近闻沈三山得罪朝廷,徙于滇上,株连其婿余君,西南之约吾其行乎。爰为此作,先慰天南海曲之迁。

滇南会沈子三山兼赠令倩余十舍

一家眷属小游仙,翁婿同居滇海间。
玉涧郎君余十舍,冰清老丈沈三山。
都因象齿能为祸,未触龙鳞早犯颜。
今日我来齐度脱,大丹还胜大刀环。

另外,还有《赠沈线阳余飞霞两女仙》一诗:

> 线阳仙女,薛真阳之高徒,沈三山之长女也。弱龄出世,父徙云南忽来拜省,与余女同服大药,冲举而去。余女者,十舍令爱,西平侯沐春夫人,得母翁外丹之传,飞霞乃吾赐号也,尝有小传记之。

十舍非无子,三山亦有儿。
仙姑与妹女,阆苑两灵芝。
服我天元药,飞升昆明池。
老翁开笑眼,吾道属娇痴。

此时已六十多岁的沈万三,经历了人生的大起大落,可谓是绚烂至极归于平淡,心性已趋平稳,只想一心修道。他这时才尽得张三丰真传,不但得传丹道,还精研太极武学。老祖宗的东西虽然古老,但不得不承认,里面包含了我们不甚了解的大智慧。

第二节　归葬故里

洪武二十七年初春的一天,在福泉山下,沈万三闭目静坐,入神体悟《道要秘诀歌》中的"元神":人先有元神,再有元气,最后才是元精,当"神气交融默默时,便得一玄真主宰"。突然,有人小心翼翼地告诉他一个噩耗——他的儿子沈旺在上一年年底受蓝玉案牵连去世了。沈万三闻讯,身子剧烈颤抖起来,他没睁开眼,只有两行老泪悄然滑落。良久,他停止颤抖,就这样骤然仙逝。

沈万三在边陲度过了一生中最后的岁月,终老异乡。他死后安葬于福泉山下,如今在贵州省福泉市福泉山下仍有沈万三墓。

弘治十一年(1498年),沈万三的五世孙沈延礼(又名沈安)率子沈博及女沈琼莲将沈万三的遗骨从福泉山迁葬回江苏周庄银子浜,为他建了一座"水底墓"。据说在银子浜的尽头有一泓清水,下面连接着泉源,这里的水一年四季不会枯竭,沈万三的墓就建在水下面。如今,银子浜河面上依然波光粼粼,酷似无数碎银在闪烁。

沈万三年谱

1328年（天历元年），沈万三出生于浙江吴兴南浔沈家漾的一户渔家。其父沈祐为渔民，母王氏为吴江周庄人。沈万三本名沈富，字仲荣，排行老三，世称沈万三。其长兄名沈福，字仲琪，世称沈万大。次兄名沈禄，字仲琼，世称沈万二。

1333年（元统元年），沈万三入社学，与两个兄长一起读书。

1335年（至元元年）夏，沈万二溺亡于湖中。沈万三却安然无恙。沈祐请术士为沈万三算命，术士说："此子生于水，兴于水，百川入海，水生金运，一水通此生。"

1339年（至元五年），沈万三入县学读书。他于学习不上心，对做生意产生了浓厚兴趣，常去鱼市看人谈生意。

1340年（至元六年），沈万三到鱼市给一个老板照看生意。

1341年（至正元年），沈万三在鱼市有了自己的摊位，开始做贩鱼生意。其间，他认识了吴江首富陆道源。

1342年（至正二年），南浔遭遇五十年不遇的大暴雨，洪水泛滥，沈万三祖母淹死于洪水中。沈祐下决心搬家，迁往平江路（苏州府）长洲县周庄东坨。至此，沈家弃渔务农。沈万三无心读书，又不学农事，被父亲沈祐强制学木工手艺。

1345年（至正五年）冬，沈万三与张氏结婚。

1347年（至正七年），沈万三长途贩运丝绸受挫，血本无归，一路乞讨回家。途中，一老者送给他讨饭用的铜钵，后被人们误当作聚宝盆；他还与一个叫朱重八的苦行僧偶遇，为几十年后的命运交织作了铺垫。

1348年（至正八年），沈万三到吴江甫里镇，拜在陆道源门下做学徒。沈万三以才自奋，善于学习，深受陆道源的赏识和信任。

1349年（至正九年），沈万三第一次随船海运漕粮至大都。返程途中，结识了盐帮张士德等人。同年，往集庆解救被绑架的陆家丫鬟绿荷。在此过程中，他又与盐帮的张士信结识。

1350年（至正十年），沈万三升为"陆记"绸缎庄掌柜，积极为"陆记"拓展生意。

1351年（至正十一年），沈万三西去洛阳探寻商路被困。同年，刘福通、韩山童等率红巾军起事。年底，沈万三发妻张氏病逝。

1352年（至正十二年）夏，沈万三接任姑苏城"陆记"行铺大掌柜，并首开先河，推广护肤用品。同年，褚氏入沈家。

1353年（至正十三年）正月，陆道源分财退隐，沈万三接管陆家大部分生意。同年七月，泰州盐帮在张士诚兄弟带领下举兵反元。同年秋，沈祐病逝。沈万三回周庄守孝，置田农耕，子承父业。

1354年（至正十四年），沈万三兑现承诺，为张士诚义军送粮至江北，并由此开展贩运私盐生意。同年，沈万三在甪直镇、嘉兴等地设粮食购销、私盐销售店。

1356年（至正十六年）初，沈万三再为义军筹粮，并拓展海上贸易。二月，张士诚渡江南下，攻取平江（苏州）诸路，改平江路为隆平府，据以为都，自称周王。沈万三入城与张士诚会面。同年，朱元璋率红巾军攻陷集庆，改名应天。

1357年（至正十七年），沈万三率远洋船队出海，往日本贸易受挫。同年，张士德被朱元璋麾下大将徐达所虏，沈万三按张士诚吩咐携巨款往应天赎人未果。张士德在狱中绝食而死。张士诚大惧，降元。元授张士诚为太尉。同年，无锡朱丽娘被张士信带到姑苏城，沈万三纳朱丽娘为妾。

1358年（至正十八年），沈万三一边派船队运漕粮至大都，一边自率远洋船队进行贸易活动。同年，张士诚在元朝廷的支持下，反攻常熟、平江、湖州、杭州等地。

1359年（至正十九年），张士诚毁太仓隆福寺拓建市舶司，恢复江南漕粮海运，鼓励农商，减免税赋。沈万三在姑苏城为张士诚立功德碑，并为他修建亭台楼阁。同时，沈万三开始修建观前街。

1360年（至正二十年），沈万三在周庄购置田产，修建私家园林、学塾和仓库。周庄银子浜成为沈万三从事商贸活动的中心。同年，沈万三迎娶常熟思蜀轩酒家黎姑娘。

1361年（至正二十一年），沈万三与陆家大小姐完婚，并在盛泽为陆家大小姐修建独居高楼，人称九娘楼。

1361年至1365年，沈万三在盛泽兴建南胜坊、北胜坊两条街，以及南书房、北书房。

1362年（至正二十二年），沈万三继续扩大海外贸易，还将盛泽建成了"小苏州"。

1363年（至正二十三年），张士诚眼见其他反元势力都在元朝廷中获得更大权势，心中不平，再次反元，号称吴王。沈万三把生意重点放在海外贸易上。朱元璋全力与陈友谅作战，并取得绝对优势。

1366年（至正二十六年），朱元璋兵锋直指张士诚，两位吴王展开最后决斗。沈万三一边加紧海外贸易，一边资助张士诚守城。张士诚对危急局势估判失误，加上军队战力不强、人心不稳，在与朱元璋的较量中很快处于劣势，地盘丢失殆尽。

1367年（至正二十七年），小明王死亡。朱元璋改应天府为南京。同年，朱张决战进入最后阶段。朱元璋采取剪其羽翼、孤立王城的战略，在这年八月攻下苏州，张士诚被俘。因张士诚始终不肯低头投降，朱元璋下令将他处死。沈万三入南京为张士诚收尸，并收留了几个幸存的张士诚的后人。

1369年（洪武二年），沈万三之子沈旺送数万石粮食进南京，受到朱元璋亲自接见。沈万三为修皇宫捐白银二千锭，黄金二百斤。同年，沈万三到南京城拓展生意，除了原有的钱庄、珠宝行、绸缎庄之外，又修酒楼，建别宅，增建私家园林。

1370年（洪武三年），朝廷颁旨，对海上运输和贸易进行归制，沈万三的外贸生意基本告停。同年，朱元璋诏令富商捐资修筑南京城墙，沈万三自告奋勇，承担了三分之一的修筑任务。

1372年（洪武五年），张三丰游历京城，给沈万三提出忠告，并约定若干年后相会。

1373年（洪武六年），沈万三完成筑修城墙的任务，质量超过官府督造的几段。朱元璋心头不悦，但硬着头皮犒赏了他，并夸赞沈万三为"白衣天子"。沈万三为此洋洋自得，而朱元璋心中更生芥蒂。

1374年（洪武七年），朱元璋下令严查沈家的财富来源，并额外增加了沈家田地的税收，明确指令沈万三每年必须向朝廷捐钱的数额。

1376年（洪武九年），卫国公邓愈、镇国将军沐英率领西征大军班师回朝，朱元璋有心封赏将士。沈万三奏请朱元璋，愿出资代为犒赏。朱元璋一怒之下判定沈万三死罪，因马皇后等人出面说情，改为流放滇地。

1377年（洪武十年），沈万三被押解去西南边陲。中途，遇见贵州宣慰使霭翠及夫人奢香，并获其帮助。随即，沈万三受邀前往顺元城，并在当地从事经营活动。

1377 至 1383 年，沈万三主要忙于开矿和修路。

1381 年（洪武十四年），沈万三到昆明投奔西平侯沐英。

1383 年（洪武十六年），沈万三在沐英支持下，往茶马古道探险，打算重新开通古道。

1384 年（洪武十七年），沐英派屯军开始修复茶马古道。沈万三通过古道做成第一笔生意，并组建起专门的马队。此后，他坐镇云南驿打理马帮生意。

1386 年（洪武十九年），沈万三在贵州安顺组建另一支马帮队伍。同年，沈旺长子沈至、次子沈庄因田赋事件入狱。

1387 年（洪武二十年），沐英奏请朝廷"安置屯田，令军士开耕，以备储蓄"，获准；又请外省地方官府迁入一批汉族人，来滇黔开荒种地。同年，沈万三的妾室黎氏和儿子沈香保，次子沈茂、长女沈线阳、女婿余十舍、外孙女余惠刚等一并入滇。

1388 年（洪武二十一年），沈万三外孙女余惠刚与沐英之子沐春定亲。同年，沈万三带妾室黎氏、子沈茂、长女沈线阳、女婿余十舍返回贵州。

1388 年至 1392 年，沈万三率家人、亲友及其子弟在毕节、大方、水西一带做生意。

1392 年（洪武二十五年），黔国公沐英去世，其长子沐春袭爵。同年，张三丰赶来昆明与沈万三相会，并传授道法。

1393 年（洪武二十六年），凉国公蓝玉谋逆案发，沈家多人受牵连，几遭灭顶之灾。

1394 年（洪武二十七年）春，沈万三闻沈旺受蓝玉案牵连被诛，骤然仙逝，享年六十六岁。沈万三后被葬于贵州福泉山下。

1498 年（弘治十一年），沈延礼将沈万三的遗骨迁葬于周庄银子浜。